Industrielle Standardsoftware - Auswahl und Einführung

Von
Universitätsprofessor
Dr.-Ing. Norbert Gronau

R. Oldenbourg Verlag München Wien

Die Deutsche Bibliothek - CIP-Einheitsaufnahme

Gronau, Norbert:
Industrielle Standardsoftware – Auswahl und Einführung / von Norbert Gronau. – München ; Wien : Oldenbourg, 2001
ISBN 3-486-25693-9

Rosenheimer Straße 145, D-81671 München
Telefon: (089) 45051-0
www.oldenbourg-verlag.de

Gedruckt auf säure- und chlorfreiem Papier
Gesamtherstellung: Druckhaus „Thomas Müntzer“ GmbH, Bad Langensalza

ISBN 3-486-25693-9

Inhalt

Vorwort

Standardsoftware ist heute in den meisten Unternehmen die vorherrschende Kategorie betrieblicher Anwendungssysteme. Projekte zur Einführung von Standardsoftware umfassen in einer zeitlich gedrängten Folge eine Reihe von Auswahl- und Implementierungsentscheidungen. Die bisherige Literatur zu diesem Thema weist vor allem zwei Defizite auf:

- Zum einen existieren eine Reihe von Werken (und auch von Dienstleistungen), die den *Auswahlprozeß* zwar ausführlich beschreiben bzw. unterstützen, den ungleich längeren und risikoreicheren *Einführungsprozeß* jedoch zumeist nur kurz umreißen. Probleme des Produktivbetriebes werden in den meisten Quellen gar nicht besprochen.
- Zum anderen werden *funktionale Entscheidungskriterien* im Auswahlprozeß zu stark betont. Die Beschäftigung mit der betrieblichen Aufbau- und *Ablauforganisation* als wesentlichem erfolgsbestimmenden Faktor beim Einsatz betrieblicher Administrations- und Dispositionssysteme ist jedoch unerläßlich, um zu einer erfolgreichen Software-Einführung zu gelangen.

Ohne den Anspruch auf Vollständigkeit zu erheben, werden in diesem Buch in einer gesamthaften Darstellung Auswahl, Einführung und Betrieb industrieller Standardsoftware unter Berücksichtigung der oben genannten Punkte beschrieben. Das Werk wendet sich insbesondere an folgende Zielgruppen:

- *Praktiker* im Unternehmen und in anderen Organisationen, die Standardsoftware einsetzen, erhalten einen praxisnahen Überblick über das Vorgehen und die kritischen Erfolgsfaktoren. Zwei ausführlich dokumentierte Fallstudien im Anhang dieses Buches unterstützen insbesondere diese Zielgruppe.
- *Wissenschaftlern* insbesondere im Bereich der Wirtschaftsinformatik sei dieses Buch empfohlen, weil es den Versuch unternimmt, neben der in der Lehre umfassend behandelten Software-Entwicklung nun auch die Auswahl, Einführung und den Betrieb von Standardsoftware als wichtige Aufgabe des Informationsmanagements methodisch fundiert vorzustellen.
- *Studierende* sollen schließlich nach dem Durcharbeiten des Bandes in der Lage sein, die mit der Auswahl, der Einführung und dem Betrieb von Standardsoftware einhergehenden Aufgaben zu begreifen und nachvollziehen zu können.

Das Buch, das auf Vorlesungen des Verfassers an der Technischen Universität Berlin, der Brandenburgischen TU Cottbus und der Carl-von-Ossietzky-Universität Oldenburg sowie auf Erfahrungen aus mehreren Praxisprojekten basiert, gliedert sich in drei Hauptteile:

Im ersten Hauptteil (Kapitel 1) werden die Geschichte und die wesentlichen Entwicklungsrichtungen von Standardsoftware skizziert sowie der Bezug zur betrieblichen Organisationsstruktur aufgezeigt.

Der zweite Hauptteil (Kapitel 2) befaßt sich mit dem notwendigen Grundwissen aus dem Bereich des Projektmanagements, das für die Prozesse der Auswahl und Einführung von Standardsoftware wesentlich ist. Dabei wird neben einer Behandlung quantitativer Aufgaben der Projektplanung und -steuerung besonderer Wert auf qualitative Aspekte wie Gruppenarbeit, Partizipation und Einflußmanagement gelegt, da diese Faktoren den Erfolg von Einführungsprojekten nachhaltig beeinflussen.

Der dritte Hauptteil umfaßt das Phasenmodell der Software-Auswahl und -Einführung und gliedert sich in die Kapitel Software-Auswahl (Kapitel 3), Software-Einführung (Kapitel 4) und Permanante Optimierung (Kapitel 5). Vorgestellt werden ein Vorgehensmodell sowie die notwendigen Hilfsmittel für Informationsbeschaffung und Entscheidung in den jeweiligen Phasen.

Aufgrund der starken inhaltlichen Heterogenität des Themas wird an mehreren Stellen die Darstellung auf industrielle Administrations- und Dispositionssysteme fokussiert. Eine Übertragung auf andere Branchen und Systemarten erscheint dem Verfasser jedoch grundsätzlich möglich.

Zur Steigerung der Lesefreundlichkeit sowie der Praxisrelevanz dient ein Stichwortverzeichnis sowie ein ausführlicher Anhang mit Beispielen aus der Projektpraxis des Autors.

Schließlich ist es dem Autor ein Anliegen, dem Cheflektor des R. Oldenbourg Verlages, Herrn Dipl.-Vw. Martin Weigert, für seine nicht enden wollende Geduld bis zur Abgabe des Manuskriptes zu danken.

Oldenburg *Norbert Gronau*

1. Der Trend zur Standardsoftware

In diesem Kapitel werden der Begriff der Standardsoftware erläutert sowie Vor- und Nachteile des Einsatzes von Standardsoftware diskutiert. Als zu unterscheidende Entwicklungsrichtungen werden konfigurierbare und komponentenbasierte Lösungen einander gegenübergestellt. Abschließend wird auf die Notwendigkeit hingewiesen, bei der Planung des Einsatzes von Standardsoftware eine möglichst hohe Flexibilität und Adaptivität an organisatorische Veränderungen im Unternehmen zu berücksichtigen.

1.1 Der Begriff der Standardsoftware

Grundsätzlich werden unter Standardsoftware Anwendungssysteme verstanden, die ohne Änderung in unterschiedlichen Unternehmen einsetzbar sind /vgl. Österle 1997, S. 379/. Beispiele für Standardsoftware sind Betriebssysteme, Textverarbeitungssysteme, Internet-Browser oder Groupwaresysteme, im betrieblichen Einsatz insbesondere auch Planungs-, Dispositions- und Administrationssysteme.

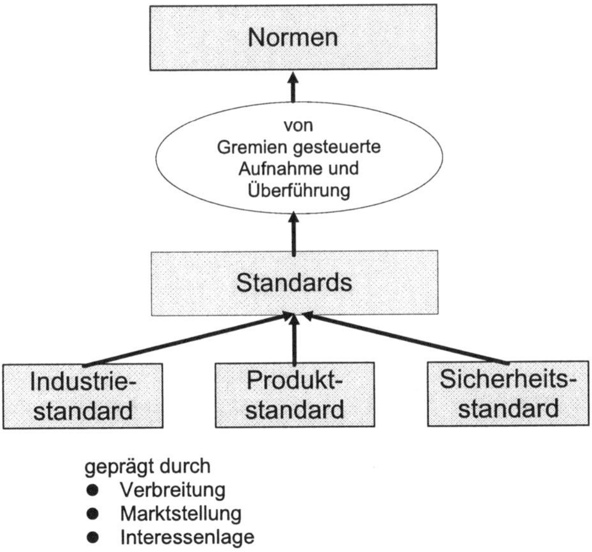

Abb. 1-1: Der Weg vom Standard zur Norm /vgl. Arnold 1996, S. 9/

Der Begriff Standard ist dabei auf Industrie-, Produkt- oder Sicherheitsmerkmale zurückzuführen, die eine gewisse Verbreitung im Markt erlangt haben (Abb. 1-1).

Angeregt durch die Marktstellung der Anbieter und die Interessen der Hersteller können Standards durch Gremien wie ANSI, DIN, ISO oder VDI diskutiert und mittel- bzw. langfristig in Normen überführt werden. Beispiele dafür lassen sich im Bereich der PC-Technologien, bei der Entwicklung von Programmiersprachen oder objektorientierter Anwendungsarchitekturen (z.B. CORBA), seltener jedoch bei Standardsoftware finden.

Kennzeichen von Standardsoftware (manche Autoren verwenden den Begriff Standardanwendungssoftware, um sich von Systemsoftware abzugrenzen /vgl. Barbitsch 1996, S. 9/) können neben der Branchenneutralität /vgl. Stahlknecht 1999, S. 304/ und der Anpassungsfähigkeit über Customizing ihre Internationalität, der Umfang der Funktionalität, ihr Preis sowie die Zahl ihrer Implementierungen sein.

Meist erlauben diese Anwendungssysteme eine Anpassung an unterschiedliche organisatorische Gepflogenheiten durch Parametrisierung. Die auch als Customizing bezeichnete Parametrisierung erlaubt eine Anpassung des Aussehens und der Funktionalität der Software, ohne daß der Quellcode geändert werden muß. Releasefes wird ein Standardsoftwaresystem genannt, wenn da bei neuen Versionen der Software (Releases) keine Anpassungen am Quellcode vorgenommen werden müssen.

Die Internationalität von Standardsoftware ermöglicht ihre Verwendung in mehreren Ländern, z.B. in unterschiedlichen Sprachversionen nebeneinander. Dies gestattet einheitliche Informationssysteme in multinationalen Unternehmen. Internationalität drückt sich nicht nur in der Mehrsprachigkeit aus, sondern auch in der Abbildung unterschiedlicher landesspezifischer Anforderungen wie etwa kaufmännischer Bewertungsmethoden oder unterschiedlicher Verfahren der Lohn- und Gehaltsabrechnung.

Die Funktionalität von Standardsoftware ist auf bestimmte betriebliche Einsatzbereiche abgestimmt. Innerhalb dieser Einsatzbereiche wird eine umfassende Zahl von Funktionen angeboten. Nicht vorgesehene Aufgaben können jedoch, anders als bei Endbenutzerwerkzeugen wie etwa Tabellenkalkulationen, nicht oder nur durch individuell zu programmierende Erweiterungen bewältigt werden.

Die Preisgestaltung bei Standardsoftware erfolgt zumeist anhand der Zahl der Benutzer, während bei Individualentwicklung der zeitliche Aufwand für die Erstellung des Systems als Preisbildungsgrundlage herangezogen wird. Der Preis der Software kann daher bei Standardsoftware leichter bestimmt werden als bei Individuallösungen, da die Zahl der Benutzer regelmäßig einfach ermittelt werden kann. Der zeitliche Aufwand für eine Individualprogrammierung ist im Vorfeld jedoch nur schwer zu schätzen. Dabei ist allerdings zu berücksichtigen, daß bei Standardsoftwareprojekten die Nebenkosten wie Consulting, Hardware, Schulung etc. zumeist erheblich höher zu veranschlagen sind als die reinen Softwarelizenzkosten (vgl. hierzu Abschnitt 2.6 zur Budgetkalkulation).

Standardsoftware ist schließlich durch eine gewisse Zahl an gleichartigen oder ähnlichen Installationen gekennzeichnet. Abgesehen von aktuellen Neuentwicklungen ohne Vorgängersysteme sollte die Zahl der etwa durch Referenzkundenlisten nachgewiesenen Installationen zumindest zweistellig sein, um von einer gewissen Verbreitung der Software ausgehen zu können. Ohne Betrachtung der Zahl der Installationen kann jedoch von Standardsoftware gesprochen werden, wenn Releasefähigkeit vom Anbieter garantiert und nachgewiesen wird.

1.2 Historie der Standardsoftware

Im Vergleich zur inzwischen über 50jährigen Geschichte der elektronischen Datenverarbeitung ist die Geschichte der Standardsoftware wesentlich kürzer. In der Frühzeit des Rechnereinsatzes in Unternehmen in den 50er Jahren gab es keinen Markt für Software, da diese gemeinsam mit der Hardware verkauft wurde. Erst mit der Verfügbarkeit von annähernd standardisierten Programmiersprachen war es für Dritte möglich, Software zu entwickeln und zu vertreiben.

In Industrieunternehmen wurden im Bereich der Produktion zunächst Verfahren der Materialrechnung eingesetzt, etwa zur Stücklistenauflösung. Die raschen Fortschritte in der Rechnertechnologie führten zu funktional immer umfassenderen Anwendungssystemen. So entwickelte sich auch ein Unternehmen, das 1972 von ehemaligen IBM-Mitarbeitern zur Programmierung von Anwendersoftware gegründet wurde, zum Weltmarktführer für Enterprise Resource Planning (ERP) Systeme: die SAP AG aus Walldorf /vgl. Meissner 1999/.

Während sich mit dem Siegeszug des Personal Computer (PC) seit den 80er Jahren ein nahezu unüberschaubares Angebot an Standardsoftware für diese Plattform entwickelt hat - gängige Kataloge führen ca. 6.000 - 12.000 verbreitete Anwendungen - entwickelten sich im Bereich der industriellen Standardsoftware zunächst Speziallösungen, die von ihrer Funktionalität und Branchenorientierung eindeutig festgelegt waren. Teilweise waren diese Lösungen auch stark hardwarebezogen. So ist der Markt für Anwendungssoftware der IBM Midrange Rechnerfamilie AS/400 noch immer stark separiert von den übrigen Teilmärkten für andere Hardwareplattformen.

Erst seit Anfang der 90er Jahre ist eine starke Ausweitung von Funktionalität und Einsatzmöglichkeiten bei industrieller Standardsoftware zu beobachten. So wurden Systeme zur Produktionsplanung und -steuerung (PPS-Systeme) um kaufmännische Funktionen wie Buchhaltung und Lohnabrechnung ergänzt. Diese Systeme werden von den Herstellern als ERP-Lösungen bezeichnet.

Software, die früher branchenspezifisch eingesetzt wurde, wurde im Zuge der Produktpflege so erweitert bzw. parametrisiert, daß sie auch in anderen Branchen mit anderen Merkmalen eingesetzt werden kann.

Standardsoftware spielt aber auch bei Individualentwicklungen eine wesentliche Rolle. Immer mehr Individuallösungen basieren nicht mehr nur auf Programmiersprachen oder reinen Entwicklungsumgebungen, sondern werden aus Standardsoftware abgeleitet. Ein Beispiel dafür ist die Groupwareanwendung Lotus Notes/Domino, die als einsatzfertige Standardsoftware ausgeliefert wird und ohne Anpassungen bereits nutzbar ist, die jedoch durch mehrere sehr mächtige Programmiersprachen wie LotusScript, Java und JavaScript nahezu beliebig erweiterbar ist. Für die so entwickelten Anwendungen hat sich weltweit ein eigener Markt für Standardsoftware herausgebildet, auf dem mehrere hundert Anbieter aktiv sind.

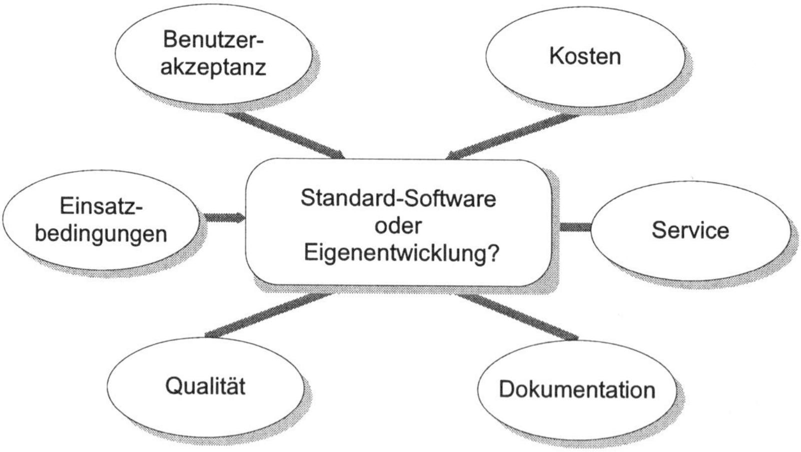

Abb. 1-2: Gründe für den Einsatz von Standardsoftware

1.3 Standardsoftware oder Individualentwicklung?

Bei der Einführung neuer oder der Erweiterung von bereits bestehender betrieblicher Anwendungssoftware stehen viele Unternehmen vor der Entscheidung "Standardsoftware oder Eigenentwicklung". Für diese Entscheidung sind verschiedene Aspekte relevant, die in den Unternehmen Berücksichtigung finden. Die Entscheidung für oder gegen Standardsoftware stellt oft keine prinzipielle, sondern eher eine strategische Entscheidung dar, die von der konkreten Anwendung und dem entsprechenden Angebot an standardisierter Software abhängt /Scheer 1990, S. 79ff/.

Die Notwendigkeit zur Entwicklung von Individualsoftware verbleibt vor allem dann, wenn es für bestimmte Anwendungen keine Standardsoftware gibt (z.B. für ein Kalkulationssystem in der Mineralölindustrie) oder bei unternehmensindividuellen Entscheidungsunterstützungssystemen, die eng mit der jeweiligen Wettbewerbssituation verbunden sind, wie z.B. die Ermittlung und Abrechnung von Tarifmodellen bei Funknetzbetreibern /vgl. Stahlknecht 1999, S. 303/.

1.3.1 Vorteile beim Einsatz von Standardsoftware

Standardsoftware bietet einige Vorteile (Abb. 1-2), die nachstehend diskutiert werden /vgl. Buck-Emden 1995, Gronau 1999/.

Verteilung der Entwicklungskosten

Bei Standardsoftwareprodukten können die Entwicklungskosten einer Applikation auf eine Vielzahl von Anwendern verteilt werden. Dabei steigt für den Anbieter die Rentabilität mit der Anzahl der Installationen und für den Anwender sinkt der Kaufpreis der Software. Zwar entstehen bei Standardsoftware höhere Entwicklungskosten, dennoch reichen meistens schon geringe Installationszahlen, um die Systeme im Vergleich zu Eigenentwicklungen kostengünstiger anbieten zu können. Für den Anwender ist bei der Kosten-/Nutzenanalyse allerdings der Anpassungsaufwand bei der betrieblichen Einführung mit einzukalkulieren, der bei Standardsoftwareapplikationen in der Regel höher ist als bei individuell erstellter Software. Einen Mittelweg stellt die Nutzung eines auf Componentware basierenden Baukastens dar, aus dem individuelle Lösungen aus standardisierten Komponenten zusammengestellt werden.

Einsatzbedingungen

Da viele Investitionen im Bereich der Informationstechnik aufgrund von Sachzwängen getätigt werden, ist die Zeitspanne zwischen Planung und Implementierung des Informationssystems ein relevanter Faktor. Bei Standardsoftware kann diese Zeitspanne verringert werden, da keine Entwicklungszeit benötigt wird. Außerdem läßt sich neben den Kosten und dem Risiko der Implementierungszeitpunkt genau festlegen. Andererseits hat der Anwender bei den standardisierten Produkten nur geringe Möglichkeiten, auf die Gestaltung des Programms einzuwirken.

Qualität der Softwareprodukte

Die Qualität von Softwareprodukten läßt sich anhand von Kriterien wie Benutzerfreundlichkeit, Störanfälligkeit, Funktionalität und Flexibilität beschreiben.

Standardsoftwareprodukte sind häufig komfortabler als Eigenentwicklungen, da es bei letzteren vorkommen kann, daß die Oberflächengestaltung zugunsten einer höheren Funktionalität vernachlässigt wird. Bei Eigenentwicklungen, bei denen die Erprobungsphase im eigenen Unternehmen erfolgt, ist die Störanfälligkeit höher als bei schon praxiserprobter Standardsoftware.

Die Funktionalität der Programme ist bei Standardanwendungen universeller als bei Eigenentwicklungen, da ein erheblich weiterer Bereich abgedeckt werden muß. Ein kritischer Vergleich der angebotenen mit der benötigten Funktionalität wird empfohlen.

Die Flexibilität zeigt sich in der Portabilität und der Adaptionsfähigkeit. Standardsoftware darf nicht an eine bestimmte Hardware gebunden sein, daher weist sie typischerweise einen höheren Grad an Flexibilität auf. Die Adaptionsfähigkeit an betriebliche Informationssystemstrukturen ist demgegenüber geringer, da Kopplungen aufgrund uneinheitlicher Schnittstellen überwiegend nur durch individuelle Anpassungsprojekte durchführbar sind.

Zeitbedarf für die Einführung

Standardsoftware ist in der grundlegenden Form sofort verfügbar und kann deshalb prinzipiell in kürzerer Zeit eingeführt werden als Eigenentwicklungen (Abb. 1-3). Allerdings darf der zur Einführung von Standardsoftware erforderliche Zeitbedarf nicht unterschätzt werden, denn auch bei Standardsoftware ist, je nach Komplexität der Einführungssituation, mit einer Anpassungsphase zu rechnen, in der mindestens unternehmensspezifische Parameter eingestellt werden, individuelle Berichtsformate definiert und eine Altdatenübernahme erfolgen werden.

Typischerweise kommt es in dieser Anpassungsphase zu einem Abgleich der von der Standardsoftware zur Verfügung gestellten mit den bisher im Unternehmen praktizierten Prozesse. Eine Anpassung der beiden Prozesse ist mit Änderungen der Organisation, oft aber auch mit Anpassungen der Software verbunden (Sonderprogrammierung, Add-ons etc.). Auch hierfür wird Entwicklungs- und Testzeit benötigt.

Einkauf externen Wissens

Mit dem Einsatz von Standardsoftware erwirbt das Unternehmen das Ergebnis von Erfahrungen anderer Unternehmen. Es kann davon ausgegangen werden, daß die Standardsoftware das Resultat von Verbesserungsanstrengungen darstellt und somit eine vollständige Neudefinition eines bekannten Anwendungsfalls überflüssig macht.

Es ist daher nicht erforderlich, z.B. das Vorgehen beim Prüfen einer Lieferantenrechnung unternehmensindividuell zu spezifizieren, wenn in der Standardsoftware eine entsprechend ausgereifte Funktion vorhanden ist.

Geringerer Personalaufwand

Gemessen am Personalaufwand für die interne Neuentwicklung einer Individuallösung wird beim Einsatz von Standardsoftware weniger Personal benötigt. Stan-

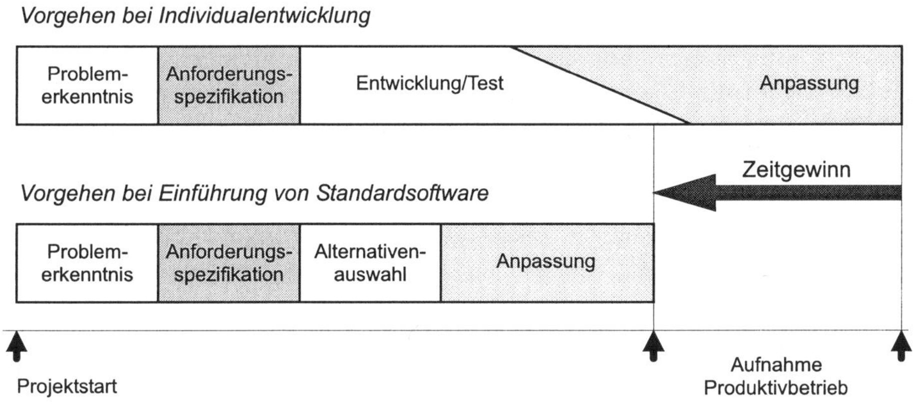

Abb. 1-3: Zeitvorteil bei der Einführung von Standardsoftware

dardsoftware kann daher auch in Unternehmen eingeführt werden, die nur wenige oder gar keine Mitarbeiter im Bereich der Anwendungsentwicklung beschäftigen. Auch die Zusammenstellung eines Teams von Entwicklungsfachleuten ist nicht erforderlich. Der Aufwand für die Begleitung der Einführung kann durch geeignetes Projektmanagement in einem vertretbaren Ausmaß gehalten werden.

Zusatzleistungen

Beim Vertrieb von Softwareapplikationen haben sich zunehmend Serviceleistungen zu einem entscheidenden Wettbewerbsfaktor entwickelt. Diese erstrecken sich von Planungshilfen bei der Systemauswahl über Installationshilfen zu Wartungsunterstützungen inklusive der Erweiterung und Aktualisierung der Systeme.

Als Hilfestellung im Vorfeld der Installation sind Vorführungen bei Referenzkunden oder Probeinstallationen im eigenen Betrieb denkbar. Durch die Implementierungserfahrung und die Unvoreingenommenheit externer Berater werden in der Planungsphase durch Analysen die Schwächen im Unternehmen leichter aufgedeckt. Dies ist allerdings auch bei der Eigenentwicklung durch Konsultation betriebsfremder Berater möglich.

Zusätzlich wird die Einführung der Systeme durch Schulung der Mitarbeiter unterstützt. Speziell im Bereich der Schulungen sind oft die unternehmensinternen DV-Abteilungen überfordert, da zum einen nicht ausreichende Entwicklungskapazität vorhanden ist und den DV-Fachleuten die nötige Ausbildung zur didaktischen Aufbereitung von Schulungsunterlagen fehlt. Hier liefern Anbieter von Standardsoftware teilweise Lernprogramme mit, deren Entwicklung eine individuell programmierte Anwendung erheblich verteuern würde.

Die Serviceleistungen der Softwareanbieter beinhalten weiterhin Hilfen bei der Installation der Systeme. Häufig sind Anpassungen an die individuellen Bedürfnisse der Unternehmen und an vorhandene Soft- und Hardware notwendig, die bei Standardsoftwareapplikationen aufwendiger als bei Individuallösungen sind, da eigenentwickelte Programme enger an der vorhandenen Systemlandschaft und den bisher praktizierten Abläufen orientiert sind.

Die Wartungsserviceleistungen bei Standardsoftware sind in der Regel preiswerter als bei individuell entwickelten Applikationen. So können bei Standardanwendungen zur Aktualisierung der Software in regelmäßigen Abständen Releases angeboten werden. Jedoch ergibt sich hierbei das Problem der Behinderung der Release- und Wartungsfreundlichkeit durch unternehmensspezifische Modifikationen. So können Änderungen nur an den dafür vorgesehenen Schnittstellen oder durch Parametrisierung vorgenommen werden. Eine Quellcodemodifikation ist in der Mehrzahl der Fälle nicht möglich bzw. schließt die weitere Wartung durch den Anbieter aus.

Psychologische Aspekte

Die Entscheidung für den Einsatz von Standardsoftware scheint insbesondere von den internen DV-Abteilungen als mangelndes Vertrauen in die innerbetriebliche DV-Entwicklungsabteilung gewertet zu werden /vgl. Scheer 1990, S. 79ff/. Sollen von dieser dann noch Wartungs- oder Anpassungsarbeiten an der fremdbezogenen Software durchgeführt werden, kann es zu innerbetrieblichen Spannungen kommen.

1.3.2 Risiken und Nachteile beim Einsatz von Standardsoftware

Beim Einsatz von Standardsoftware sind einige Risiken bzw. Nachteile zu beachten (Abb. 1-4), die im folgenden erläutert werden /vgl. u.a. Stahlknecht 1999, S. 305, Thomas 1997, S. 34f, Barbitsch 1996, S. 15/.

Hardwarebedarf

In Standardsoftware sind typischerweise mehr Funktionen realisiert als im Unternehmen tatsächlich genutzt werden. Im Zusammenspiel mit dem auf diese Funktionalität ausgelegten Datenmodell ergibt sich eine insgesamt ineffizientere Nutzung der Hardwareressourcen als bei funktional vergleichbarer Individualsoftware. Daraus können sich negative Auswirkungen auf das Betriebsverhalten wie lange Antwortzeiten und großer Speicherbedarf ergeben.

Die Neubeschaffung von Software löst zumeist ältere Anwendungssysteme ab, die auf älterer Hardware läuft. Standardsoftware stellt aber zumeist Anforderungen an die Hardware des Servers und der Client-Rechner, die nur von aktueller Hardware problemlos bewältigt werden - schließlich findet die Entwicklung der Software auf schnellen und modernen Geräten statt.

Daher geht mit der Einführung neuer Standardsoftware zumeist auch die Beschaffung neuer Hardware, zumindest für Rechner, auf denen zentrale Applikationen laufen, einher. Dieser zusätzliche Investitionsbedarf muß bei der Budgetplanung (siehe Abschnitt 2.6) unbedingt berücksichtigt werden.

Herstellerabhängigkeit

Bei der Entscheidung für die Standardsoftware eines Anbieters ist das Unternehmen für die Zeit der wirtschaftlichen Nutzungsdauer dieser Software an diesen Hersteller gebunden. Dies stellt ein Abhängigkeitsverhältnis dar. Allerdings besteht bei Individuallösungen ein häufig noch stärkeres Abhängigkeitsverhältnis zu den Entwicklern dieser Software, da aufgrund der zumeist nur sehr knappen Dokumentation eine Wartung und Anpassung der Software für Dritte nur sehr schwer möglich ist. Aus diesem Grund kann das Entstehen eines Abhängigkeitsverhältnisses weder bei Individual- noch bei Standardsoftware vermieden werden. In beiden Fällen sollte - wie generell bei Einkaufsentscheidungen üblich - erhebliche Sorgfalt bei der Lieferantenauswahl und bei der Anforderungsspezifikation aufgewendet werden. Eine Gefahr besteht beim Einsatz von Standardsoftware dann, wenn die von der Software geforderten Standards für die Anbindung weiterer Anwendungen so proprietär sind, daß praktisch nur Software des gleichen Herstellers verwendet werden kann. In diesem Fall würde dieser Anbieter nahezu ein Monopol für alle betrieblichen Anwendungssysteme erlangen.

Anpassungsaufwand

Standardsoftware entspricht zumeist nicht vollständig den individuellen Anforderungen des Unternehmens, so daß Anpassungen der Organisation oder der Software notwendig werden. Zudem besteht ein Anpassungsaufwand an die im Unternehmen verwendeten Schriftstücke, Formulare, Berichte, Briefe und sonstige Ausdrucke. Dieser Anpassungsaufwand kann je nach Qualität des entsprechenden Konfigurationsprogramms bis zu 40% der gesamten Anpassungsaufwendungen ausmachen. In der Praxis ist häufig festzustellen, daß Berichte erst akzeptiert werden, wenn sie vollständig den unternehmensspezifischen Anforderungen entsprechen. Anpassungsaufwand im organisatorischen Umfeld entsteht darüber hinaus bei der Gestaltung von Nummernsystemen z.B. für Artikel und Kunden (vgl. Abschnitt 4.2.2 zu Numerierung und Klassifikation).

Schnittstellenprobleme

Je nach Anwendungsgebiet der Standardsoftware werden ein oder mehrere vorhandene Informationssysteme abgelöst, die mit anderen Anwendungen über Schnittstellen verbunden waren. Diese Schnittstellen sind zu ersetzen. Selbst im Fall unternehmensweiter Anwendungssysteme wie etwa Baan IV oder SAP R/3, die in der Lage sind, nahezu alle administrativen Systeme durch eine einzige integrierte Lösung zu ersetzen, verbleiben Schnittstellen zu Drittsystemen, die angepaßt und kontinuierlich weiterentwickelt werden müssen.

STANDARDSOFTWARE

Chancen	Risiken
Strategie und Wettbewerb	
• Standardisierung der Anwendungssysteme • schnellere Verfügbarkeit • realistischere Machbarkeit • höhere Investitionssicherheit • Unterstützung von organisatorischem Wandel • Abbau des Anwendungsstaus • Konzentration auf betriebswirtschaftliche Aspekte	• Vereinheitlichung: Individualisierung nur schwer erzielbar • schwierigere Abbildung der Geschäftsprozesse
Qualität	
• umfassendes Leistungsprofil (Know-how-Gewinn) • hoher Integrationsgrad • hoher Reifegrad • Innovationsleistung durch den Hersteller • bessere(r) Datenschutz und -sicherheit • umfangreiche Benutzungsdokumentation • einheitliche Terminologie • Zusatzleistungen (Schulung, Hotline u. a.) • (eingeschränkte) Gewährleistung • Internationalität	• Funktionsüberhang und Anforderungslücken • schwierige Einbindung von Fremdsystemen • veraltete technologische Basis (Innovationsbremse) • vorgegebene Innovationsschritte (Release-Wechsel) • Performance-/ Speicherplatz-Probleme • unzureichende IV-technische Dokumentation • unternehmensfremde Terminologie
Flexibilität	
• Parametrisierung statt Programmierung • Programmveränderung/ -ergänzung möglich • Unabhängigkeit von einzelnen IV-Mitarbeitern	• schwierige Systembeherrschbarkeit und -anpassung • Gefahr eines Verlusts der Release-Fähigkeit • Verlust von Softwareentwicklungs-Know-how • Abhängigkeit von Herstellern und Beratern
Produktivität	
	• Ineffizienz der Systembedienung, z. B. durch unpassende/n Fensterfolge/Maskenaufbau
Kosten	
• Anschaffungs- u. Einführungskosten niedriger als Neuentwicklungskosten • niedrigere Wartungs- und Pflegekosten	• hohe Transaktionskosten • höhere Hardwarekosten • sprungfixe Lizenzgebühren • höhere Schulungskosten • hohe Fremdleistungskosten
Mitarbeiter	
• Brücke zwischen IV-Bereich und Fachbereichen	• Akzeptanzprobleme • Problemverlagerung in die Fachbereiche

Abb. 1-4: Argumentenbilanz zum Einsatz von Standardsoftware /vgl. Potthof 1998, S. 55/

Verlust von Wettbewerbsvorteilen

In der Fachliteratur kontrovers diskutiert wird die Frage, ob der Einsatz von Standardsoftware die Wettbewerbsfähigkeit eines Unternehmens fördert oder beeinträchtigt. Diese Frage muß individuell vor dem Hintergrund der IT-Architektur und der Wettbewerbssituation jedes Unternehmens entschieden werden. So sind die im Handel eingesetzten Informationssysteme häufig Individualentwicklungen, da angesichts der geringen Gewinnspannen in dieser Branche nur durch eine besonders effiziente Informationsverarbeitung Wettbewerbsvorteile erlangt werden können.

Andererseits gleicht der Ersatz einer heterogenen Landschaft von DV-Systemen durch eine integrierte Standardsoftware durchaus bisher vorhandene Wettbewerbsnachteile (wegen zu hoher Kosten der betrieblichen Informationsverarbeitung) aus. Da Wettbewerbsfähigkeit häufig über die Beziehung zum Kunden (Customer Relationship Management) definiert wird, wird gelegentlich empfohlen, für die Pflege der Beziehungen zu Kunden keine vordefinierte Standardsoftware einzusetzen, um sich vom Wettbewerb abgrenzen zu können.

Allgemein kann die Beurteilung des Risikos "Wettbewerbsfähigkeit" nur durch Bewertung der vorhandenen Wettbewerbsvorteile eines Unternehmens und des Einflusses von Standardsoftware auf diese Wettbewerbssituation erfolgen. Einen Überblick über Chancen und Risiken des Einsatzes von Standardsoftware gibt Abb. 1-4 /vgl. Potthof 1998, S. 55/.

1.4 Entwicklungsrichtungen von Standardsoftware

Grundsätzlich lassen sich bei Standardsoftware zur Anpassung an unterschiedliche Branchen bzw. Bedürfnisse zwei Entwicklungsrichtungen unterscheiden:

- *Konfigurierbare* Lösungen enthalten den gesamten Funktionsumfang für alle durch die Software abgedeckten Anforderungen, der durch Parametereinstellung an den jeweiligen individuellen Bedarf angepaßt wird.
- *Komponentenbasierte* Lösungen bestehen aus einer großen Zahl einzelner Komponenten, die individuell zusammengeführt werden, um gemeinsam eine an den jeweiligen Anforderungen angepaßte Lösung zu bieten. Abb. 1-5 verdeutlicht die Unterschiede zwischen den beiden Entwicklungsrichtungen.

Abb. 1-5 zeigt, daß bei einer Customizing-Lösung in erheblichem Umfang Funktionen und Datenstrukturen ungenutzt bleiben, die aber in jedem Fall mitgeführt werden müssen. So geht ein Teil der Leistungsfähigkeit eines neuen Standardsoftwaresystems deswegen verloren, weil auch für unbenötigte Funktionen und Datenstrukturen Schnittstellen und Funktionsaufrufe existieren, die nicht in jedem Fall vollständig ausgeblendet werden können. Vorteil dieser Lösung ist hingegen, daß bei Bedarf verhältnismäßig einfach die bisher nicht genutzte Funktionalität hinzugenommen werden kann bzw. auf weitere Elemente der Datenstrukturen zugegriffen werden kann. Ein Releasewechsel (Update) muß bei Customizing-Software stets für das gesamte System durchgeführt werden, auch wenn nur einige wenige der benutzten Funktionen betroffen sind.

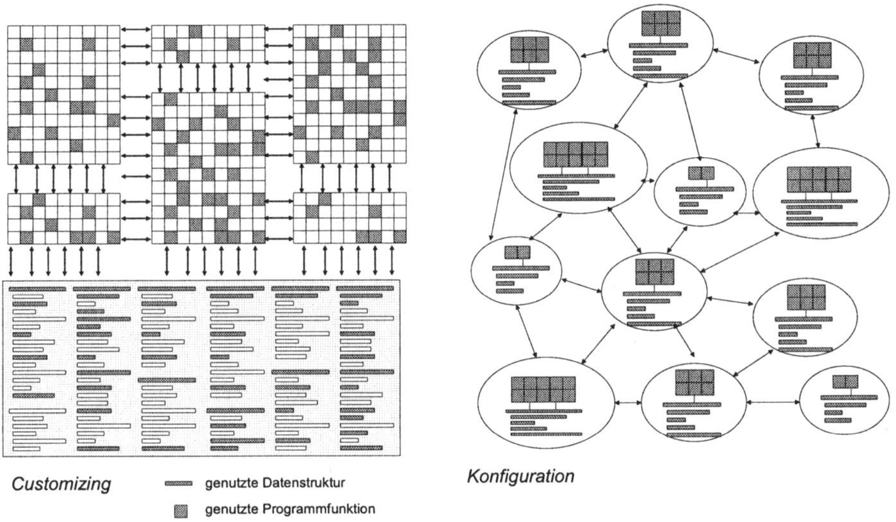

Abb. 1-5: Unterschiede zwischen Konfiguration und Komponentenmodellierung

Bei der Kombination komponentenbasierter Lösungen werden nur die Komponenten eingesetzt, die auch benötigt werden. Updates oder Erweiterungen sind jederzeit möglich, ohne daß andere Komponenten betroffen sind. Insgesamt ist daher eine konfigurierbare Lösung deutlich effizienter und einfacher zu betreiben und zu warten. In der Praxis existieren allerdings noch nicht all zu viele einsatzreife Komponentenlösungen, wenngleich viele Anbieter z.B. von PPS-/ERP-Systemen daran arbeiten /vgl. Schuster 2000, S. 16ff/.

1.4.1 Konfigurierbare Lösungen

Bei der auch als Parametrisierung bezeichneten Konfiguration eines Softwaresystems werden Parameter auf ausgewählte Werte gesetzt, die das Verhalten der Standardsoftware zur Laufzeit bestimmen /vgl. auch im folgenden Appelrath 2000, S. 64f./.

Parameter können strukturelle und verfahrensrelevante Aspekte des Anwendungssystems betreffen. Als strukturell werden Parameter bezeichnet, die sich auf die Aufbauorganisation, Produkte (Roh-, Hilfs- und Betriebsstoffe, Erzeugnisse, Stücklisten) und Anlagen des Unternehmens beziehen.

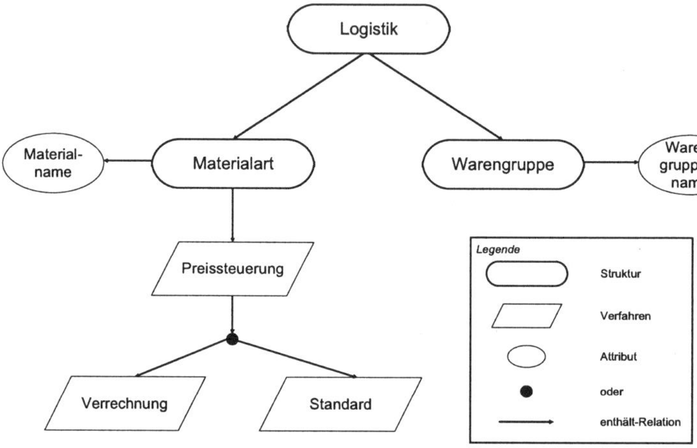

Abb. 1-6: Ausschnitt aus einem Konfigurationsbaum /vgl. Appelrath 2000, S. 66/

Verfahrensrelevante Parameter bestimmen die Funktionalität des Systems in Abhängigkeit von den eingestellten Werten.

Aus der Sicht der Wirtschaftsinformatik kann die Parametrisierung als Konfiguration eines Und-Oder-Baumes betrachtet werden, dessen Verzweigungen und Blätter bestimmten Bedingungen genügen müssen. Der in Abb. 1-6 dargestellte Teilbaum erlaubt die Einrichtung einer bestimmten Anzahl von Materialarten. Dabei kann jeder Materialart eine Preissteuerung zur Bewertung zugeordnet werden. Auch der Verzicht auf das Zuordnen einer Preissteuerung ist möglich, die Materialart wird dann nicht bewertet.

Solange sich die Parametereinstellungen im Bereich dessen bewegen, was von der Standardsoftware zugelassen wird, besteht prinzipiell Releasefähigkeit, d.h. beim Übergang auf eine neue Version des Programms können alle getroffenen Einstellungen übernommen werden.

Die Bedeutung der Parametereinstellung läßt sich durch Beispiele veranschaulichen, die durch Simulation der Auswirkungen von Parameteränderungen im System SAP R/3 gewonnen wurden /vgl. Dittrich 1999, S: 7/:

- Bei Planprimärbedarfen mit um 10% höheren Bedarfsmengen und einer Verschiebung der Bedarfstermine dieser Primärbedarfe um drei Tage gegenüber den eintreffenden Kundenprimärbedarfen reduziert sich bei Verrechnung innerhalb der eingestellten Dispositionshorizonte die Kapitalbindung um bis zu 31%.

- Die Variation der Auftragspuffer zwischen einem und drei Tagen führte zu einer Schwankung der Kapitalbindung um über 20%.

Diese Beispiel zeigen, daß durch unsachgemäße Parametereinstellungen ein erhebliches Fehlsteuerungspotential besteht. Auf Fehler in der Konfigurationsphase wird im Kapitel "Einführung" im Abschnitt "Prototypphase" genauer eingegangen.

1.4.2 Komponentenbasierte Lösungen

Anpassungsnotwendigkeiten an betriebliche Gegebenheiten lassen sich anhand eines Beispiels aus dem Produktionsbereich darstellen /vgl. Gronau 2000, S. 261f/:

<table>
<tr><th>Merkmal</th><th colspan="12">Merkmalsausprägung</th></tr>
<tr><td>Erzeugnis-spektrum</td><td colspan="3">Erzeugnisse nach Kundenspezifikation</td><td colspan="3">Typisierte Erzeugnisse mit kundenspez. Varianten</td><td colspan="3">Standarderzeugnisse mit Varianten</td><td colspan="3">Standarderzeugnisse ohne Varianten</td></tr>
<tr><td>Erzeugnis-struktur</td><td colspan="4">einteilige Erzeugnisse</td><td colspan="4">mehrteilige Erzeugnisse mit einfacher Struktur</td><td colspan="4">mehrteilige Erzeugnisse mit komplexer Struktur</td></tr>
<tr><td>Art der Auftragsauslösung</td><td colspan="4">Fertigung auf Bestellung mit Einzelaufträgen</td><td colspan="4">Fertigung auf Bestellung mit Rahmenaufträgen</td><td colspan="4">Fertigung auf Lager</td></tr>
<tr><td>Dispositionsart</td><td colspan="3">kundenauftrags-orientierte Disposition</td><td colspan="3">überwiegend kunden-auftragsorientierte Disposition</td><td colspan="3">überwiegend programmorientierte Disposition</td><td colspan="3">programmorientierte Disposition</td></tr>
<tr><td>Beschaffungs-art</td><td colspan="4">unbedeutender Fremdbezug</td><td colspan="4">Fremdbezug in größerem Umfang</td><td colspan="4">weitestgehender Fremdbezug</td></tr>
<tr><td>Fertigungsart</td><td colspan="3">Einmalfertigung</td><td colspan="3">Einzel- und Kleinserienfertigung</td><td colspan="3">Serienfertigung</td><td colspan="3">Massenfertigung</td></tr>
<tr><td>Fertigungs-ablaufart</td><td colspan="3">Baustellenfertigung</td><td colspan="3">Werkstattfertigung</td><td colspan="3">Gruppen-/Linienfertigung</td><td colspan="3">Fließfertigung</td></tr>
<tr><td>Fertigungs-struktur</td><td colspan="4">Fertigung mit geringer Tiefe</td><td colspan="4">Fertigung mit mittlerer Tiefe</td><td colspan="4">Fertigung mit großer Tiefe</td></tr>
</table>

Abb. 1-7: Betriebstypische Merkmale /nach Schomburg 1980, S. 88/

Als Alternativen stehen dort die kosten- und zeitintensive und risikobehaftete Individualentwicklung oder eine zeitaufwendige und letztendlich wegen mangelnder Paßgenauigkeit unbefriedigende Anpassung marktverfügbarer Standardsoftwarepakete zur Verfügung. Während in den kaufmännischen Unternehmensbereichen wegen der strukturierten und weitgehend branchenunabhängig in Softwarelösungen umzusetzenden Abläufe der Einsatz von Standardsoftware eher unproblematisch ist, stellt sich die Situation im Produktionsbereich wesentlich komplizierter dar. Eine überschlägige Komplexitätsbetrachtung soll dies verdeutlichen: Nach Schomburg /vgl. Schomburg 1980/ lassen sich Betriebstypen in der Industrie nach acht Merkmalen mit je drei bis vier Ausprägungen gliedern (Abb. 1-7).

Wird vereinfachend davon ausgegangen, daß jede denkbare Kombination auch möglich ist, ergeben sich rechnerisch aus den Ausprägungen dieser Merkmale über 20.000 unterschiedliche Betriebstypen. Hinzu kommt, daß in einem Industrieunternehmen nicht nur ein ein einziger Betriebstyp vorliegt, sondern typischerweise verschiedene Betriebstypen in verschiedenen Fertigungsbereichen und bei unterschiedlichen Produkten vorkommen.

Angesichts der Komplexität und Mächtigkeit und der daraus resultierenden Probleme bei der Beherrschbarkeit großer Standardsoftwaresysteme sind, beeinflußt durch die Anwendung objektorientierter Modellierungs- und Programmiertechniken, alternative Lösungen zur individuellen Anpassung standardisierter Softwarebausteine entwickelt worden. Diese Lösungen basieren auf einer großen Menge ungebundener Standardbausteine, sogenannte Komponenten, die über Nachrichten Informationen austauschen bzw. Daten verarbeiten.

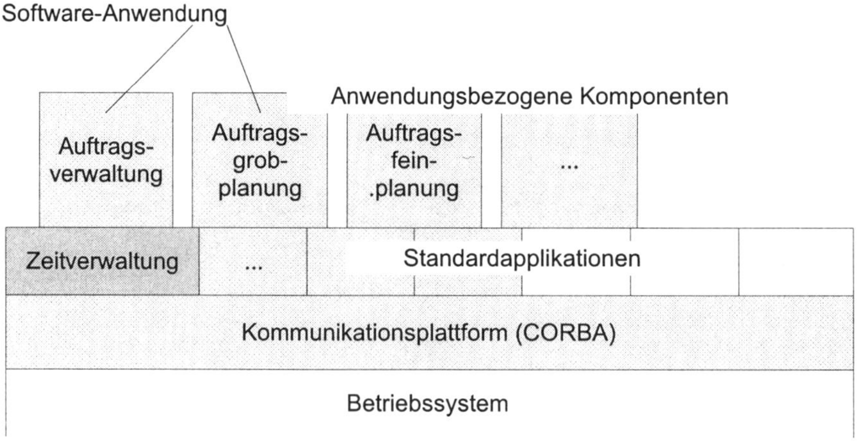

Abb. 1-8: Komponentenbasierte Softwarearchitektur für die Auftragsabwicklung /vgl. Reinhart 1998, S. 43/

Die hohe Zahl von Betriebstypen im obigen Beispiel zeigt, daß eine parametrisierbare Standardsoftware eine sehr hohe Zahl von Einstellmöglichkeiten aufweisen müßte, um tatsächlich ohne Individualprogrammierung allen Betriebstypen gerecht werden zu können. Eine derartige Software existiert jedoch nicht. Daher hat sich zur Lösung dieses Konfigurationsproblems in den letzten Jahren eine weitere Softwarearchitektur herausgebildet, für die sich der Begriff Componentware durchgesetzt hat /vgl. Griffel 1998/.

Komponentenfertigung wird in den klassischen Ingenieurwissenschaften zur Herstellung von Bauteilen und Baugruppen benutzt. Dieser Begriff wurde auf die Entwicklung von Softwarekomponenten übertragen /vgl. Reinhart 1998, S. 43/. Wie in technischen Systeme sollen Softwarekomponenten in Informationssystemen mit anderen Komponenten zusammenwirken, indem sie diesen ihre Funktionalität zur Verfügung stellen oder deren Funktionalität nutzen. Ein wesentlicher Vorteil von Componentware läßt sich in der einfachen Austauschbarkeit und in der Verwendung für beliebige andere Informationssysteme sehen. Abb. 1-8 zeigt ein Modell komponentenbasierter Softwarearchitektur für die Auftragsabwicklung.

Componentware vereint den Vorteil der Standardsoftware durch problemlosen Austausch und einfache, herstellerunabhängige Integration von Bausteinen mit den Vorzügen der Individualsoftware, indem eine individuelle Anpassung der Funktionalität und der Abläufe der Software möglich wird /vgl. Deifel 1999/.

Flexibilität ergibt sich aus der Kombination verschiedener Komponenten und aus der schnellen Konfiguration der Komponenten selbst. Die herstellerübergreifende Standardisierung wird durch vereinheitlichte Komponenten und durch zwischen ihnen offengelegte und definierte Schnittstellen sichergestellt.

Bei dem in Abb. 1-8 dargestellten Schichtenmodell werden individuelle Anpassungen in der obersten Schicht vorgenommen. In Verbindung mit z.B. auf CORBA basierenden Kommunikationsplattformen ist es möglich, Komponenten beliebig im Rechnernetzwerk zu verbinden oder neue Komponenten hinzuzufügen. Die Abbildung von kundenindividuellen Abläufen ergibt sich dann aus der Nutzung der Dienste der Komponenten in einer eindeutigen Abfolge. Dadurch wird erreicht, daß die Ablauflogik einer Software nicht wie bisher in einem einzigen komplexen Kernprozeß implementiert ist, sondern sich aus dem Zusammenspiel der Komponenten ergibt /vgl. Reinhart 1998, S. 43/.

1.5 Berücksichtigung des organisatorischen Wandels

Die Länge des Lebenszyklus von Standardsoftware wird häufig unzureichend eingeschätzt. Erst durch vor der Jahreswende 1999/2000 propagierte "Jahr-2000-Problem" wurde deutlich, daß ein großer Teil der in den Unternehmen eingesetzten

Applikationen, darunter zum erheblichen Teil Standardsoftware, bereits zehn Jahre und länger genutzt wurde. Weil der Einführungsprozeß so aufwendig ist und die individuelle Anpassung der Software bzw. der organisatorischen Prozesse von allen Beteiligten als sehr mühsam empfunden wird, müssen schon sehr gute Gründe vorliegen, eine einmal etablierte Softwarelösung wieder auszutauschen. Daher ist von einer aktiven Lebensdauer von Standardsoftware von zehn Jahren und länger auszugehen, je nach der Marktsituation, in der sich das Unternehmen befindet. Die Einflüsse der Marktsituation auf die Organisation und damit auch den IT-Einsatz in Unternehmen wurde u.a. von Morgan /vgl. Morgan 1997, S. 78ff./ untersucht.

Morgan kam zu der Erkenntnis, daß in turbulenten Märkten auch rasche Innovationszyklen bei innerbetrieblicher Organisation und Informationssystemen stattfanden, während in ruhigen Märkten die Innovationszyklen wesentlich langfristiger angelegt sind.

Es ist äußerst unwahrscheinlich, daß die Unternehmensorganisation, also Aufbauorganisation und Abläufe in der langen Zeitspanne zwischen Einführung und Abschaltung der Standardsoftware im wesentlichen unverändert bleiben. In der Praxis ist es vielmehr so, daß permanent ein Veränderungsdruck auf der betrieblichen Organisation lastet, der sich unter anderem durch folgende Beispiele ausdrücken läßt:

- Umstellung der Fertigung von hoher Eigenfertigungstiefe (zentrale Planung aller Ressourcen) durch weitgehende Fremdfertigung mit starkem Bedarf an Einkaufsunterstützung
- Überführung eines zuvor zentral organisierten Vertriebs in dezentrale, regional weitgehend autonom arbeitende Vertriebseinheiten
- Ständige Anpassung der Abläufe aufgrund von Vorschlägen z.B. aus Qualitätszirkeln
- Zusammenschlüsse von Unternehmen durch Kauf oder Fusion mit daraus bedingter Anpassung von Abläufen und Gruppierungen
- Starkes Wachstum mit daraus resultierender stärkerer Arbeitsteilung.

Die Liste dieser Beispiele könnte nahezu beliebig fortgesetzt werden. Unerläßlich für eine erfolgreiche Nutzung der Standardsoftware über den gesamten Lebenszyklus hinweg ist daher die Berücksichtigung eines ständigen organisatorischen Wandels bei der Auswahl und Einführung von Standardsoftware.

Informationssystemarchitekturen als die Beschreibung des Zusammenwirkens technologischer, wirtschaftlicher, organisatorischer und psychosozialer Aspekte bei der Entwicklung und Nutzung betrieblicher soziotechnischer Informationssysteme können als nachhaltig im Sinne von dauerhaft zukunftsfähig bezeichnet werden, wenn sie eine Anpassung an organisatorische Veränderungen gestatten /vgl. Gronau 2000, S. 207ff./.

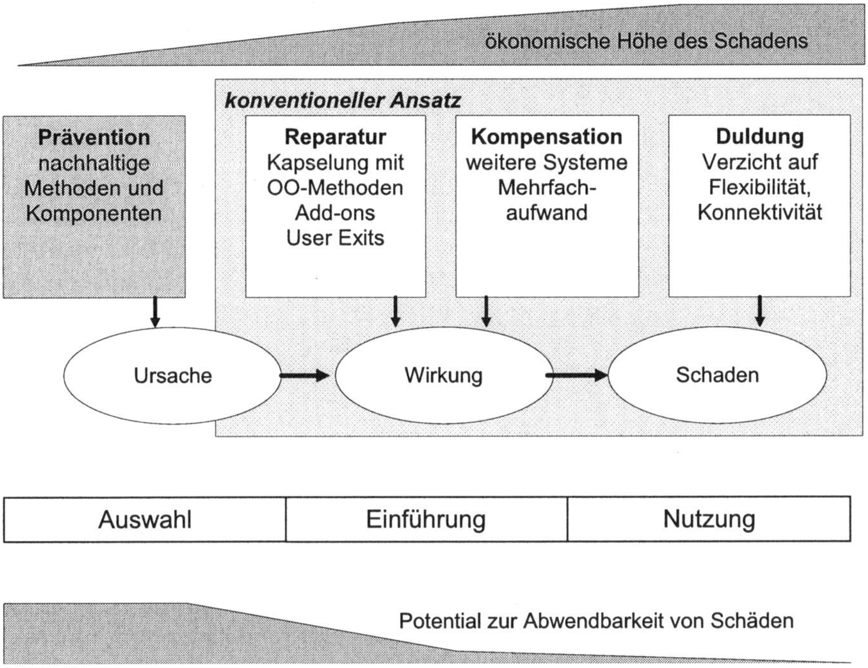

Abb. 1-9: Lebenszyklus von Standardsoftware und Reaktionsmöglichkeiten auf Anpassungsdruck

Abb. 1-9 verdeutlicht die wirtschaftlichen Konsequenzen und die Notwendigkeit der Berücksichtigung dieser Anforderungen bereits in der Phase der Investitionsentscheidung.

Wird auf die Berücksichtigung der Adaptivität kein Wert gelegt, kommen bei einer Reaktion auf organisatorische Veränderungen nur konventionelle Anpassungsmöglichkeiten zum Einsatz. Diese erfordern bei notwendigen Anpassungen an den organisatorischen Wandel zunächst Reparaturmaßnahmen oder die Kompensation von Defiziten durch Einsatz weiterer Systeme mit den erforderlichen Charakteristika. Beide Ansätze mindern die Wirtschaftlichkeit der Informationssystemarchitektur, z.T. erheblich. Im ungünstigsten Fall ist weder eine Reparatur noch eine Kompensation möglich, so daß nur die Duldung der mangelnden Anpassungsfähigkeit verbunden mit dem Verlust der notwendigen organisatorischen Flexibilität und ggf. auch der Wettbewerbsfähigkeit verbleibt. Daher ist es erforderlich, bei der Aufstellung von Anforderungen und bei der Auswahlentscheidung die Verfügbarkeit nachhaltiger Komponenten und Methoden bei der zu überprüfenden Standardsoftware weitestgehend zu berücksichtigen. In Abschnitt 3.4 werden Kriterien vorgestellt, die eine Überprüfung der Nachhaltigkeit bei der Einführung von Standardsoftware gestatten.

2. Projektorganisation

Auswahl und Einführung einer umfassenden Standardsoftwarelösung werden in der Regel als Projekt durchgeführt. Auch wenn der zeitliche Aufwand in der Auswahlphase wesentlich geringer ist während der der Einführung, so ist es doch sinnvoll, grundlegende Aussagen zum Projektmanagement dem Vorgehensmodell voranzustellen. In diesem Kapitel wird daher zunächst auf die Charakteristika eines Projektes und damit zusammenhängende Begriffe eingegangen, bevor wesentliche Aufgaben der Projektorganisation beschrieben werden. Die Aufbauorganisation des Projektmanagements beschreibt die Organisation der Beziehungen zwischen Auftraggeber (Projektoberleitung) und Auftragnehmer (Projektteam und Projektleitung) sowie unter den Mitwirkenden des Projektteams.

Die Aufgaben der Projektplanung umfassen im wesentlichen die Termin-, Kapazitäts- und Kostenplanung. Auf die Verfahren zur Aufwandsschätzung von DV-Projekten wird in einem eigenen Abschnitt eingegangen. Auch im Hinblick auf den Betrieb der Standardsoftware ist der abschließend beschriebene Aufbau eines Projektinformationswesens von Bedeutung.

2.1 Begriffe

2.1.1 Projektcharakteristika

Ein Projekt ist nach DIN 69901 ein Vorhaben, das im wesentlichen durch die *Einmaligkeit* seiner Bedingungen in ihrer Gesamtheit gekennzeichnet ist. Diese Bedingungen können die Zielvorgaben, die zeitlichen, finanziellen und personellen Bedingungen der Projektabwicklung, die Abgrenzung gegenüber anderen Vorhaben sowie eine projektspezifische Organisationsform sein.

Charakteristisch für ein Projekt ist, daß es ein abgrenzbares Einzelvorhaben darstellt, das einen definierten zeitlichen Anfang und ein definiertes Ziel aufweist /vgl. auch im folgenden Litke 1995, S. 17/. Ein wesentlicher Gesichtspunkt ist die *Neuartigkeit*, die oft dazu führt, daß die Zielerreichung im Projekt mit einem gewissen Risiko behaftet ist. Die Risiken können technischer, wirtschaftlicher oder terminlicher Art sein.

Projekte weisen typischerweise eine hohe *Komplexität* auf. Die abgrenzbaren Teilaufgaben und die das Projekt bearbeitenden Personen sind durch ein große Zahl von Relationen untereinander verbunden. Typisch für Projekte ist eine interdisziplinäre Zusammenarbeit zwischen Fachleuten unterschiedlicher Gebiete. Die Organisation des Projektes ist nicht standardisiert und ändert sich, zum Teil mehrfach, im Verlauf eines Projektes.

Von erheblicher Bedeutung für die Bewertung des Projektes und seiner Beteiligten ist seine Zielerreichung. Häufig müssen sich diesem Ziel alle anderen Aspekte unterordnen.

Es ist empfehlenswert, vor Beginn eines Projektes im Rahmen des Arbeitsschrittes Zieldefinition (vgl. Abschnitt 3.4) folgende Parameter eines Projektes zu dokumentieren, sofern sie bekannt sind:

- Umfang des Projektes: Hierzu gehören u.a. die Zahl der einzelnen Aufgaben, die beteiligten Personen, der Auftragswert und der geschätzte Aufwand.
- Dauer des Projektes
- Projektspezifische Besonderheiten: Wenn es Besonderheiten gibt, die Einfluß auf den Projekterfolg haben, ist es sinnvoll, sich diese vor Projektbeginn ins Bewußtsein zu rufen. Solche Besonderheiten können die benötigte Erfahrung der Projektmitarbeiter, die machtpolitische Situation im Unternehmen, die vorhandene oder benötigte Infrastruktur, die Vertragsbedingungen sowie weitere ggf. relevante kulturelle oder gesellschaftliche Gegebenheiten sein.
- Komplexität: Die Komplexität eines Projektes läßt sich u.a. anhand des wissenschaftlichen Neuheitsgrades, der Anzahl der beteiligten Organisationseinheiten und Lieferanten, der Existenz von Querverbindungen und Abhängigkeiten zwischen den Einzelaufgaben sowie anhand des Risikos der Zielerreichung (s.u.) beschreiben.
- Schwierigkeit: Probleme können in technischer, wirtschaftlicher, organisatorischer, personeller oder sozialer Hinsicht auftreten.
- Bedeutung: Wichtig für das Verständnis eines Projektes ist die Einschätzung seiner Bedeutung für Auftraggeber und Auftragnehmer. Diese Bedeutung kann an den Kosten eines Projektes, dem damit verbundenen Prestigegewinn oder der durch die Zielerreichung möglichen Wettbewerbsstrategie ausgedrückt werden.
- Risiko: Ein Projekt kann vielfältigen Schwierigkeiten unterliegen. Beurteilt werden können Projektrisiken bezüglich Technik, Verwertbarkeit der Ergebnisse, Zeitbedarf, Aufwand, Zielerreichung, aber auch aufgrund wirtschaftlicher Parameter wie Preisschwankungen, Währungsdifferenzen oder aufgrund politischer Umstände.
- Kontinuität und Intensität: Zu beurteilen ist ein Projekt auch nach dem Aspekt des Mitarbeitereinsatzes in zeitlicher Hinsicht und nach der Höhe der Beanspruchung der Mitarbeiter (vollständige oder teilweise Mitarbeit im Projekt).

- Organisations- und Führungsverständnis: Wesentlich für das Gelingen eines Projektes sind die Kooperationsbereitschaft, die Konfliktlösungsfähigkeit und die Flexibilität der Mitarbeiter.

2.1.2 Der Begriff Projektorganisation

Unter Projektorganisation oder Projektbereich wird die Gesamtheit der Aufgabenträger einer Unternehmung verstanden, denen Aufgaben zur Verwirklichung eines bestimmten Projekts übertragen worden sind. Die Struktur der Projektorganisation wird bestimmt durch die jeweilige Zuordnung von Projektaufgaben zu Personen und durch die Herstellung von Kommunikationsbeziehungen zwischen ihnen.

Projektaufgaben

Projektaufgaben sind alle Tätigkeiten, die erforderlich sind, um das vorab definierte Projektergebnis zu realisieren. Sie werden in projektbezogene Planungs- und Realisationsaufgaben unterschieden. Bei den projektbezogenen Realisationsaufgaben wird zwischen Aufgaben der Beschaffung und des Einsatzes von Ressourcen (z.B. Beschaffung von Personal für eine bestimmte Projektphase) und den unmittelbar auf die Realisation des Projektziels ausgerichteten Aufgaben (z.B. Lösung eines bestimmten Konfigurationsproblems) differenziert.

Projektkoordination

Dieser Teilbereich der Projektorganisation umfaßt Aufgabenträger, die als Leistungs- oder Stabsstelle für die Beschaffung und den Einsatz von Projektressourcen und für die Koordination der ausführenden Projektaktivitäten zuständig sind.

Projektausführung

Diesem organisatorischen Teilbereich gehören die Aufgabenträger an, die im Rahmen der durch die Projektkoordination zugewiesenen Aufgaben und der zur Verfügung gestellten Ressourcen ausführend, d.h. ohne Weisungsbefugnis, tätig werden.

2.1.3 Der Systemansatz im Projektmanagement

Bereits die Erläuterung der Komplexität eines Projektes verweist auf den Systemgedanken, der als Basismodell der Problemlösung auch als Projektansatz verwendet werden kann. Abb. 2-1 zeigt den Systemansatz, bezogen auf das Projektmanagement.

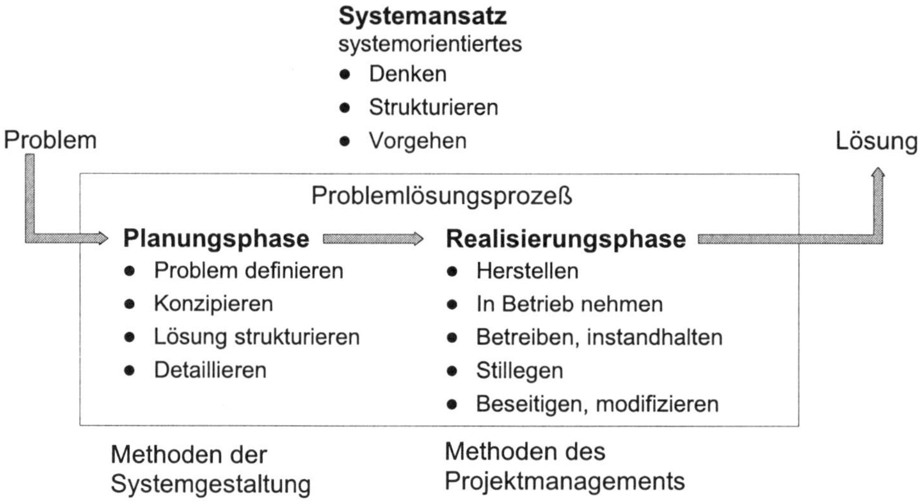

Abb. 2-1: Basismodell systemischer Probemlösung (nach Patzak)

Deutlich wird, daß der Problemlösungsprozeß sich in eine planerische Phase und eine Realisierungsphase gliedert. Für das in diesem Buch behandelte Thema entspricht diese Aufteilung der Trennung in eine Anbieterauswahlphase und eine Einführungsphase. Aus diesem Projektansatz ausgeklammert bleibt der Systembetrieb, auf den in Kapitel 5 eingegangen wird.

2.1.4 Strukturierung eines Projektes

Zur Reduzierung der Komplexität eines Projektes wird eine Strukturierung, eine Zerlegung in kleine, abgegrenzt bearbeitbare Aufgaben vorgenommen. Dabei können ablauforientierte und objektorientierte Zerlegungsmechanismen unterschieden werden. Bei einer Zerlegung in Teilprojekte, wie aus Abb. 2-2 ersichtlich, wird ein Projekt in einzelne Objekte zerlegt, die einzeln bearbeitet werden. Im Falle der Einführung von Standardsoftware wäre dies z.B. eine Trennung in die Teilprojekte "Finanzwesen" und Logistik.

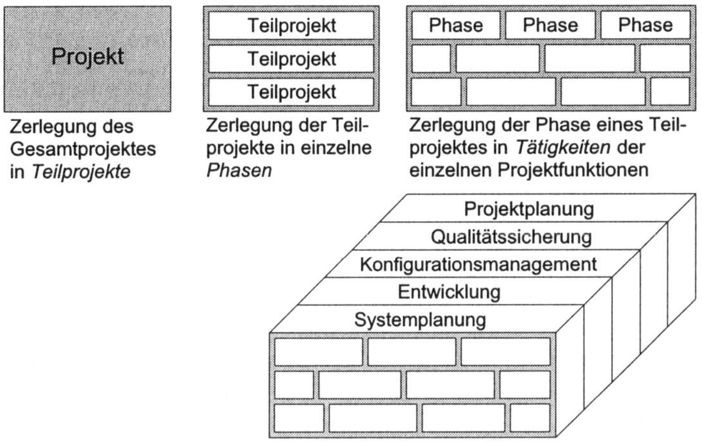

Abb. 2-2: Strukturierung eines Projektes /vgl. Platz 1986, S. 138/

Anschließend wird meist eine ablauforientierte Zerlegung in zeitlich begrenzte Abschnitte (Phasen) vorgenommen. Diese Phasen können dann noch weiter in Tätigkeiten zerlegt werden, deren Ergebnisse das Phasenergebnis bilden. Die Tiefe der Zerlegung hängt von der Zielsetzung der Komplexitätsreduzierung ab.

2.2 Aufgaben des Projektmanagements

Die Kerntätigkeiten des Projektmanagements umfassen die Aufgaben der Projektplanung und -steuerung, der Kontrolle der Projektergebnisse, die Unterstützung des Projekterfolges durch Beschaffung der benötigten Ressourcen sowie die Festle-

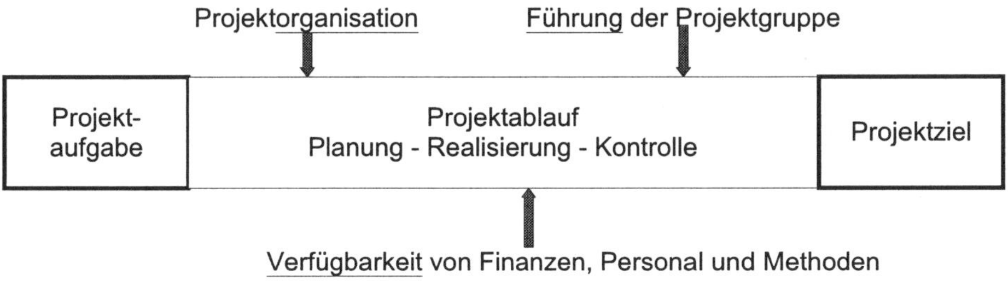

Abb.2-3: Kerntätigkeiten des Projektmanagements

gung der projektspezifischen Organisationsform (vgl. Abschnitt 2.3). Bestimmende Faktoren des Projektablaufs sind in Abb. 2-3 dargestellt.

Die Aufgaben des Projektmanagements lassen sich in neun Bereiche /vgl. Bartsch-Beuerlein 2000, S. 15/ einteilen, die im folgenden kurz skizziert und in den weiteren Abschnitten dieses Buches vertieft dargestellt werden:

- Integrationsmanagement: Koordination der richtigen Funktionsweise aller Projektelemente
- Geltungsbereichsmanagement: Beschreibung und Sicherstellung genau der notwendigen Projektarbeiten
- Zeitmanagement: Sicherstellung des termingerechten Projektablaufs
- Kostenmanagement: Sicherstellung der Einhaltung des vorgegebenen Budgetrahmens.
- Qualitätsmanagement: Das Projekt soll die geplanten Anforderungen erfüllen.
- Human Resource Management: Personaleinsatzplanung und Personalführung
- Kommunikationsmanagement: Sicherstellung des Projektinformationswesens
- Risikomanagement: Identifikation und Analyse von Risiken sowie Ergreifen von Maßnahmen gegen Risiken sowie
- Beschaffungsmanagement von Waren und Dienstleistungen.

Ein Standardwerk der Internationalen Project Management Association, das diese Aufgaben beschreibt, ist als "Guide to the Project Management Book of Knowledge (PMBOK)" ist unter /PMI 2000/ kostenlos herunterzuladen.

Das Management des Projektes umfaßt aber mehr als nur Planungs-, Steuerungs- und Kontrollaufgaben. So wird allgemein unter Management die Kombination von Führung und Leitung verstanden. Hahn bezeichnet Management als den Prozeß der Willensbildung und Willensdurchsetzung unter Übernahme von Verantwortung. Schließlich kann Management als Prozeß aufgefaßt werden, mit dem durch Einsatz von Menschen Ziele formuliert und erreicht werden.

Für den Erfolg des Projektes wird daher neben den oben geschilderten sachlichen und formalen Parametern von der Projektleitung auch ein entsprechender Führungsstil erwartet. Die in einem der folgenden Abschnitte beschriebenen zeit- und kostenorientierten Hilfsmittel des Projektmanagements können zum Projekterfolg beitragen, aber die managementbezogenen Anforderungen nicht ersetzen.

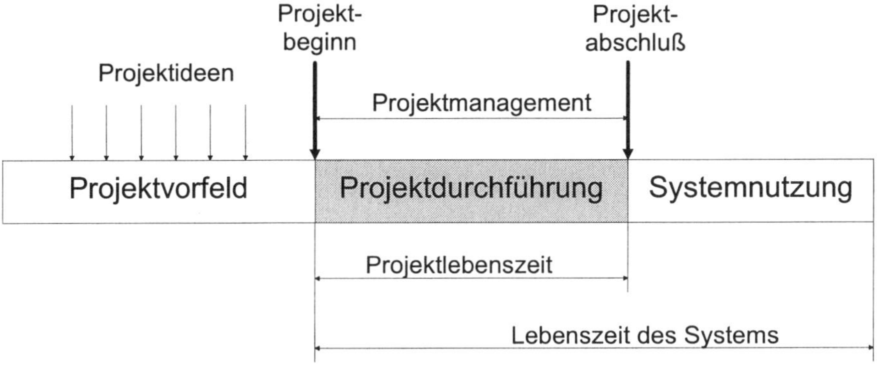

Abb. 2-5: Zeitliche Einordnung des Projektmanagements /vgl. Platz 1986, S. 17/

Zeitlich ist das Projektmanagement in den Zeitraum zwischen Projektvorfeld und Systemnutzung einzuordnen (vgl. Abb. 2-4).

Anwendungsgebiet des Projektmanagements

Zwei Einflußfaktoren bestimmen die Anwendbarkeit der in diesem Kapitel vorgestellten Methoden und Instrumente des Projektmanagements. Zum einen spielt die Größe des Projektteams eine wesentliche Rolle für die Anwendbarkeit von Organisations-, Informations-, Planungs- und Steuerungstechniken, zum anderen die Art des Projektes. Abb. 2-5 zeigt den Zusammenhang zwischen diesen beiden Einflußfaktoren/vgl. Platz 1986/.

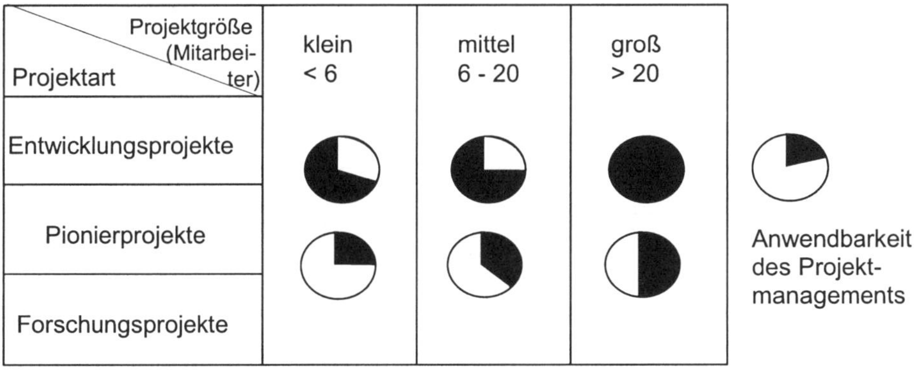

Abb. 2-4: Anwendbarkeit des Projektmanagements /vgl. Platz 1986/

Der ausgefüllte Kreisbogen gibt an, welcher Anteil aller Projektaufgaben durch das Projektmanagement wirksam beinflußt werden kann. Dieser Anteil ist umso größer, je größer die Zahl der am Projekt beteiligten Mitarbeiter ist und je besser standardisierbar das Vorgehen im Projekt ist. Entwicklungsprojekte wie z.B. in der Softwarebranche unterscheiden sich im Vorgehen nur wenig voneinander.

Forschungsprojekte hingegen enthalten eine wesentlich höheren Anteil an unplanbaren Aufgaben, so daß hier Projektmanagementmethoden nur unvollständig greifen. Bei diesen Projekten ist zudem der Aufgabenumfang in der Planungsphase nicht so stark detaillierbar, wie es einige Projektmanagementmethoden erfordern.

Pionierprojekte beinhalten einen höheren Neuartigkeitsgrad für die jeweilige Projektgruppe, weisen jedoch nicht unbedingt den gleichen Anteil an Unwägbarkeiten auf wie Forschungsprojekte. Der Anwendungsgrad des Projektmanagements liegt zwischen den Entwicklungsprojekten und den reinen Forschungsprojekten.

2.2.1 Einflußmanagement und Partizipation

Zu den notwendigen Aktivitäten des Projektmanagements gehören die in Abb. 2-6 dargestellten Aufgaben.

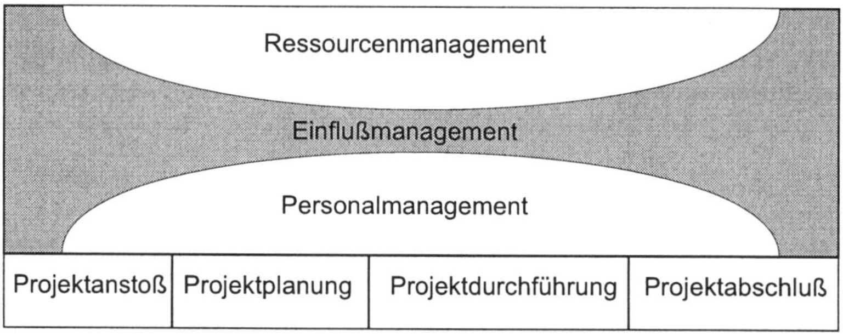

Abb. 2-6: Aktivitäten des Projektmanagements

Die Fläche der Aufgabenbereiche Personalmanagement, Einflußmanagement und Ressourcenmanagement verdeutlicht dabei den zeitlichen Anteil dieser Aufgaben in der entsprechenden Projektphase. Deutlich wird, daß zu Projektbeginn und in der Phase der beginnenden produktiven Nutzung der Projektergebnisse das Einflußmanagement die wichtigste Aufgabe des Projektmanagements darstellt. Abb. 2-7 zeigt, wie Beteiligte und Betroffene zum Projekt stehen können sowie mögliche Abhilfemaßnahmen.

Das Einflußmanagement ist auch deshalb so wichtig, weil sich aus Widerständen gegen das Projekt oder gegen befürchtete Projektergebnisse so erhebliche Hürden für die erfolgreiche Umsetzung ergeben können, daß das Projekt letztendlich trotz technischen Erfolges am Widerstand der Benutzer bzw. Betroffenen scheitern kann. Abhilfe kann ein partizipatives Vorgehen schaffen, das im folgenden Abschnitt beschrieben wird.

2.2.2 Partizipation als kritischer Erfolgsfaktor

Partizipation bedeutet Teilhabe. Als partizipativ wird eine Vorgehensweise verstanden, an der die später vom Einsatz des Systems Betroffenen während der ganzen Entwicklungszeit beteiligt sind. Die Partizipation ist schon in der griechischen Demokratie gebräuchlich gewesen und bedeutet die Berücksichtigung von mehr als einer Seite von Interessen bei der Entscheidung /vgl. Mumford 1984/. Sie beinhaltet im Gegensatz zu traditionellen Ansätzen wie z.B. /Wedekind 1976/ eine stärkere Beteiligung der vom Systemeinsatz Betroffenen am eigentlichen Entwicklungsprozeß. Die mit dem Begriff Partizipation verknüpften Inhalte der Benutzerbeteiligung sind sehr vielschichtig und reichen von der einfachen Information der Beteiligten bis zur Entscheidungsgewalt in der Projektgruppe und als ideale Endstufe zum autonomen Design. Als Gründe für die Verfolgung eines partizipativen Ansatzes werden u.a. genannt /vgl. Peschke 1986/:

- die Berücksichtigung des Fachwissens der Anwender,
- die Einbeziehung neuer Arbeitsträger, da Experten rar und teuer sind,
- die Akzeptanzsteigerung bei den Anwendern durch aktives Erleben des Entwicklungsprozesses und
- die gesteigerte Bedeutung der Anwender, die heute vermehrt auch gleichzeitig Auftraggeber sind.

2.2.3 Beteiligungsformen

Grundsätzlich wird zwischen der direkten, d.h. unmittelbaren Beteiligung der Betroffenen und einer indirekten Beteiligung durch Repräsentanten unterschieden. Die repräsentative Mitwirkung als indirekte Beteiligung kann viele Formen der Interessenvertretung umfassen:

- gewählte Vertreter bestimmter Benutzergruppen (z.B. aus einer Gruppe von Maschinenbedienern, die einen Vertreter für ein Automatisierungsprojekt auswählen),

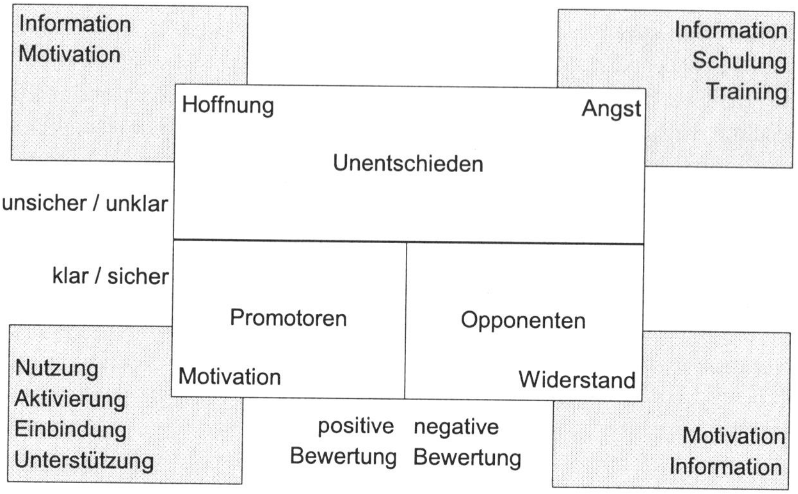

Abb. 2-7: Einflußmanagement

- ausgewählte Vertreter (bestimmt durch die Unternehmens- oder Projektleitung),
- interessierte Benutzer, die ihre Interessen freiwillig und exemplarisch einbringen, aber nicht durch eine Wahl legitimiert sind,
- durch ihr Amt bestimmte Interessenvertreter, z.B. Betriebs- oder Personalräte oder
- Anwaltsplanung durch Einsatz eines Experten, der als Benutzeranwalt spezielle Gruppeninteressen vertritt und den Entwicklungsprozeß in deren Sinne zu beeinflussen sucht.

Während die ersten drei Formen die Mitarbeit tatsächlich Betroffener vorsehen, sind in den beiden letzten Fällen Experten vorgesehen, die nicht zwangsläufig selbst Benutzer sind. Während jedoch Betriebsräte durch Wahlen legitimiert sind, so agiert der Experte in der Anwaltsplanung ohne eine formale Anerkennung durch die Benutzer. Ein solcher Anwalt kann entweder bereits über genaue Kenntnisse der Interessenlage der Betroffenen verfügen oder im Sinne einer Anlaufstelle herangetragene Wünsche weiterleiten. Dieses Prinzip wird sinnvoll dann angewendet, wenn eine Interessenvertretung nicht existiert und eine direkte Mitwirkung der Benutzer wenig Erfolg verspricht bzw. nicht machbar erscheint.

Im Falle der Anwaltsplanung, der freiwilligen Mitarbeit interessierter Betroffener und der Auswahl "von oben" mangelt es an der Legitimation und evtl. auch an der Anerkennung durch die Basis der Betroffenen. Dagegen ist in den beiden anderen

Fällen das nötige (arbeitsplatzbezogene) Sachverständnis problematisch, weil unter Umständen nicht vorhanden.

Generell spielt die Frage der Qualifikation der Benutzer oder ihrer Vertreter eine ausschlaggebende Rolle in der Partizipation. Nicht nur die fachlichen, arbeitsplatzbezogenen Kenntnisse sind gefordert, auch EDV-Kenntnisse sind immer häufiger notwendig, um sich in der Phase der Systementwicklung an der Alternativensuche und -auswahl wirklich aktiv beteiligen zu können. Darüber hinaus ist eine Qualifikation zur Gruppenarbeit und -diskussion nötig, um die eigenen Interessen effektiv einbringen zu können.

2.2.4 Ausprägungen der Partizipation

Partizipation muß neben der Form der Interessenvertretung vor allem nach der Ausprägung der Partizipationsmöglichkeiten selbst unterschieden werden. Abb. 2-8 zeigt eine derartige Unterscheidung.

Bei der Beurteilung der Ausprägung der Partizipation sollten drei Faktoren unterschieden werden:

- die Kommunikation bzw. der Informationsaustausch (im Falle 2 nur eindeutig, bei 3-5 in beide Richtungen zwischen Benutzern und Entwicklern
- die Entscheidungsbeteiligung (erst ab 4. gegeben) und
- die Gestaltungsbeteiligung (nur bei 5. und 6).

Von echter Partizipation kann erst dann die Rede sein, wenn ein wechselseitiger Informationsaustausch zwischen Benutzern und Entwicklern gegeben ist und eine Entscheidungs- und Gestaltungsbeteiligung vorliegt. Letzteres bedeutet, daß der Benutzer sowohl unpassende Systemvorschläge ablehnen kann (Entscheidung) als auch alternative Gestaltungen selbst mitentwickeln kann (Gestaltung).

Ein Spezialfall der Partizipation ist das *autonome Design*, das als Extremfall einer hundertprozentigen Beteiligung angesehen werden kann. Hierbei ist der Benutzer gleichzeitig auch Entwickler in eigener Sache, ohne verantwortliche Beteiligung anderer "externer" Entwickler. Ein weiterer Sonderfall liegt mit der gemischten Projektgruppe vor, die nicht im Schema der Abb. 2-8 berücksichtigt ist. Hier werden in das Entwicklungsteam Benutzer integriert, die als Kopplungsglied zwischen Entwicklern und Benutzern agieren und die Berücksichtigung der Bedürfnisse der Betroffenen sicherstellen sollen. Zwar ist dies eine unmittelbare Aufgabe des Analytikers, doch besteht ohne Partizipation die Gefahr, daß unter Termin- und Kostendruck dieser Aspekt nicht ausreichend berücksichtigt wird.

<table>
<tr><th>Partizipationsform
Partizipationsausprägung</th><th>direkte Partizipation der betroffenen Benutzer</th><th>Indirekte Partizipation durch Repräsentation der Benutzer</th></tr>
<tr><td>1.) Keine Vorabinformation betroffener Benutzer über den Informationssystemeinsatz</td><td colspan="2">keine Partizipation
(weder Mitwirkung noch Mitentscheidung)</td></tr>
<tr><td>2.) Vorabinformation betroffener Benutzer über den Informationssystemeinsatz</td><td>mit direkter Information der betroffenen Benutzer</td><td>mit direkter Information über die Repräsentanten</td></tr>
<tr><td rowspan="2">3.) Die Meinung betroffener Benutzer wird gehört und in unterschiedlichem Ausmaß bei Entscheidungen berücksichtigt.</td><td colspan="2">passive Mitwirkung
(konventionelles Design)</td></tr>
<tr><td>mit direkter Beeinflussungsmöglichkeit</td><td>mit indirekter Beeinflussungsmöglichkeit</td></tr>
<tr><td rowspan="2">4.) Die betroffenen Benutzer wirken an Entscheidungen mit, können z.B. Modifikationen erzwingen (Vetorecht)</td><td>basisdemokratische</td><td>repräsentative</td></tr>
<tr><td colspan="2">aktive Mitentscheidung</td></tr>
<tr><td>5.) Die betroffenen Benutzer sind an der Gestaltung von und an den Entscheidungen über den Informationssystemeinsatz beteiligt</td><td>aktive basisdemokratische Partizipation</td><td>aktive repräsentative Partizipation</td></tr>
<tr><td rowspan="3">6.) Die betroffenen Benutzer gestalten ihre Informationssysteme selbst und treffen völlig autonome Entscheidungen</td><td>basisdemokratisches</td><td>repräsentatives</td></tr>
<tr><td colspan="2">autonomes Design</td></tr>
<tr><td>Einzelner oder von Gruppen</td><td></td></tr>
</table>

Abb. 2-8: Beteiligungsformen der Partizipation /vgl. Frank 1999a, S. 49/

Voraussetzung für einen Beitrag zur Gestaltungsarbeit ist aber neben einer möglichst umfassenden Fachqualifikation eine weitgehende DV-Ausbildung. Doch auch bei guter DV-Ausbildung bleibt die Gefahr, daß die Benutzer im Entwicklungsteam als "Kommunikationshilfskräfte" zwischen Entwicklern und Benutzern pendeln und letztlich von keiner Gruppe mehr als Mitglied anerkannt werden. In einer solchen gemischten Projektgruppe besitzt der Benutzer meist weder ein Entscheidungsrecht noch ist er fachlich in der Lage, in DV-technische Entscheidungen eingreifen zu können. Wegen des gewünschten Projekterfolgs sollte jedoch seine Stimme einiges Gewicht besitzen und ihn von der Rolle als Datensammler und Testobjekt befreien.

2.2.5 Ebenen der Partizipation

Neben der Beteiligungsform und der Ausprägung der Partizipation kann nach den Ebenen der Beteiligung unterschieden werden. Aus der Sicht der Unternehmensorganisation ergeben sich diese Ebenen als strategische, administrative und operative Partizipationsebenen /vgl. Heilmann 1981/.

Aktivitäten auf der operativen Ebene beinhalten eine Aufgabenerledigung ohne Veränderung des organisatorischen und DV-technischen Systems. Im Bereich der ad-hoc-Auswertungen ergeben sich neue Perspektiven durch benutzerfreundliche Datenbankabfragesprachen und grafische Benutzungsoberflächen auch bei Entwicklungswerkzeugen. Üblicherweise sind auf administrativer Ebene die Inhalte von Partizipationsprojekten angesiedelt, wobei es vorrangig um Alternativenauswahl und -gestaltung geht. Die grundsätzlichen langfristigen Ziele und unternehmenspolitischen Rahmenbedingungen werden jedoch auf der strategischen Ebene festgelegt, auf der die Teilhabe der Betroffenen selten über eine Beratungsform hinausgeht.

Aus der Partizipation ergeben sich einige Problembereiche. So sind die Methoden und die Organisation der Kommunikation zwischen Entwicklern und Betroffenen zu klären. Bedeutsam ist die Sichtweise der Rolle eines Betroffenen durch die Entwickler. Diese können die Betroffenen als Gegner, als Korrektiv, als Partner oder nur als Adressat von Leistungen ansehen. Die Rückkopplungsprozesse sind inhaltlich und organisatorisch völlig offen. Zudem können bei der Partizipation in folgenden Fragestellungen Probleme auftreten:

- Wie wird der Prozeß der Auswahl und Entscheidung durchgeführt?
- Wie werden die Projektziele und Planungen in Ergebnisse und Wirkungen transformiert?
- Wie erfolgt eine Einführung und Qualifikation der Betroffenen?

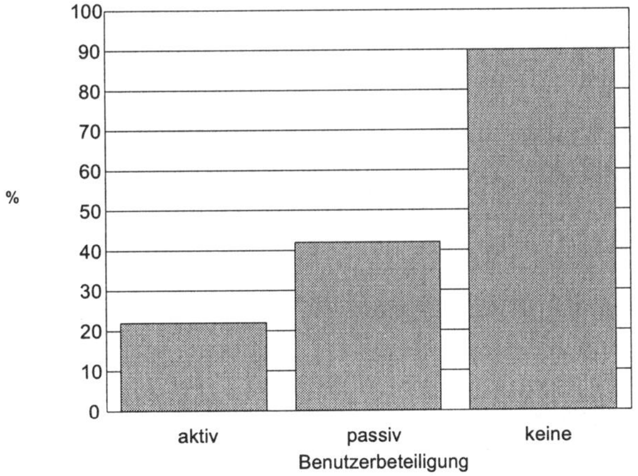

Abb. 2-9: Kostenüberschreitung in Abhängigkeit von der gewählten Ausprägung der Partizipation /vgl. Strohm 1991, S. 437, zit. nach Lehner 1995, S. 154/

Trotz dieser Probleme gibt es zur Partizipation der Betroffenen bei Systemanalyse-Projekten im Unternehmen keine ernsthafte Alternativen, wenn der Projekterfolg nicht gefährdet werden soll.

Es existieren empirische Befunde darüber, daß sich der zunächst erhöhte Aufwand für die Partizipation über die Projektlaufzeit rechnet. So berichtet Strohm, daß Projekte mit aktiver Partizipation gegenüber solchen mit passiver oder ohne Partizipation eine wesentlich geringere Kostenüberschreitung aufweisen (Abb. 2-9) /vgl. Strohm 1991, S. 437, zit. nach Lehner 1995, S. 154/.

2.3 Mitglieder der Projektorganisation

Mitglieder der Projektorganisation sind zunächst der Projektleiter und das Projektteam. Als Auftraggeber kommt ein allgemein als Projektoberleitung bezeichnetes Gremium hinzu, dessen Charakter und Aufgaben in einem der folgenden Abschnitte beschrieben werden.

Projektauftrag

- Projektzeit formatieren
- vereinbarte Ziele festschreiben
- Projektziele auf Realisierbarkeit prüfen
- Genehmigung vom Auftraggeber einhalten

Projektorganisation

- Festlegung Aufbauorganisation
- Festlegung Aufbauorganisation
- Projektgruppe strukturieren
- Mitglieder bestimmen

Projektmanagement

- Führung der Mitarbeiter
- Entscheidung der Lösungsalternativen (Gegenstand, Vorgehen)
- Koordination aller Beteiligten

Projektsteuerung

- Termine und Kosten planen und überwachen
- Ressourcen beschaffen
- Delegation von Aufgaben
- Vergabe von Textaufträgen

Projektcontrolling

- Installation von Planungs-, Überwachungs- und Informationsystem
- Sichererstellen der Informationsversorgung
- Kontinuierliche Information des Auftraggebers

Abb. 2-10: Aufgaben des Projektleiters /in Anlehnung an Litke 1995, S. 174f./

2.3.1 Der Projektleiter

Die Ernennung eines Projektleiters bzw. einer Projektleiterin ist eine der wichtigsten Eigenschaften im Rahmen eines Projektes und wird durch das übergeordnete Management bzw. die Projektoberleitung vorgenommen. Der Projektleiter kann zu Beginn eines Projektes oder im späteren Verlauf ernannt werden. Häufig wird bei Standardsoftwareprojekten in der Auswahlphase noch kein Projektleiter förmlich ernannt, sondern erst nach Entscheidung für einen Anbieter bzw. für ein Produkt.

Die Ernennung des Projektleiters beinhaltet die Festlegung seiner Aufgaben, die Abgrenzung seines Verantwortungsbereiches und seiner Kompetenzen sowie seine organisatorische Einordnung für die Dauer des Projektes. Die Aufgaben des Projektleiters sind vielfältig; einen Überblick gibt Abb. 2-10.

Der Projektleiter sollte über Fachwissen, aber auch über eine hinreichende methodische Qualifikation verfügen. Hinzu kommt ein Bedarf an sozialer und persönlicher Qualifikation, da er als Projektverantwortlicher Ausdauer beweisen muß, Prioritäten setzen und durchsetzen muß und dabei nicht in pedantische Kontrolle seines Projektteams verfallen darf.

Eine wesentliche Aufgabe des Projektleiters besteht in der Kontrolle der Erreichung der vereinbarten Ziele. Treten Abweichungen auf, weil geplante Ergebnisse noch nicht erreicht wurden, muß der Projektleiter die Gründe für diese Abweichungen analysieren und entsprechende Maßnahmen zur Abhilfe vorbereiten. Unter Umständen müssen auch die Ziele des Projektes verändert werden, wenn

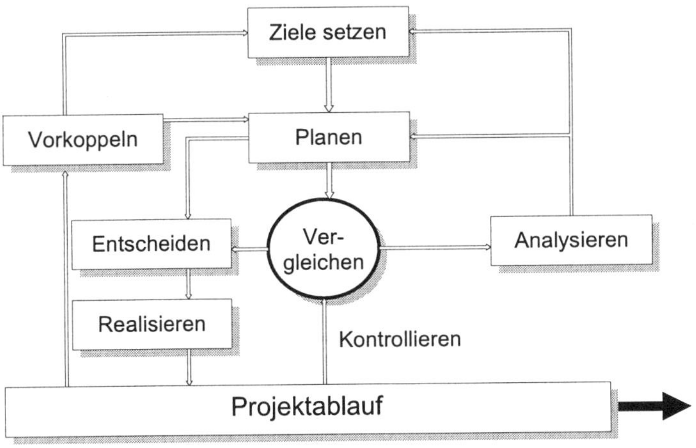

Abb. 2-11: Managementregelkreis des Projektleiters /vgl. Maier 1990, S. 66/

sich die ursprünglichen Vorstellungen als nicht realisierbar herausstellen. Abb. 2-11 zeigt den Managementregelkreis des Projektleiters /vgl. Maier 1990, S. 66/.

Gegenüber Projektmitgliedern mit steigender Qualifikation und weitgehend selbstverantwortlichem Handeln muß der Projektleiter als Vorgesetzter einen kooperativen Führungsstil entwickeln, der es den Teammitgliedern ermöglicht, einen eigenen Entscheidungs- und Handlungsspielraum zu verwirklichen. Litke hat einige Prinzipien aufgestellt, durch die der Führungsstil eines Projektleiters gekennzeichnet sein soll. Diese Prinzipien lauten /vgl. Litke 1995, S. 180/:

- Führung erfolgt durch Persönlichkeit, Überzeugung und Argumentation, nicht durch Betonen des höheren Ranges.
- Ein Mitarbeiter muß jederzeit mit dem Projektleiter über jedes Thema sprechen können (Prinzip der offenen Tür).
- Alle Informationen im Projektteam erfolgen auf direktem Wege, ohne Durchlauf eines durch Instanzen vorgegebenen Informationsweges ("Dienstweg").
- Es wird das Ergebnis einer Projektaktivität, nicht das Verfahren gesteuert und kontrolliert.
- Die Beurteilung der Leistung eines Mitarbeiters erfolgt in dessen Anwesenheit.
- Der Projektleiter fördert Initiative und Eigenverantwortung der Mitarbeiter.
- Außergewöhnliche Leistungen werden besonders gewürdigt und honoriert.
- Für jedes Mitglied des Projektteams besteht eine klare Abgrenzung von Aufgaben, Befugnissen und Verantwortung.
- Die Rückdelegation von Aufgaben, die der Projektleiter an sich gezogen hat, ist nicht zulässig.

2.3.2 Das Projektteam

Das Projektteam ist eine kleine, funktionsorientierte Arbeitsgruppe, die durch intensive wechselseitige Beziehungen geprägt ist. Im Projektteam herrscht eine spezifische Arbeitsform und ein ausgeprägter Gemeinschaftsgeist, der durch den gemeinsamen Wunsch gefördert wird, das Projektziel zu erreichen. Durch die Zusammenstellung eines Projektteams kann ein Gruppeneffekt erreicht werden, der aus der kumulierten komplementären Kompetenz der einzelnen Teammitglieder entsteht. Kritischer Erfolgsfaktor ist die Zusammensetzung des Projektteams, das in seiner Kerngröße acht Mitarbeiter nicht überschreiten sollte. Als geeignet für das Erreichen des Gruppeneffektes hat sich eine Teamgröße von drei bis fünf ständigen Projektmitarbeitern erwiesen. Abb. 2-12 zeigt die Zusammensetzung des Projektteams.

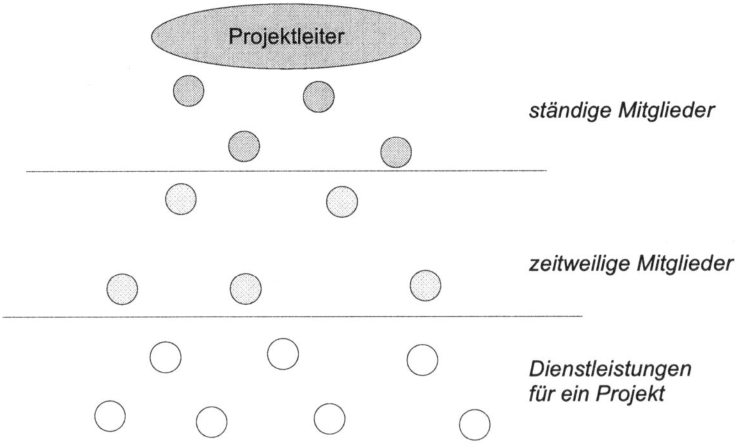

Abb. 2-12: Zusammensetzung des Projektteams

Die Vorteile der Gruppen- bzw. Teamarbeit liegen in der Bündelung unterschiedlicher Kompetenzen, die dem Team insgesamt zu einem höheren Wissensstand verhilft. So können auch neue Methoden zur Problemlösung entwickelt werden.

Die im Team ablaufenden gruppendynamischen Prozesse steigern sowohl die Geltung des Teams und seiner Mitglieder als auch deren Leistungsniveaus. Innerhalb des Teams können Meinungsverschiedenheiten durch Kompromißfindung überwunden werden. Dies fördert die Akzeptanz von Entscheidungen im Team. Schließlich erleichtert ein Team unterschiedlicher Kompetenzen auch die Kommunikation mit Experten, da deren Input für das Team verständlich gemacht und so umgesetzt werden kann.

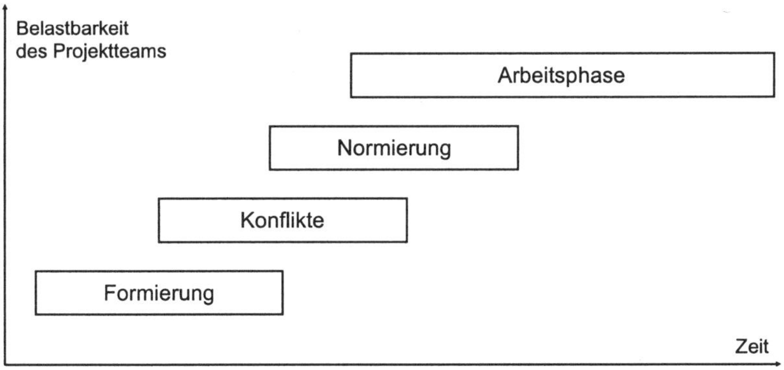

Abb. 2-13: Phasen der Gruppenarbeit

Gruppenentwicklung

Die Entwicklung der Zusammenarbeit in einer Gruppe verläuft in vier Phasen /vgl. Kummer 1986, S. 12.1, Litke 1995, S. 206/, die in Abb. 2-13 dargestellt sind.

In der Formierungsphase findet ein Kennenlernen der Projektteammitglieder statt. Typischerweise kommt es bei der sich herausbildenden Zusammenarbeit im Team zu Konflikten. Diese können insbesondere auftreten, wenn einzelne Teammitglieder eine mangelnde Eignung zur Gruppenarbeit zeigen oder sich mit dem Projekt grundsätzlich nicht recht identifizieren können.

Im Rahmen der Projektkommunikation treten Konflikte auf, wenn in Diskussionen die sachliche Meinung mit der Person, die sie vertritt, identifiziert wird und die Frage "Wer hat recht?" anstatt "Welche Idee ist sinnvoll?" diskutiert wird. Zu persönlichen Spannungen im Team kann es auch kommen, wenn einzelnen Teammitgliedern die Fähigkeit zum Zuhören fehlt.

Zur Vorbeugung von Konflikten und Lösung von auftretenden Konfliktsitationen haben sich folgende Regeln bewährt /vgl. Litke 1995, S. 216/:

- Konflikte sind auszudiskutieren, nicht auf Dauer auszuklammern. Schwebende Konflikte erschweren die Zusammenarbeit im Projektteam.
- Die Austragung eines Konfliktes darf nicht mit der abschließenden Feststellung eines Gewinners enden, da die sachliche Auseinandersetzung im Vordergrund steht und persönliche Zurücksetzungen vermieden werden müssen.
- Rechtfertigungsversuche sollten unterbleiben, da sie zur Verhärtung der Fronten führen können und so die Beilegung des Konfliktes erschweren.
- Rein formale ("Pseudo-")Kompromisse sind unerwünscht.
- Die Beilegung eines Konfliktes durch ein Machtwort ist nicht sinnvoll, da so der Konflikt verdrängt, aber nicht gelöst wird.
- Teammitglieder, die an Konflikten nicht beteiligt sind, vermitteln, ergreifen aber nicht Partei.

In der sich anschließenden Phase der Normierung entwickelt sich Routine bei Kommunikation und Arbeitbewältigung. Schließlich beginnt die Arbeitsphase, in der das Projektteam sich vollständig der Bewältigung der Projektaufgabe widmen kann. Bei der Kapazitätsberechnung ist unbedingt zu berücksichtigen, daß in den der Arbeitsphase vorausgehenden Phasen noch nicht die volle Kapazität des Projektteams für die Aufgabenbewältigung zur Verfügung steht. Abschließend zeigt

Abb. 2-14 einige "Goldene Regeln der Gruppenarbeit" als Voraussetzung für den vollen Erfolg der Teamarbeit.

1. Jeder erkennt jeden als vollwertiges Gruppenmitglied an.
2. Gruppendiskussionen werden harmonisch durchgeführt.
3. Jeder vertritt seine Meinung offen.
4. Zur Teamarbeit gehört unbedingte Kooperationsbereitschaft.
5. Kritik darf geäußert werden, muß aber auch entgegengenommen werden können.
6. Das Team repräsentiert sich nach außen als Gesamtheit.
7. Innerhalb der Gruppe erfolgt vollständiger Informationsaustausch.
8. Kein Teammitglied darf noch nicht abgestimmte Ergebnisse an Außenstehende weitergeben.
9. Wer nach seiner Meinung gefragt wird, wird zur Mitarbeit motiviert.
10. Diese Regeln gelten auch für den Projektleiter.

Abb. 2-14: Goldene Regeln der Gruppenarbeit

2.3.3 Projektlenkungsausschuß

Der Projektlenkungsausschuß ist ein temporäres projektbegleitendes Gremium und die Berichtsinstanz für Projektleiter und Projektteam. Im Projektlenkungsausschuß werden Entscheidungs- und Verantwortungsträger zusammengefaßt. Die Aufgaben dieses regelmäßig tagenden Gremiums umfassen in der Anfangsphase des Projektes die Definition von Projektzielen und Projektaufgaben sowie die Kontrolle und Genehmigung der Projektplanung. Im gesamten Verlauf des Projektes übernimmt der Projektlenkungsausschuß die Prüfung und Genehmigung der Phasenergebnisse. Er fällt Entscheidungen, die die Kompetenz des Projektleiters übersteigen und schlichtet auftretende Probleme.

Bei der Einführung industrieller Standardsoftware kommt es häufig zu Meinungsverschiedenheiten über Detailfragen zwischen der Org/DV-Abteilung einerseits und den betroffenen Fachabteilungen andererseits. Während die Org/DV-Abteilung eine möglichst effiziente Wartbarkeit der Informationssystemarchitektur insgesamt anstrebt, zielen die Interessen der Fachabteilungen auf eine möglichst umfassenden Abdeckung der individuellen Anforderungen. Streitpunkte sind daher in der Regel durch Einschaltung eines externen Beraters oder durch Entscheidung der Unternehmensleitung beizulegen. Daher sollte dem Projektlenkungsausschuß bei Standardsoftwareprojekten stets ein Mitglied der Unternehmensleitung angehören. Abb. 2-15 zeigt die Linien- und die Projektorganisation sowie Kommunikations- und Informationswege zwischen den beiden Organisationen in einem komplexen Reorganisationsprojekt mit mehreren Teilprojekten.

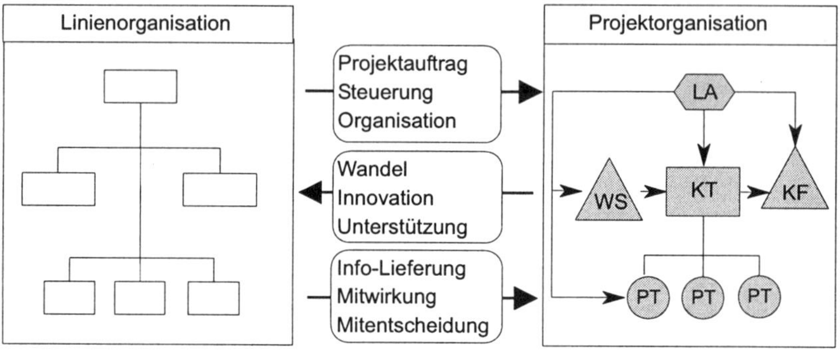

POL	Projektoberleitung	PL	Projektleitung	PT	Projektteam
KT	Kernteam	KF	Konferenz	WS	Workshop
LA	Lenkungsausschuß				

Abb. 2-15: Informationswege in komplexen Projekten

Als Kommunikations- und Informationsinstrumente werden in diesem Fall auch zwei Besprechungsgremien eingesetzt, der Workshop und die Konferenz. Der Workshop organisiert die Beteiligung des mittleren Management durch eine an Sachthemen orientierte Diskussion mit dem Kernteam, das aus Vertretern der einzelnen Projektteams besteht. Die Konferenz besteht aus Teilnehmern des Lenkungsausschusses sowie des Kernteams und dient zur detaillierten Abstimmung von Entscheidungen mit grundsätzlicher Bedeutung.

2.3.4 Fachausschuß

Aufgaben des Fachausschusses sind die Unterstützung, Information und Beratung des Projektteams. Im Fachausschuß sind Führungskräfte der Fachabteilungen vertreten, die ihr Fachwissen und spezielle Fachinformationen an die Projektgruppe vermitteln.

Ziel der Einrichtung von Fachausschüssen ist der Transfer von Ergebnissen der Projektarbeit in die Fachabteilungen, um Einführungs-, Informations- und Schulungszeiten verkürzen zu können. Die Mitglieder des Fachausschusses werden durch den Lenkungsausschuß benannt.

2.3.5 EDV-Ausschuß

In vielen Unternehmen existiert ein ständiges Gremium, dessen Aufgabe das Treffen von Grundsatzentscheidungen für die langfristige Entwicklung der Organisation und Informationstechnologie ist. Dieses auch als EDV-Ausschuß bezeichnete Gremium muß gerade bei Standardsoftwareprojekten in die Projektorganisation eingebunden werden, wie Abb. 2-16 zeigt.

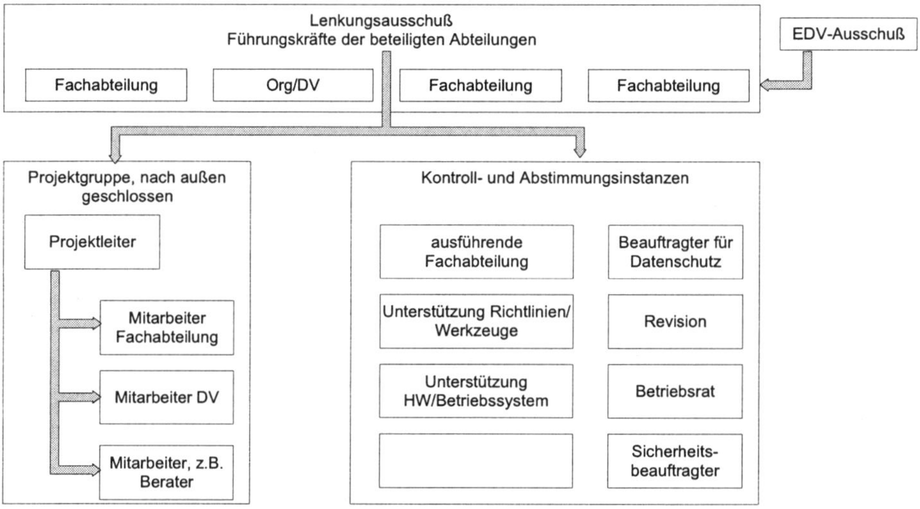

Abb. 2-16: Aufgabenträger im Projektmanagement

Solche Grundsatzentscheidungen sind z.B. eine Prioritätensetzung bei der DV-Entwicklung, eine Entscheidung über gravierende, also das gesamte Unternehmen betreffende Hardware sowie Festlegungen bei Fragen der Zentralisierung bzw. Dezentralisierung oder Auslagerung von IT-Funktionen und -Dienstleistungen.

Häufig wird in diesem Zusammenhang auch eine strategische Informationssystemplanung vorgenommen, die lediglich in der Festlegung von präferierten Standardsoftwareherstellern besteht. Dem Autor ist dabei ein Fall bekannt, in dem ein international tätiger Automobilhersteller bei der Einführung einer Messaging-Lösung (E-Mail, Kalender etc.) auf dem Produkt eines Herstellers von PC-Betriebssystemen und Office-Anwendungen bestand. Basierend auf dieser "strategischen" Festlegung war eine Auswahl des am besten geeigneten Produktes nicht mehr möglich. Nach der Einführung dieser durch die oben skizzierte "Strategie" bestimmten Lösung stellte sich heraus, daß das Produkt mit dem hohen E-Mail-Aufkommen des Unternehmens völlig überfordert war und bei starkem Mailverkehr die Weiterleitung der Nachrichten ablehnte. Daher sind solche "strategischen" Festlegungen, die sich oftmals als Hindernisse bei der Suche nach der objektiv besten Lösung herausstellen, im Einzelfall stets äußerst kritisch zu überprüfen.

2.4 Projektorganisation

Die Form der Aufbauorganisation eines Projektes muß zwischen zwei teilweise miteinander konkurrierenden Zielstellungen ausbalanciert werden. Auf der einen Seite wird eine hohe Stabilität gefordert, um die Ressourcen möglichst weitgehend zur Aufgabenbearbeitung und nicht zur Koordination der Arbeit einsetzen zu können, zum anderen muß angesichts der mit dem Projekt verbundenen Neuartigkeit der Aufgabenstellung ein hohes Maß an Flexibilität gewährleistet sein, um sich schnell an veränderte Aufgabenstellungen oder Rahmenbedingungen anpassen zu können.

Ziel der Maßnahmen zur Stabilisierung der Projektorganisation ist es, eine möglichst große Zahl von Projektaktivitäten im Rahmen zuvor festgelegter Regelungen und Einrichtungen abwickeln zu können. Liegen Regeln vor bzw. sind Mechanismen bekannt, können auftretenden Anforderungen schneller und effizienter bewältigt werden als wenn dies nicht der Fall ist. Vorteile einer stabilen Projektorganisation liegen in einer Vereinheitlichung und damit Übertragbarkeit des Vorgehens sowie in einer Steigerung der Transparenz und damit der Kontrollmöglichkeiten.

Der Begriff der Flexibilität entstammt dem Lateinischen und bedeutet Veränderbarkeit, Beweglichkeit oder Biegsamkeit. Flexibilität ist die Eigenschaft eines Systems, ein im Bedarfsfall zu aktivierendes Änderungsvermögen bzw. Änderungspotential aufzuweisen. Flexibilität ist dann gegeben, wenn dem Änderungsbedarf ein entsprechendes aktivierbares Änderungspotential im System gegenübersteht /vgl. Knof 1992, S. 67/.

Der Änderungsbedarf enthält eine sachliche und eine zeitliche Dimension. Gefordert wird die Durchsetzung von Änderungen in einem bestimmten Zeitablauf. Daher ist das Änderungspotential als Einflußfaktor auf die Flexibilität eines Systems um das Reaktionsvermögen zu ergänzen. Um Flexibilität zu erreichen, ist es erforderlich, daß unausgenutzte Ressourcen und Potentiale vorhanden sind, zu deren Umsetzung Handlungsspielräume bestehen. Reaktions- und Aktionsvermögen versetzen ein Projektteam in die Lage, Ressourcenpotentiale zur Deckung eines extern induzierten Änderungsbedarfs zu aktivieren, um so die Realisierung von Projektzielen zu gewährleisten.

Personelle Flexibilitätspotentiale bestehen in qualitativer und quantitativer Hinsicht /vgl. hierzu Bolte 1993/. Qualitative Flexibilitätspotentiale sind schwer zu identifizieren, stellen jedoch einen wesentlichen Faktor zur Steigerung der Innovationsfähigkeit des Unternehmens dar. Organisatorische Ressourcenpotentiale lassen sich insbesondere durch Selbstorganisation identifizieren, da sie eine adäquate Antwort auf das Problem der nicht mehr durch generelle Regeln beherrschbaren individuellen fallweisen Regelungen darstellen /vgl. zu diesem Grundsatz auch Gutenberg 1962, S. 146/.

Bei der Entscheidung über die Mitglieder der Projektorganisation (vgl. Abschnitt 2.3) sind Beteiligungsbedürfnisse und Beteiligungserfordernisse zu berücksichtigen. Bei der Entscheidung über die Beteiligungsbedürfnisse sind die Mitwirkungswünsche der Betroffenen und die Qualifikation derjenigen, die ihre Mitarbeit anbieten, zu berücksichtigten.

Beteiligungserfordernisse können in folgenden Punkten begründet werden:

- in der Notwendigkeit der Partizipation zur Sicherstellung des Projekterfolges,
- in der Erfordernis der Integration von Mitarbeitern mit bestimmter Qualifikation in das Projektteam oder
- wenn ein Informationsaustausch dadurch etabliert werden kann, daß ein entsprechender Mitarbeiter in das Projektteam oder ein anderes projektrelevantes Gremium integriert wird.

Bei der Gestaltung der Projektorganisation wird die Funktionsstruktur des Projektes festgelegt. Sie orientiert sich am Ergebnis und an sachlichen Vorgaben. Aufgabe, Verantwortung und Kompetenz werden klar zugeordnet. Dabei ist eine ausgewogene Verteilung zwischen diesen Parametern anzustreben. Nur wenn einem Mitglied der Projektorganisation die Kompetenz (Machtbefugnis) eingeräumt wird, die er benötigt, um die ihm übertragene Aufgabe zu bewältigen, kann er auch die Verantwortung dafür übernehmen. Regelungen der Kompetenz umfassen im wesentlichen die Fragen der Rechte und Befugnisse, insbesondere der Weisungsbefugnis gegenüber anderen Unternehmensangehörigen. Die Verantwortung besteht im wesentlichen in einer Berichterstattungs- und Rechenschaftspflicht gegenüber dem Auftraggeber bzw. der Unternehmensleitung.

Die Projektorganisation muß darüber hinaus eine effiziente Zusammenarbeit und Abstimmung zwischen den Projektbeteiligten sicherstellen und eine schnelle Anpassung an veränderte Ziele und Rahmenbedingungen gestatten. Um diese Anforderungen zu erfüllen, haben sich unterschiedliche Projektorganisationsformen gebildet, die in den folgenden Abschnitten kurz vorgestellt werden. Folgende Aspekte beeinflussen die Auswahl der Organisationsform /vgl. Litke 1995, S. 81/:

- die Struktur der bereits vorhandenen Organisationsformen,
- die Größe und Dauer des Projektes,
- seine Bedeutung für das Unternehmen,
- die Notwendigkeit zur interdisziplinären Zusammenarbeit zwischen verschiedenen Unternehmensbereichen,
- das Projektrisiko, bezogen auf die Erreichung des Projektergebnisses sowie die Einhaltung von Terminen und Kosten,
- die Verfügbarkeit von Ressourcen im Unternehmen,
- die bereits vorliegenden Erfahrungen mit Projektorganisationsformen sowie

	Organisationsform		
Kriterien	Projekt-koordination	Reine Projekt-organsation	Matrix-organisation
Relevanz des Projektes	gering	sehr groß	groß
Umfang des Projekts	gering	sehr groß	groß
Komplexität des Projekts	gering	hoch	mittel
Projektdauer	bis zu 1 Jahr	mehr als 2 Jahre	1-2 Jahre
Zeit/Termindruck	nicht vorhanden	sehr stark vorhanden	vorhanden
Unsicherheit	gering	sehr groß	groß
Verbindung zu anderen Projekten	vorhanden	nicht vorhanden	stark vorhanden
zentrale Steuerung	nicht unbedingt erwünscht	unbedingt erwünscht	erwünscht
Anforderungen an den Projektleiter	wenig relevant	hoch	sehr hoch
Mitarbeitereinsatz	nebenamtlich (Stab)	hauptamtlich	variabel
Mitarbeiter-Ressourcen	begrenzt	ausreichend vorhanden	knapp
Fachkompetenz	ist in der Fachabteilung vorhanden	muß extern beschafft werden	ist vorhanden/ muß evtl. zusätzlich extern beschafft werden

Abb. 2-17: Checkliste zur Auswahl einer Projektorganisationsform

- die Anzahl von Projekten, die gleichzeitig in einer Organisationseinheit abgewickelt werden.

Eine Checkliste zur Auswahl einer Projektorganisationsform ist in Abb. 2-17 dargestellt.

2.4.1 Projektdurchführung in der Linienorganisation

Die schwächste Ausprägung der Projektorganisation stellt die Projektdurchführung in der Linienorganisation dar. Es wird dabei keine gesonderte, zeitlich befristete Projektorganisation aufgebaut; vielmehr werden alle im Rahmen des Projektes anfallenden Aufgaben von Mitarbeitern übernommen, die ihre ständige Aufgabe in der Linie beibehalten. Diese Organisationsform ist für Projekte mit geringem Umfang geeignet, die bereichsintern durchgeführt werden und wesentlich kürzer als ein Jahr sind. Notwendige Randbedingungen sind zudem ein fester Terminrahmen sowie eine klar abgegrenzte Thematik.

Die Auswahlphase bei Standardsoftware kann bei Vorliegen dieser Voraussetzungen durchaus als Linienprojekt durchgeführt werden.

2.4.2 Stabsprojekt

Bei der Organisation eines Projektes in Form eines Stabs wird ein Projektleiter aus der Linienorganisation entfernt und mit die Linien beratender Funktion als Stabsstelle der Unternehmensleitung zugeordnet (vgl. Abb. 2-18).

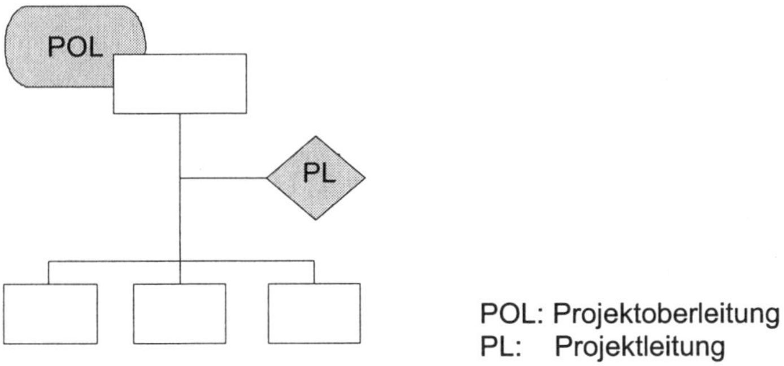

Abb. 2-18: Organisation als Stabsprojekt

Die Stabsorganisation eignet sich, wenn z.B. der Großteil der Projektarbeit von Fremdfirmen durchgeführt wird, z.B. bei Entwicklungsprojekten, wenn die Projekte eine mittlere Größe und Beanspruchung im Unternehmen aufweisen und eine eindeutige Aufgabenverteilung zwischen Projektleitung und Fremdfirmen besteht.

Vorteil der Stabsprojektorganisation ist, daß sie sehr einfach durch Abzug des Projektleiters von der Linie einzurichten ist und sich für Projekte eignet, die nur einer nebenamtlichen Durchführung und Steuerung der Vorhaben bedürfen. Allerdings ist die sich durch diese Projektorganisationsform im Unternehmen ausbildende Wissensbasis sehr schmal und es entwickelt sich nur eine geringe Professionalität bei der Durchführung von Projekten. Die Stabsprojektorganisation eignet sich für die Durchführung einfacher oder für die Koordination komplexer Vorhaben.

2.4.3 Matrixprojektorganisation

Die Matrixprojektorganisation unterstellt die Projektteams sowohl dem fachlichen Linienvorgesetzten als auch für die Dauer des jeweiligen Projektes den Projektleitern (vgl. Abb. 2-19). Sie wird angewendet, wenn eine unternehmensinterne Entwicklung bereichsübergreifend erfolgen muß und das Projekt eine mittlere handhabbare Größe aufweist.

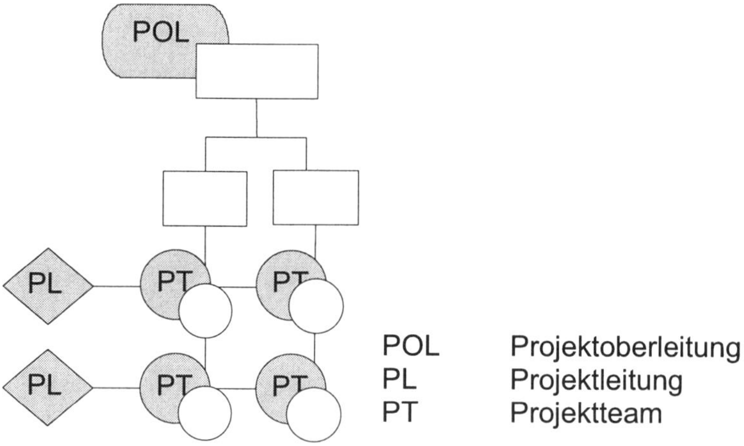

Abb. 2-19: Matrixprojektorganisation

Die Matrixprojektorganisation gestattet den anteiligen Zugriff des Projektes und der Linie auf knappe personelle Ressourcen. Sie unterstützt einen hohen Grad an Interdisziplinarität.

Die Stärken der Matrixprojektorganisation liegen in einer zielgerichteten Koordination verschiedener Interessen (Projektziel versus Bewältigung der Linienaufgaben) und fördert so eine am Prozeß und nicht an organisatorischen Einheiten orientierte Arbeitsweise. Die beteiligten Mitarbeiter haben ein größeres Sicherheitsgefühl, da sie nicht vollständig aus ihrer Stammorganisation herausgelöst werden. Diese Organisationsform kombiniert die nebenamtliche Durchführung und Aufsicht (Projektoberleitung) eines Projektes mit einer vollamtlichen Leitung und fördert so eine Professionalisierung der Projektleitung.

Eine Schwäche der Matrixprojektorganisationsform ist das ihr innewohnende Konfliktpotential aufgrund der unterschiedlichen Interessen von Projektleitung und Linienvorgesetzten. Diese Organisationsform ist verhältnismäßig aufwendig zu installieren und stellt hohe Anforderungen an die Kommunikations- und Informationsbereitschaft der Mitarbeitenden. Die Kompetenzabgrenzung bei der Matrix-Projektorganisation kann wie in Abb. 2-20 dargestellt vorgenommen werden.

	Projektleiter	Abteilungsleiter
Was?	Bestimmung	Mitsprache
Wann?	Bestimmung	Mitsprache
Wer?	Vereinbarung	Vereinbarung
Wie?	Mitsprache	Bestimmung
Wo?	Vereinbarung	Vereinbarung

Abb. 2-20: Kompetenzabgrenzung bei der Matrix-Projektorganisation

2.4.4 Projektorientierter Teilbereich

Als Vorstufe zur reinen Projektorganisation, wie sie im folgenden Abschnitt beschrieben wird, ist die Einrichtung eines projektorientierten Teilbereichs im Unternehmen möglich. Dabei werden in die Linie organisatorische Einheiten integriert, deren Aufgabe die Bearbeitung von Projekten ist (vgl. Abb. 2-21).

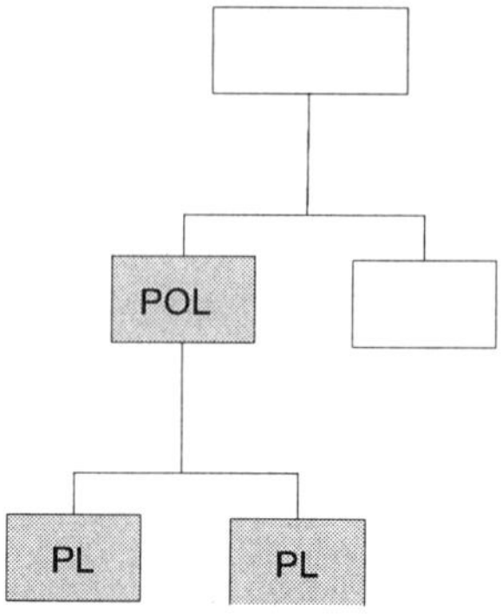

Abb. 2-21: Projektorientierter Teilbereich

Eine einmalige Anwendung findet der projektorientierte Teilbereich, wenn einzelne Projektvorhaben für das Unternehmen eine sehr hohe Bedeutung genießen. Dauerhaft zur Anwendung kommt diese Projektorganisationsform, wenn Projekte oder Dienstleistungen permanent Projektarbeit erfordern. Bei der Auswahl und Einführung von Standardsoftware kommt der projektorientierte Teilbereich als Einzelanwendung infrage, wenn eine unternehmensweite Gesamtlösung über einen langen Zeitraum hinweg eingeführt wird.

Die Stärken des projektorientierten Teilbereiches sind die vollständig hauptamtliche Durchführung von Projektaufgaben wodurch die Ressourcenkonkurrenz mit Linienaufgaben entfällt sowie die Möglichkeit, einen hohen Grad an Professionalisierung innerhalb des Teilbereiches zu schaffen. So wird ein Transfer von Methodenwissen von Projekt zu Projekt stark erleichtert. Nachteil des projektorientierten Teilbereichs sind seine aufwendige Einrichtung, bei der die Linienorganisation des Unternehmens umgestellt werden muß sowie das Fehlen einer interdisziplinären Knowhow-Bündelung, da Wissen nur innerhalb der Projektteams weitergegeben wird, nicht aber in die Fachabteilungen abfließen kann.

2.4.5 Reine Projektorganisation

Die reine Projektorganisation wird ebenfalls eingerichtet, wenn einzelne Projektvorhaben eine sehr hohe Bedeutung aufweisen oder wenn dauerhaft Projektarbeit an Produkten oder Dienstleistungen erforderlich sind. Im Gegensatz zum projektorientierten Teilbereich ist die reine Projektorganisation nicht in die Linienorganisation integriert, sondern steht neben ihr (vgl. Abb. 2-22).

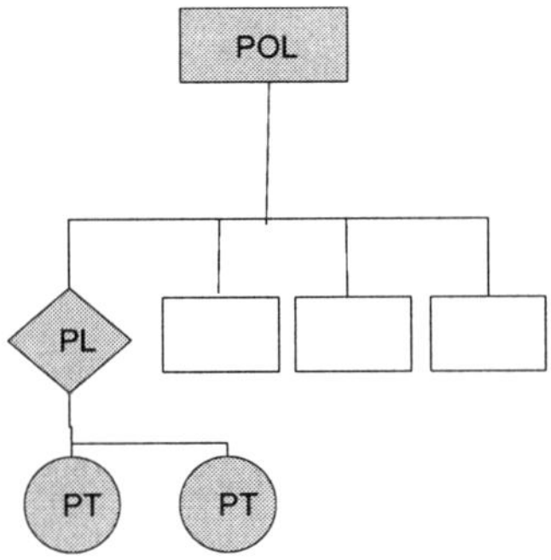

Abb. 2-22: Reine Projektorganisation

Die reine Projektorganisation wird dauerhaft bei der Produktentwicklung oder bei vertriebs- bzw. kundenorientierten Großprojekten angewandt. Die dort jeweils auftretenden langen Entwicklungszeiten mit einem festen Terminrahmen und einem großen Entwicklungsvolumen sprechen für diese Projektorganisationsform, die in der Lage sein muß, das mit diesen Projekten verbundene hohe wirtschaftliche Risiko abzudecken.

In der reinen Projektorganisation werden alle Projektaufgaben vollamtlich wahrgenommen. Zwischen den Projektgruppen kann ein umfassender Wissenstransfer stattfinden.

Allerdings ist diese Projektorganisationsform sehr aufwendig einzurichten und stellt hohe Anforderungen an den Projektleiter, der vollständig aus der Linienorganisation herausgelöst wird. Bei ihm ebenso wie bei den hauptamtlich in der Projektorganisation arbeitenden Teammitgliedern kann es daher zu Wiedereingliederungsproblemen kommen.

2.4.6 Wechsel der Organisationsform

Je nach der Phase, in der sich das Projekt gerade befindet, ist ein Wechsel der Projektorganisationsform sinnvoll. Abb. 2-23 stellt die Projektphasen den in der jeweiligen Phase sinnvollen Projektorganisationsformen gegenüber und nennt Gründe für einen Wechsel der Organisationsform.

Phase	Form der Projektorganisation	Auswahlgrund
Definition	Stabs-Projektorganisation	Kreativität und Ideenfindung stehen im Vordergrund. Die Durchführung des Projektes ist noch unsicher.
Entwurf	Matrix-Projektorganisation	Eine intensive interdisziplinäre Zusammenarbeit unterschiedlichster Fachbereiche ist erforderlich.
Realisierung	Reine Projektorganisation	Das Projekt hat eine große geschäftspolitische Bedeutung für das Unternehmen
Erprobung	Linienorganisation	Das zu konzipierende System ist weitgehend erstellt, die Mitarbeit anderer Fachbereiche nicht mehr erforderlich.

Abb. 2-23: Gründe für den Wechsel der Organisationsform

2.4.7 Praxisbeispiel: Projektorganisation bei der Einführung von Standardsoftware

Das im folgenden vorgestellte Praxisbeispiel behandelt die Einführung eines Produktionsplanungs- und steuerungssystems (PPS-Systems) in vier deutschen Standorten eines französischen Fernsehgeräteherstellers /vgl. auch im folgenden Irmscher 1993/.

Zu Beginn des Projektes arbeiteten alle Werke mit unterschiedlichen PPS-Systemen, teilweise auf der Basis von Individuallösungen. Als Schwachstellen wurden das Fehlen der damals aktuellen Planungs- und Steuerungsphilosophie MRP II, die Heterogenität der Hardware- und Softwarelandschaft, die nicht mehr wartbare oder erweiterungsfähige Software und die dadurch sehr hohen Kosten der Datenverarbeitung angesehen. Zu Beginn des Projektes erschien die Integration der Schnittstellen als größtes Problem. Die mit der Neueinführung eines einheitlichen PPS-Systems für alle Standorte verbundenen Ziele waren die Schaffung einer einheitlichen europäischen Lösung mit einem Datenverbund zwischen den Standorten, eine erhebliche Reduzierung der DV-Kosten, eine Steigerung der Lieferfähigkeit und die Herstellung von Auftrags- und Kostentransparenz in allen Werken.

Von den Projektleitern wurden die vier Erfolgsfaktoren Projektorganisation, Schulung, Projektmanagement und Einführungsstrategie genannt, um das komplexe Einführungsprojekt termingerecht abschließen zu können. Auf die Projektorgani-

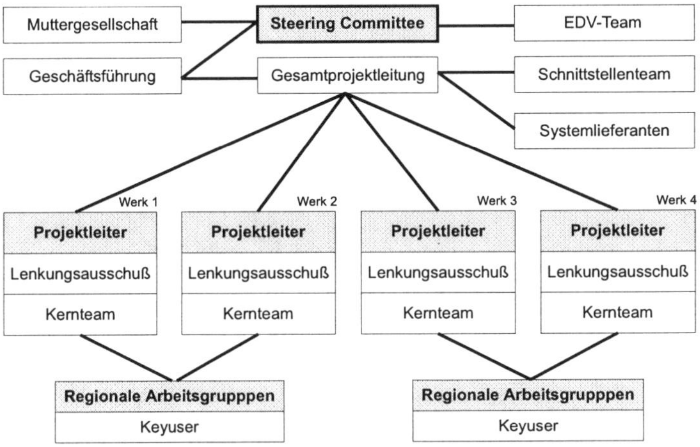

Abb. 2-24: Projektorganisation (Überblick) /vgl. Irmscher 1993, S. 14/

sation wird nun genauer eingegangen. Wesentliches Ziel der Gestaltung der Projektorganisation in diesem Projekt war es, eine ausgewogene Mischung zwischen zentraler Leitung und dezentraler Durchführung des Projektes zu finden. Dazu wurden folgende Maßnahmen ergriffen:

- Um die Fachabteilungen in das Projekt einzubeziehen, wurden die Fachabteilungsleiter als Teilprojektleiter eingesetzt.
- Um Parameter und Änderungen an der eingesetzten Standardsoftware werksübergreifend standardisieren zu können, wurde eine aus zwei Mitgliedern bestehende Gesamtprojektleitung als Koordinationsmechanismus eingesetzt sowie überregionale Arbeitsgruppen zur Entscheidung über dieses Thema gebildet.
- Eine lokale Ergebnisverantwortung wurde erreicht, indem werksbezogene Projektteams mit lokalen Lenkungsausschüssen gebildet wurden.
- Ein straffes Projektmanagement wurde durch die Einbeziehung eines externen Beraters als Gesamtprojektleiter erreicht.

Abb. 2-24 zeigt die Projektorganisation des Gesamtprojektes. Als Leitungsgremium im Sinne der Projektoberleitung fungiert auf der Gesamtprojektebene ein Steering Committee, auf Werkebene ein Lenkungsausschuß, die jeweils vierzehntägig zusammentrafen.

In Abb. 2-25 sind die an die zentrale Projektleitung angebundenen Gremien und werksübergreifenden Teams dargestellt, während Abb. 2-26 die in den einzelnen

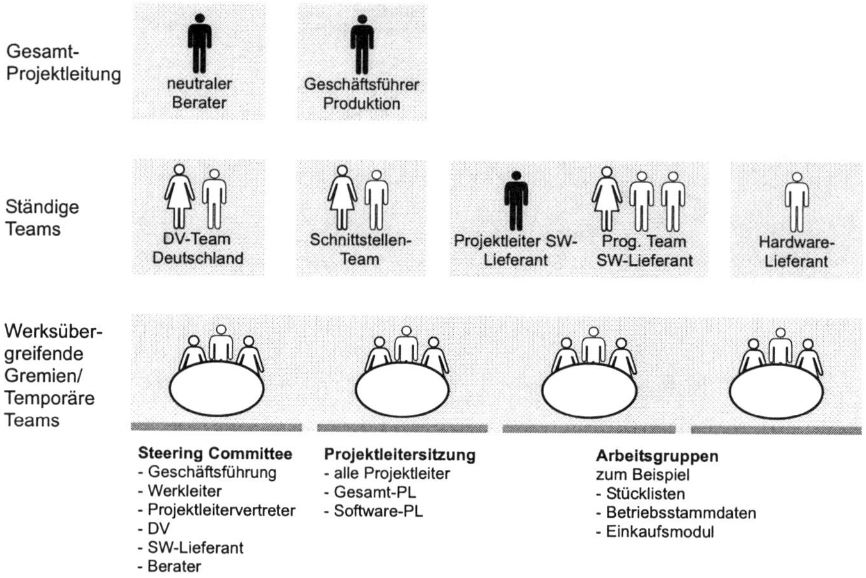

Abb. 2-25: Werksübergreifende Organisation /vgl. Irmscher 1993, S. 15/

Werken realisierte lokale Projektorganisation zeigt. In den ständigen Teams waren bis zu 24 Mitarbeiter eingebunden.

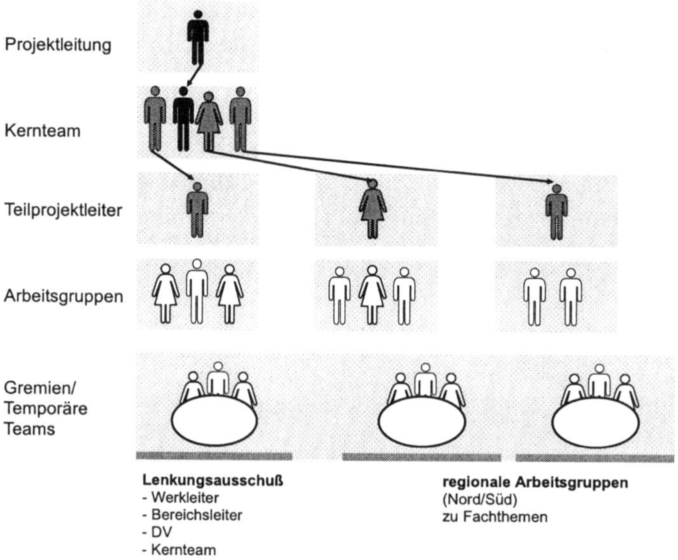

Abb. 2-26: Lokale Projektorganisation /vgl. Irmscher 1993, S. 16/

Der lokale Projektleiter, ein Mitarbeiter mit langjähriger Erfahrung in der Produktionsplanung und -steuerung, war vollständig von seinen Linienaufgaben freigestellt, die Teilprojektleiter aus der Abteilungsleiterebene der Werke waren zu 50% freigestellt. Sie stammten aus Fachabteilungen, die die Hauptnutzer des neuen Systems bildeten. Das Kernteam umfaßte je Werk etwa vier bis acht Mitarbeiter. Die Arbeitsgruppen auf Werksebene bestanden aus sog. Schüsselanwendern (Keyuser), die repräsentative Vertreter der Benutzer darstellten. Sie wurden je nach Aufgabenumfang teilweise freigestellt. Zeitweise wurde zusätzlich ein "Pate" des Softwarelieferanten in die Projektorganisation integriert, der ca. 80% seiner Arbeitszeit für das beschriebene Projekt arbeitete.

Auf Werksebene war die starke Einbeziehung der Fachabteilung wichtig für die Akzeptanzsteigerung der im Projekt getroffenen Entscheidungen. Wesentlich für den Projekterfolg waren darüber hinaus die Mischung aus globaler Hilfestellung und lokaler Bearbeitung, wobei zwei werksübergreifende Arbeitsgruppen Nord und Süd gebildet wurden, die temporär alle ein bis zwei Wochen tagten.

Ferner wurden die Geschäftsleitung und die Werksleiter als Machtpromotoren des Projekts genutzt. Die Aufgabenverteilung zwischen dem externen Berater als Projektleiter und der Geschäftsleitung war dergestalt, daß der externe Berater die zeitaufwendige Vorbereitung, Umsetzung und Verfolgung von Projektaufgaben übernahm, während der Geschäftsführer die Durchsetzung der Entscheidungen der Projektleitung im Unternehmen sicherte.

2.5 Projektplanung

Im Rahmen der Projektplanung findet eine Strukturierung des Projektes in kleinere einzeln zu bewältigende Teilbereiche statt. Zudem werden diesen Teilbereichen Personen bzw. Arbeitsgruppen zugeordnet sowie Termine und Kostenbudgets vergeben. Eine Übersicht über die Projektplanung zeigt Abb. 2-27/vgl. Litke 1995, S. 95/.

Die Projektplanung erfordert zunächst selbst einen Planungsvorlauf, in dem festgelegt wird, wer die Planung durchführt und die Entscheidung über das Planungsergebnis trifft. Ablauf, Dauer und Kosten der Planung sind ebenfalls bei der "Planung der Projektplanung" zu bestimmen.

Einen typischen Planungsablauf zeigt Abb. 2-28/vgl. Platz 1986/. Dabei wird die Projektplanung in die Teilaufgaben Strukturplanung und Terminplanung aufgeteilt, wobei die Terminplanung im Anschluß an die Strukturplanung stattfindet.

Die Planung findet dabei auf unterschiedlichen Aggregationsebenen statt. Bei der Zieldefinition wird z.B. nur eine grobe Projektabgrenzung vorgenommen. Daran

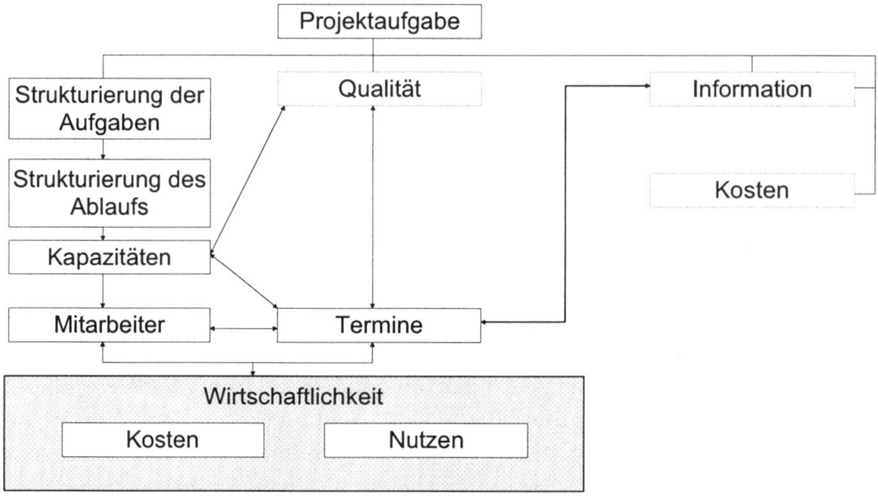

Abb. 2-27: Aufgaben der Projektplanung /vgl. Litke 1995, S. 95/

schließt sich typischerweise im Rahmen der Grobplanung eine Meilensteinplanung an, bei der festgelegt wird, welche Abschlußtermine für wesentliche Zwischen- und Endergebnisse des Projektes einzuhalten sind. Bei der Feinplanung findet schließlich eine detaillierte Festlegung von Terminen für einzelnen Aufgaben statt.

In den einzelnen Schritten der Projektplanung werden unterschiedliche Instrumente und Methoden eingesetzt. So werden die Projektziele in den Dokumenten Projektauftrag (vgl. unten), Lastenheft, Anforderungskatalog und in den abzuschließenden Verträgen berücksichtigt. Die Aufgabenzerlegung im Projekt wird im Projektstrukturplan und im Netzplan sichtbar, falls im Verlauf des Einführungsprojektes ein solcher aufgestellt wird. Aus diesen Dokumenten geht auch die Aufgabenverteilung, d.h. die Zuordnung von Arbeitsaufgaben zu Personen hervor. Zur Planung der finanziellen Ressourcen ist zudem ein Investitionsplan mit Budgetangaben für die notwendigen Positionen erforderlich.

Die Terminplanung kann schließlich mit einem einfachen Phasenplan, einem Balkendiagramm oder mittels Netzplantechnik vorgenommen werden.

Die oben genannten Instrumente und Methoden werden in den folgenden Kapiteln Auswahl und Einführung jeweils im Sachzusammenhang vorgestellt.

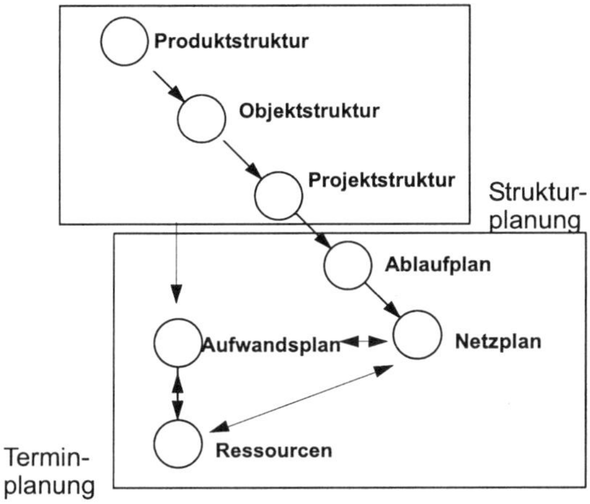

Abb. 2-28: Ablauf der Projektplanung /vgl. Platz 1986/

2.5.1 Der Projektauftrag

Bestandteile des Projektauftrags sind die Projektziele, die Beurteilungsgrößen, die zur Feststellung der Zielerreichung herangezogen werden, Aussagen über den notwendigen Aufwand und angestrebten Nutzen sowie Aussagen zu den Randbedingungen des Projektes. Die Projektorganisation wird festgelegt und unternehmens- oder projektspezifische Zusatzbedingungen niedergeschrieben. Der Projektauftrag als gegenseitige Willenserklärung zwischen Auftraggeber und Auftragnehmer ordnet sich in die Aktivitäten zu Projektbeginn nach Maßgabe der Abb. 2-29 ein.

2.5.2 Strukturierung der Projektaufgabe

Die Projektaufgabe wird strukturiert, indem sie in Elemente zerlegt wird und die Beziehungen zwischen den Elementen festgehalten werden. Um diese Aufgabe durchführen zu können, muß eine Projektbeschreibung, z.B. in Form eines Pflichtenheftes vorliegen. Die Strukturierung steigert die Transparenz des Projektes, indem sie mehr Übersichtlichkeit schafft; sie ermöglicht eine Komplexitätsreduzierung durch die Bildung von Teilprojekten, die gesondert geplant und realisiert werden können. Die Strukturierung ermöglicht ferner das Aufdecken von Zusammenhängen und die Definition von Nahtstellen, die gesondert überwacht werden müssen.

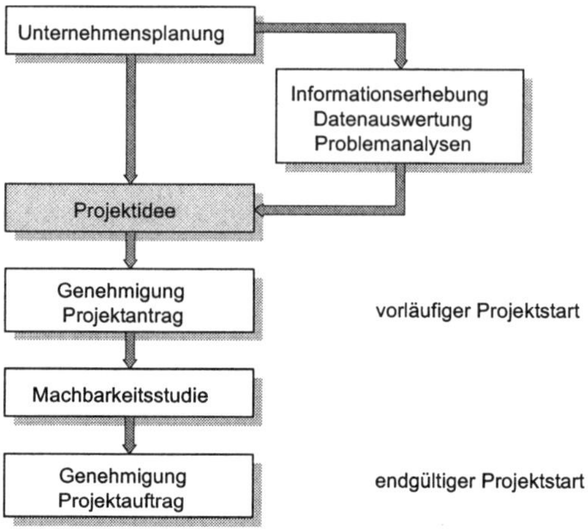

Abb. 2-29: Zustandekommen des Projektauftrags (nach Müller-Wünsch)

Grundsätzlich kann eine Strukturierung induktiv (vom einzelnen Element zum gesamten Projekt) oder deduktiv (Ableitung der einzelnen Elemente aus dem Gesamtprojekt) vorgenommen werden. Ergebnis der Projektstrukturierung ist ein Projektstrukturplan, der in Abb. 2-30 schematisch dargestellt ist /vgl. Wischnewski 1999, S. 169/.

Projektstrukturpläne können objektorientiert, funktionsorientiert oder gemischt aufgebaut sein. Bei der *Objektorientierung* steht der Aufbau des Projektes bzw. das zu schaffende Erzeugnis im Vordergrund. Diese Strukturierungsform kann ange-

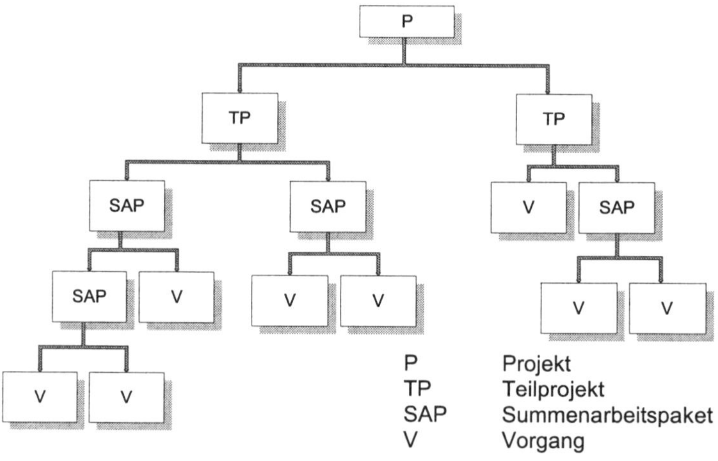

Abb. 2-30: Projektstrukturplan /vgl. Wischnewski 1999, S. 169/

wendet werden, wenn das Projekt mit der Herstellung des entsprechenden Gegenstandes identisch ist, z.B. bei der Entwicklung von Individualsoftware.

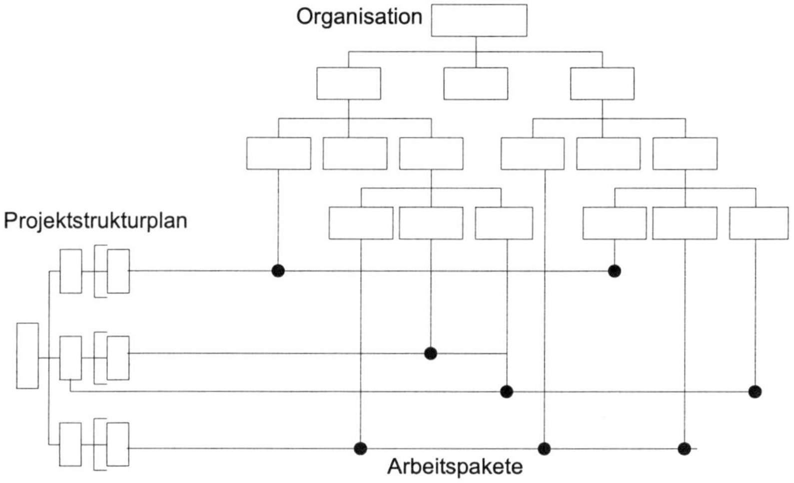

Abb. 2-31: Zusammenhang zwischen Projektorganisation und Projektstrukturplan /vgl. Litke 1995, S. 102/

Bei der *Funktionsorientierung* wird der Ablauf des Projektes in einzeln durchzuführende Verrichtungen zerlegt. Diese Strukturierung ist sinnvoll, wenn das Projekt über die Schaffung eines materiellen Gegenstandes wesentlich hinausgeht, wie es meist bei der Einführung von Standardsoftware der Fall ist.

Bei der *gemischten Orientierung* wechseln sich Objekt- und Funktionsorientierung je nach Zweckmäßigkeit ab. Typischerweise wird in der Praxis bei Software-Einführungsprojekten in der obersten Ebene eine Strukturierung nach Objekten, z.B. nach betrieblichen Bereichen oder Softwaremodulen, auf den unteren Ebenen eine Strukturierung nach Verrichtungen wie analysieren, schulen etc. vorgenommen. Den Zusammenhang zwischen der Projektorganisation und dem Projektstrukturplan zeigt Abb. 2-31 /vgl. Litke 1995, S. 102/.

Durch diese Zuordnung wird sichergestellt, daß für jedes Element des Projektstrukturplanes eine Stelle im Organigramm zuständig bzw. verantwortlich ist.

2.5.3 Terminplanungsmethoden

Als Terminplanungsmethoden, die bei der Auswahl und Einführung von Standardsoftware angewendet werden können, kommen das Ganttdiagramm, das Meilensteinverfahren sowie die Netzplantechnik infrage.

Ganttdiagramm

Ein Ganttdiagramm ist ein Balkendiagramm (vgl. Abb. 2-32), in dem ein Vergleich zwischen Soll- und Istleistung vorgenommen werden kann. Ganttdiagramme werden häufig in der Maschinenbelegungsplanung, der Terminplanung und der Arbeitsfolgeplanung angewandt.

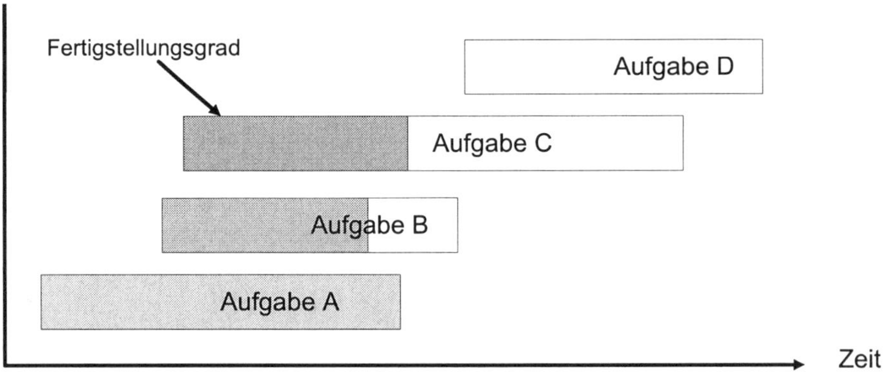

Abb. 2-32: Ganttdiagramm (Prinzip)

Ganttdiagramme eigen sich für einfache Planungsaufgaben, weisen aber einige Nachteile auf. Sie unterstützen komplexe Problembereiche nicht, weil Abhängigkeiten zwischen den Aufgaben nicht erfaßt werden können. Daher ist die Auswirkung der Verzögerung einer Aufgabe auf eine andere aus dem Ganttdiagramm nicht ablesbar. Ein anderer Mangel ist, daß ausschließlich auf der Basis von Terminen geplant wird und personelle Ressourcen und Kostenaspekte unberücksichtigt bleiben.

Meilensteine

Eine Verbesserung der Ganttdiagramme kann durch Einsatz von Meilensteinen erreicht werden. Meilensteine bestehen aus einer Terminangabe, der Ergebnisse des Projektes zugeordnet werden, die zum Meilensteintermin vorliegen müssen. Die Arbeitspakete des Projektstrukturplanes können so ebenfalls den Meilensteinen zugeordnet werden. Meilensteine sind im Regelfall Phasenabschlußtermine. Sie dienen als Motivationsinstrument, da für das Projektteam als Orientierung neben dem Projektziel zusätzlich mehrere Zwischenziele angegeben werden. Darüber hinaus dienen sie auch als Führungsinstrument, um auf Abweichungen von der vorgesehenen Projektplanung mit kleinen Kurskorrekturen reagieren zu können. Ohne Meilensteine besteht die Gefahr, Abweichungen vom vorgesehenen Projektziel erst spät zu erkennen und dann zu großen Kurskorrekturen gezwungen zu sein. Auch der Gefahr, daß ein Projekt angesichts rückläufiger Motivation der Beteiligten "versandet", kann durch Meilensteine vorgebeugt werden. Ein Beispiel für denkbare Meilensteininhalte zeigt Abb. 2-33.

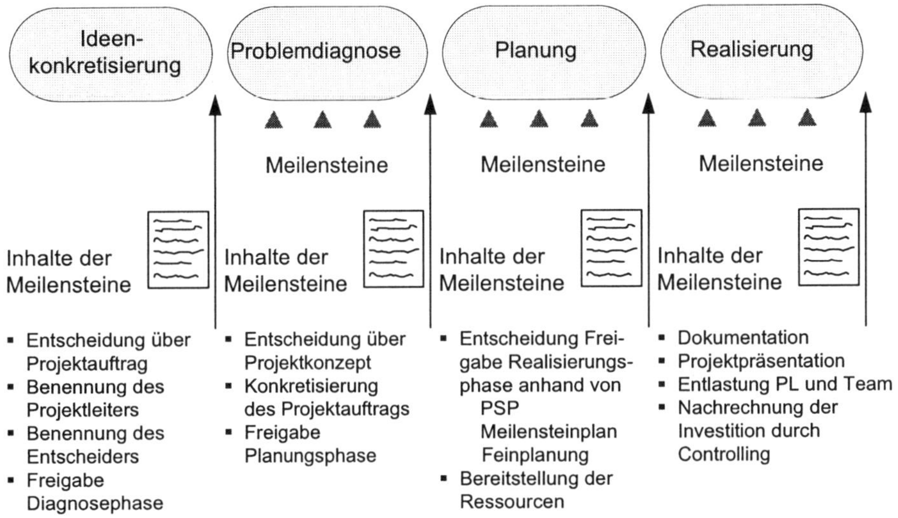

Abb. 2-33: Beispiel für Meilensteininhalte (in Anlehnung an Müller-Wünsch)

Netzplantechnik

Bei großen Entwicklungsprojekten kann es sinnvoll sein, sich der Netzplantechnik zu bedienen, die z.B. in /Frank 1999, S. 123ff/ oder /Wischnewski 1999, S. 210ff/ ausführlicher beschrieben wird als es hier möglich ist. Die Netzplantechnik bildet die Vorgänge zwischen Projektbeginn und Projektende in Form eines gerichteten Graphen ab und erlaubt durch Vorwärts- und Rückwärtsterminierung die Berechnung von sog. kritischen Vorgängen. Ein Vorgang ist dann kritisch, wenn eine Verzögerung des Vorgangs die Gesamtprojektdauer verlängert. Vorgänge mit einer Gesamtpufferzeit von 0 sind kritisch. Abb. 2-34 zeigt einen Vorgangsknotennetzplan und die für die Terminermittlung erforderlichen Daten je Vorgang.

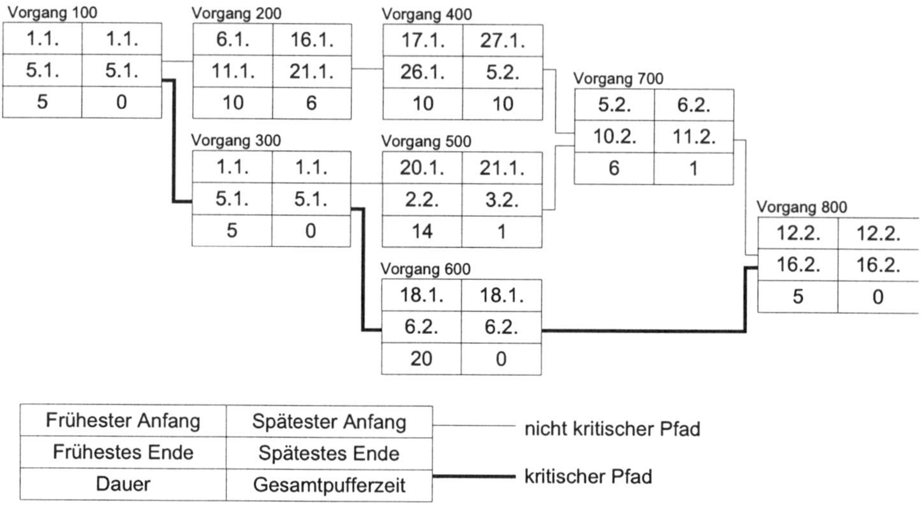

Abb. 2-34: Vorgangsknotennetzplan /vgl. Wischnewski 1999, S. 212/

2.6 Aufwandsschätzung

Eine Aufwandsschätzung ist in vielen Projekten die Grundlage für die Termin- und Kapazitätsplanung. Durch eine Aufwandsschätzung werden die notwendigen Angaben ermittelt, um z.B. Investitionsentscheidungen im Projekt treffen zu können. Solche Entscheidungsgrundlagen können im Rahmen der Budgetkalkulation, einer Kosten-Nutzen-Analyse in der Auswahlphase oder bei make-or-buy-Festlegungen benötigt werden.

Aufwandsschätzungen sind problematisch, da z.B. bei Projekten mit hohem Innovationsgrad schwer quantifizierbare Einflüsse wie Risiken auftreten können, sich Randbedingungen ändern oder die Zieldefinition nicht ausreichend ist, um daraus den anfallenden Aufwand für die Realisierung ableiten zu können.

Das grundsätzliche Vorgehen bei der Aufwandsschätzung ist in Abb. 2-35 dargestellt. Aus der Aufgabenstellung des Projekts wird zunächst die Projektstruktur abgeleitet. Dann werden die benötigten prognostischen Informationen wie z.B. die Projektdauer ermittelt. Zur Orientierung können Vergleichsobjekte wie z.B. bereits durchgeführte Projekte herangezogen werden, um einen Aufwand zu ermitteln. Parallel zur Projektdurchführung findet eine Erfassung des tatsächlichen Aufwands statt. Abweichungen des Ist-Aufwands vom zuvor ermittelten

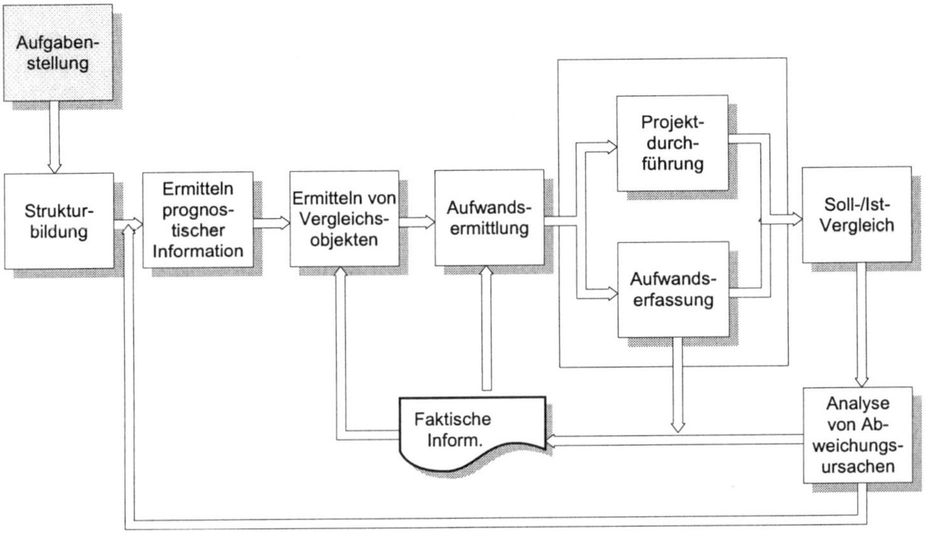

Abb. 2-35: Vorgehen bei der Aufwandsschätzung /vgl. Noth 1986, S. 3, Litke 1995, S. 118/

Soll-Wert werden analysiert und führen ggf. zu einer Veränderung bei den Vergleichsobjekten oder bei den Erfahrungswerten.

2.6.1 Anforderungen an die Aufwandsschätzung

Die Methoden zur Aufwandsschätzung müssen einem objektiven Verfahren folgen, um die Ermittlung des Aufwands nachvollziehbar gestalten zu können. Alle den Projektaufwand beeinflussenden Faktoren müssen durch die Aufwandsschätzung abgebildet werden. Es ist sinnvoll, Faktoren zu verwenden, die zu einem frühen Zeitpunkt des Projektes bewertbar sind /vgl. Platz 1986, S. 176ff./

Um die Vergleichbarkeit von Projekten zu erleichtern, ist es sinnvoll, eine Strukturierung der Aufwandsschätzung in Teileinheiten vorzunehmen und die jeweils relevanten Einflußfaktoren zu benennen.

2.6.2 Einflüsse auf den Projektaufwand

Die wesentlichen Einflußgrößen auf den Projektaufwand sind Ausbringungsmenge (Quantität), Qualität, Projektdauer und Kosten. Sie können in Form eines "Teufelsquadrates" /vgl. Noth 1986, S. 5/ dargestellt werden (Abb. 2-36).

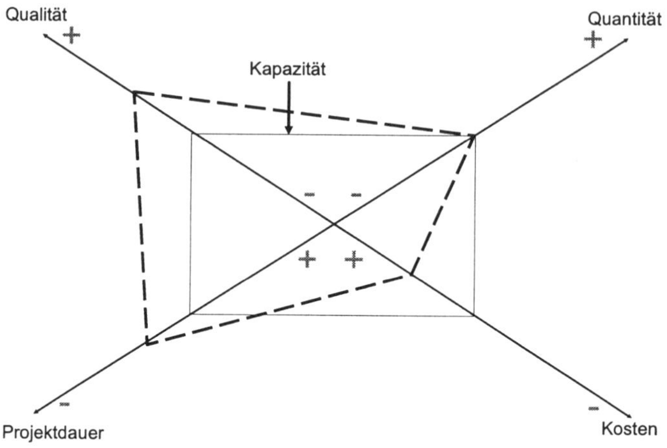

Abb. 2-36: Einflüsse auf den Projektaufwand /vgl. Noth 1986, S. 5/

Das Viereck zwischen den Einflußfaktoren repräsentiert die zur Verfügung stehenden Ressourcen bzw. Kapazitäten. Eine Veränderung des Vierecks, um eine der vier Einflußgrößen stärker zu betonen, bleibt nicht ohne Auswirkungen auf die anderen Größen. So geht eine Steigerung der Ausbringungsmenge bei gleichbleibenden Ressourcen zulasten der Qualität, da weniger Zeit für die Qualitätssicherung zur Verfügung steht.

Die Projektdauer ist aufgrund des mit der Projektgröße stark steigenden Koordinationsaufwands bei steigender Mitarbeiterzahl ebenfalls ein den Aufwand beeinflussendes Kriterium.

Eine andere Überlegung stellt auf den Einfluß der Projektdauer auf die Projektkosten ab, die sich in Abb. 2-37 aus den direkten Projektkosten und dem bewerteten indirekten Projektnutzen ableiten.

Werden nicht alle Möglichkeiten ausgeschöpft, um zu einer minimalen Projektdauer zu gelangen, so gelingt es, die direkten Projektkosten zu senken. Allerdings entsteht mit jedem Tag, der nach der minimalen Projektdauer vergeht, ein entgangener Projektnutzen, der mit den direkten Projektkosten zu Gesamtkosten saldiert werden muß. Die optimale Projektdauer liegt nun im Minimum der Projektgesamtkosten.

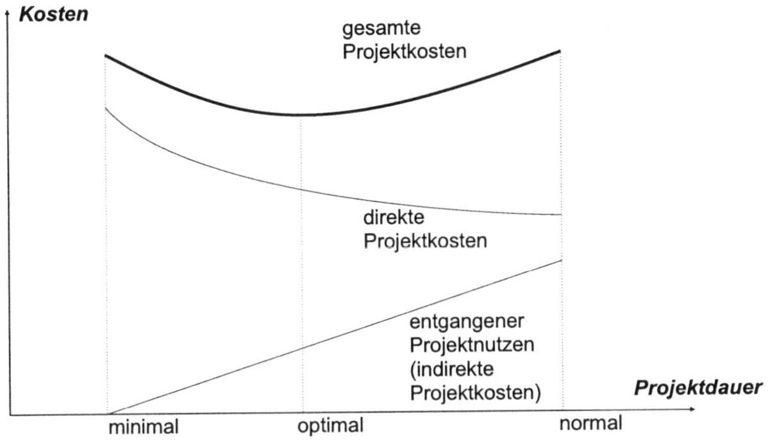

Abb. 2-37: Zusammenhang zwischen Projektdauer und Projektkosten /vgl. Litke 1995, S. 134/

2.6.3 Verfahren der Aufwandsschätzung

Die meisten Verfahren der Aufwandsschätzung basieren auf einem oder mehreren kombiniert angewendeten der im folgenden beschriebenen Verfahren /vgl. Noth 1986, S. 21ff/.

Analogiemethode

Das zu schätzende Projekt wird auf der Basis von Faktoren, die den Erstellungsaufwand wesentlich beeinflussen, mit bereits durchgeführten Projekten verglichen. Dabei sollten Projekte zum Vergleich herangezogen werden, die unter ähnlichen Voaussetzungen und Anforderungen realisiert wurden. Beim Vergleich muß entschieden werden, inwieweit der beim Vergleichsprojekt angefallene Aufwand modifiziert werden muß /vgl. auch im folgenden Noth 1986, S. 22ff./.

Relationsmethode

Die Relationsmethode verwendet ebenfalls Analogien zur Aufwandsermittlung, verwendet aber ein formalisiertes Verfahren. Die den Aufwand beeinflussenden Faktoren sollen als Indizes mit einem Durchschnittswert von 100 vorliegen. Die projektspezifische Änderung der Indizes erfolgt nach entsprechend aufgestellten Richtlinien. Eine weitere Möglichkeit, die Analogiemethode anzuwenden, besteht in der Suche nach den Aufwand beeinflussenden Faktoren, die in jedem Projekt den gleichen Wert erhalten hatten. Für alle Faktoren in diesen Projekten wird dann ein gewichtetes Mittel jedes Faktors gebildet, das den Einfluß des einzelnen Faktors auf den Gesamtaufwand darstellt.

Multiplikatormethode

Das Projekt, dessen Aufwand zu schätzen ist, wird in Teilprodukte aufgeteilt, denen ein Aufwand zuordenbar ist. Die Zahl der Teilprodukte wird mit dem - bekannten - Aufwand pro Teilprodukt multipliziert, um den Gesamtaufwand zu erhalten. Der notwendige Aufwand pro Teilprodukt ist durch Analyse bereits durchgeführter Projekte zu ermitteln.

Gewichtungsmethode

Die Gewichtungsmethode basiert auf einem System von Faktoren, die für die Aufwandsschätzung als wesentlich erachtet werden. Diese Faktoren können subjektiv (z.B. Qualifikation des eingesetzten Personals) oder objektiv (z.B. Vorliegen bestimmter Voraussetzungen) zu bewerten. Den Faktoren werden Mengenausprägungen sowie Gewichte zugeordnet und durch entsprechende mathematische Verknüpfung wird ein Projektaufwand ermittelt.

Methode parametrischer Schätzgleichungen

Durch Korrelationsanalyse wird versucht, Einflußfaktoren zu finden, deren wertmäßige Ausprägung in engem Zusammenhang mit dem angefallenen Aufwand steht. Diese Untersuchung kann nur durchgeführt werden, wenn eine größere Zahl abgeschlossener Projekte mit einer Vielzahl von Einflußfaktoren vorliegt. Aus den Faktoren mit der höchsten Korrelation zum Aufwand wird eine Gleichung zusammengestellt, in der der jeweilige Koeffizient die Stärke des Einflusses des jeweiligen Faktors repräsentiert.

Prozentsatzmethode

Die Prozentsatzmethode basiert auf der durchschnittlichen Aufwandsverteilung für die einzelnen Phasen des Projektes. Der Gesamtaufwand des Projektes kann nun auf zwei Arten prognostiziert werden:

- Es wird eine Phase des Projektes, z.B. die Spezifikation, abgeschlossen und von dem bisher angefallenen Aufwand auf den Gesamtaufwand hochgerechnet.

- Es wird eine Projektphase detailliert geschätzt, z.B. unter Nutzung einer der anderen Methoden, und von diesem Teilaufwand wird auf den zu erwartenden Gesamtaufwand geschlossen.

2.6.4 Function-Point-Verfahren

Das Function-Point-Verfahren wurde 1981 von IBM für die Schätzung des Aufwands von Softwareprojekten entwickelt und nutzt eine Kombination aus Analogie- und Gewichtungsmethode. Das Verfahren basiert auf der Annahme, daß der Aufwand eines Projektes von seinem Schwierigkeitsgrad und von seinem Umfang abhängt /vgl. Noth 1986, S. 89ff./. Diese Einflußgrößen (vgl. Abb. 2-38) werden durch Function Points dargestellt, wobei das zu schätzende Projekt nach verschiedenen Kriterien auf bestimmte Merkmale hin untersucht wird. Diese Merkmale lassen sich in die Gruppen Eingabedaten, Ausgabedaten, Datenbestände, Schnittstellen und Abfragen einteilen.

Anforderungen	einfach	mittel	komplex
Datenelementtypen	wenige	mehrere	viele
logische Datengruppen (bei Maskeninhalten)	wenige	mehrere	viele
Ansprüche an die Bedienerführung	gering	mittel	hoch
Cursorhandhabung	einfach	mittel	schwierig
Gewicht	3	4	6

Abb.2-38: Function Points am Beispiel Eingabedaten /vgl. Noth 1986, S. 91/

Diese Merkmale werden nach den Kategorien leicht, mittel oder komplex klassifiziert und Zahlenwerten zugeordnet. Über alle Merkmale werden die ermittelten Function Points addiert.

Zudem werden vierzehn Faktoren, die einen Einfluß auf den Projektaufwand haben, ebenfalls mit Zahlen bewertet (Abb. 2-39). Dieser *degree of influence* wird als Faktor mit der Summe der function points multipliziert. Die Faktorenermittlung führt zu einer Schwankung der Summe der function points von ca. 70 bis ca. 140% und wird mit empirisch gewonnenen Erkenntnissen begründet.

- Eingabe von Daten über Kommunikationseinrichtungen
- Verteilte Datenverarbeitung
- Hohe Anforderungen an die Performance
- Einsatz in Umgebung mit stark ausgelasteten Ressourcen
- Hohe Rate an Transaktionen
- Interaktive Dateneingabe
- Dialogorientierung der Verarbeitung
- Online-Wartung der Datenbankinhalte erforderlich
- komplexe Verarbeitungslogik (z.B. Stücklistenauflösung)
- Wiederverwendbarkeit muß berücksichtigt werden
- Es müssen Konvertierungsroutinen für Altdaten entwickelt werden
- Administrationsroutinen sind zu entwickeln
- Berücksichtigung mehrerer Standorte bei der Entwicklung
- Parametrisierbarkeit des Systems wird gefordert

Abb. 2-40: Einflußfaktoren auf den Projektaufwand

Aus einer größeren Zahl abgeschlossener Projekte aus dem gleichen Bereich (bei der Softwareentwicklung aus der gleichen Entwicklungsabteilung) wird die Relation function points zu Projektaufwand ermittelt. Die Relationspaare werden in einem Koordinatensystem eingetragen und es wird eine Näherungskurve durch die eingetragenen Punkte gelegt. Für neue Projekte, für die die function points und der

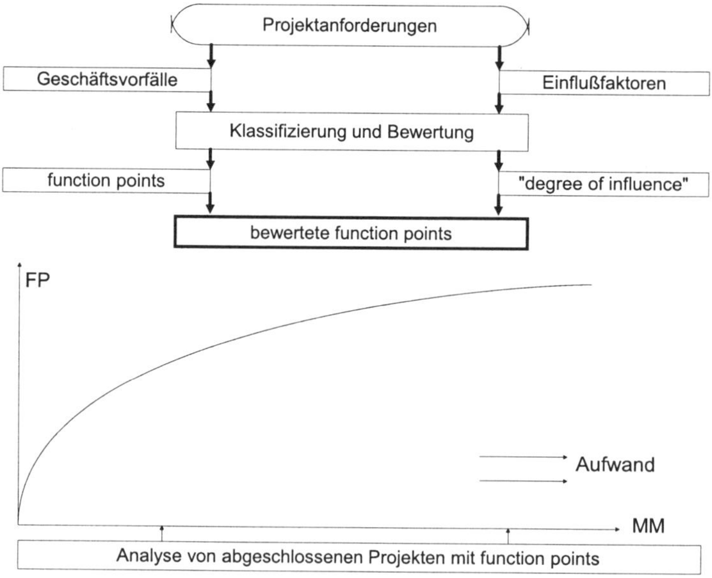

Abb. 2-39: Vorgehen bei der function point-Methode /vgl. Noth 1986, S. 90/

degree of influence ermittelt wurden, kann der voraussichtliche Aufwand durch Nachschlagen auf der Kurve ermittelt werden. Das Verfahren ist in Abb. 2-40 dargestellt.

2.7 Projektinformationswesen

Ziel des Projektinformationswesens ist es, die Erreichung des Projektzieles durch Informationsaustausch und Dokumentation zu unterstützen. Notwendige Entscheidungen können durch eine gut geplantes und strukturiertes Projektinformationswesen erheblich beschleunigt und in ihrer Qualität verbessert werden. Zum Projektinformationswesen gehören neben der mündlichen Berichterstattung der Mitarbeiter insbesondere /vgl. Litke 1995, S. 152/:

- die Planungsunterlagen der Projektleitung,
- die Arbeitsaufträge an die Mitarbeiter und
- die zusammenfassende Berichterstattung an den Auftraggeber.

Zudem kann eine Kategorisierung nach berichterstattenden Informationen, auf die keine unmittelbare Reaktion des Empfängers erfolgen muß und anweisende Information, auf die in jedem Fall eine Reaktion erfolgen muß, vorgenommen werden /vgl. Madauss 2000, S. 303/.

Die in den mündlichen und schriftlichen Berichten enthaltene Information muß vollständig und wahr sein, pünktlich und regelmäßig erfolgen und einen einheitlichen und klaren, Vergleichbarkeit ermöglichenden und verständlichen Aufbau aufweisen.

Die Planung des Projektinformationswesens kann erfolgen, indem eine Informationsmatrix aufgestellt wird, die die jeweilige Informationsart sowie die im Projekt geltenden Charakteristika dieser Informationsart beinhaltet. /vgl. Litke 1995, S. 153/. Abb. 2-41 zeigt eine derartige Informationsmatrix.

Informationsart	Berichter	Verteiler	Frequenz	Protokoll
verbal				
Projektstands-präsentation	PL	LA/Fachbereich	nach Bedarf	X
PLA-Sitzung	PL	LA	monatlich	X
Reviews	PL/MA	LA/PL	nach Bedarf	X
Besprechung	PL	Projektteam	wöchentlich	X
schriftlich				
Statusbericht	PL	LA	monatlich	
Zwischenbericht	PL	LA	Phasenende	
Abschlußbericht	PL	LA/Fachbereich	Projektende	
Arbeitsbericht	Projektteam	PL	wöchentlich	

Abb. 2-41: Matrix der Projektinformation

2.7.1 Projektbesprechungen

Regelmäßig oder spontan einberufene Besprechungen sind ein wichtiger Bestandteil des Projektinformationswesens. Um jedoch nicht in einen "Sitzungsmarathon" zu verfallen, bei dem für Besprechungen mehr Zeit in Anspruch genommen wird als für die eigentliche Aufgabenbewältigung, ist die Abstimmung einiger Regeln unter allen Beteiligten erforderlich. Diese Regeln betreffen die Dauer der Besprechungen, die Tagesordnung, die Verbindlichkeit im Ablauf sowie in bezug auf die getroffenen Entscheidungen sowie die Dokumentation der Besprechungsergebnisse.

- Die Dauer der Besprechungen sollte bei der Einladung bereits fixiert werden und - außer in Ausnahmefällen - 90 Minuten nicht überschreiten. Nach Ablauf dieser Zeit läßt die Konzentration der Teilnehmer so weit nach, daß die Qualität der Besprechungsergebnisse unter Umständen leidet. Eine Verkürzung von Routinebesprechungen kann dadurch erreicht werden, daß über Vorgänge, die keiner Entscheidung bedürfen, nur außerordentlich knapp berichtet wird.
- Die Tagesordnung der Besprechung sollte allen Teilnehmern vorher bekanntgemacht werden oder zu Beginn der Sitzung gemeinsam festgelegt werden. Die Reihenfolge sollte sich an der Relevanz der einzelnen Punkte orientieren.

Durchzuarbeitende Unterlagen sollten vor der Besprechung zur Verfügung gestellt werden; ist dies nicht möglich, sind Lesepausen einzuräumen.

- Der Projekterfolg hängt auch von der Verbindlichkeit ab, zu der die Teilnehmer an Besprechungen bereit sind. Dies beginnt mit der Pünktlichkeit des Erscheinens, berührt die Disziplin beim Reden und Zuhören und endet bei der Einhaltung der in der Besprechung getroffenen Verabredungen.
- Die Dokumentation der Ergebnisse - nicht aber des Verlaufs und auch nicht der Darstellung von Einzelmeinungen - sollte schnellstmöglich nach Ende der Besprechung an alle Teilnehmer verteilt werden. Als Ergebnisse werden ausschließlich die Kategorien
    - Aufgabe (mit Angabe des Durchführenden und des Verantwortlichen und des Abgabe- bzw. Kontrolltermins)
    - Beschluß (Entscheidung)
    - Status (Feststellung, Information) und
    - Terminvereinbarung für eine nächste Besprechung

akzeptiert und das Protokoll so strukturiert. Ausführlicher ist die Methode des ergebnisorientierten Besprechungsmanagements beschrieben in /Koldau 1973 bzw. Bartsch-Beuerlein 2000, S. 95ff./.

Einwendungen sollten bei der nächsten Besprechung berücksichtigt werden. Ein spezieller Review-Zyklus ist nur in Ausnahmefällen erforderlich, z.B. bei technischen Änderungen an Produkten im Bereich der industriellen Produktion.

2.7.2 Rechnerunterstützung im Projektinformationswesen

Zur Unterstützung verschiedener Aufgaben der Projektabwicklung sind eine Reihe von Techniken verfügbar, die im folgenden detaillierter beschrieben werden. Dabei können die Anwendungsgebiete

- Unterstützung einer gemeinsamen Sitzung, bei der alle Teilnehmer persönlich anwesend sind,
- Konferenz räumlich verteilter Teilnehmer sowie
- Gruppenarbeit zwischen den Sitzungen

unterschieden werden /vgl. Borghoff 1998, S. 96ff/. Die prinzipiellen Konfigurationsmöglichkeiten räumlicher und zeitlicher Verteiltheit sowie die mögliche technische Unterstützung dieser Ausprägungen zeigt die "anytime-anyplace-Matrix" in Abb. 2-42.

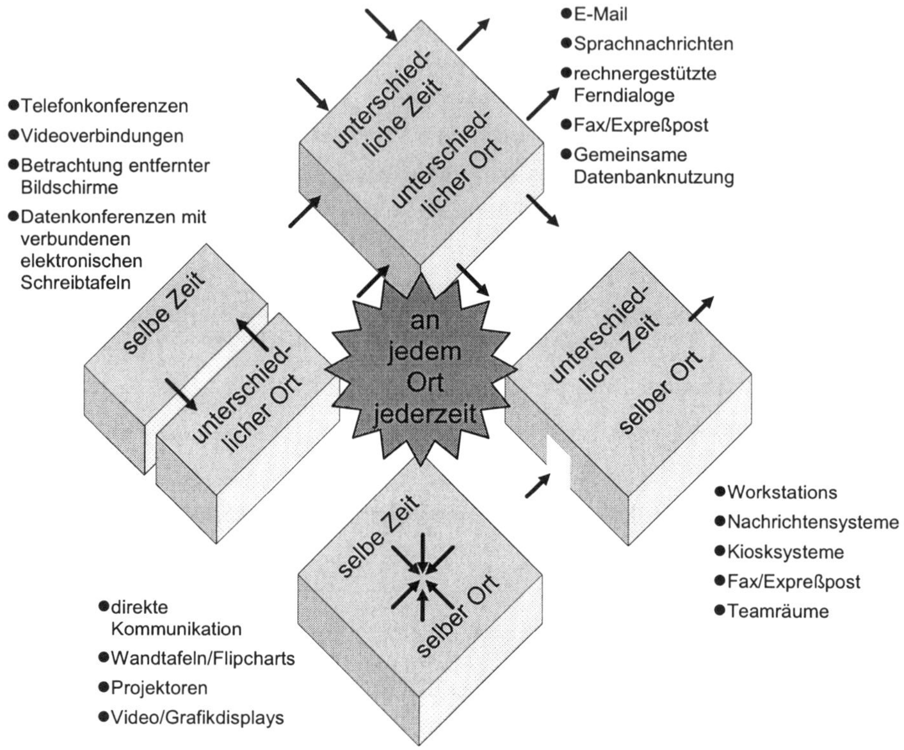

Abb. 2-42: “anytime-anyplace-Matrix” /vgl. Reichwald 1998, S. 5; O'Hara-Devereaux 1994, S. 199/

Unterstützung von face-to-face-Sitzungen

Bei diesen Zusammenkünften befinden sich alle Teilnehmer zur selben Zeit am selben Ort. Es kann eine Präsentationsunterstützung in Form von Präsentationssoftware eingesetzt werden (z.B. Freelance Graphics von Lotus oder MS Powerpoint). Aus den gezeigten Präsentationsinhalten lassen sich im Programm leicht Handouts erstellen; zudem existiert ein Modus, der mit einem Freihandstift das Markieren von Sachverhalten auf den präsentierten Folien gestattet.

Zum anderen kann eine Notizunterstützung erfolgen, indem ein zur Besprechung hinzugezogener Protokollant wesentliche Ergebnisse der Sitzung elektronisch erfaßt und sofort an die Wand projiziert. Neben der sofortigen Verfügbarkeit der Ergebnisse hat dieses Vorgehen den Vorteil, daß unmittelbar im Anschluß an die Sitzung alle Gesprächsteilnehmer die Niederschrift in Papierform erhalten können.

Schließlich kann, wenn jeder Besprechungsteilnehmer mit einem PC ausgestattet ist, eine direkte Rechnerunterstützung von Sitzungen stattfinden. Jedoch sind die dafür erforderlichen Sitzungsräume aufwendig einzurichten und die Bedienung der Sitzungsprogramme kann nicht von jedem Teilnehmer beherrscht werden.

Unterstützung verteilter elektronischer Sitzungen

Bei verteilten Sitzungen befinden sich die Teilnehmer während der Sitzung an unterschiedlichen Orten. Technologische Unterstützung besteht zum einen in der Möglichkeit des asynchronen Informationsaustausch durch Erweiterung des E-Mail-Systems von einer Punkt-zu-Punkt-Verbindung zu einer Punkt-zu-Gruppen-Verbindung. Als Erweiterung dieser Lösung kann eine Audio- und Videoverbindung zwischen den Sitzungsteilnehmern geschaltet werden. Auf jedem Bildschirm der angeschlossenen Gesprächsteilnehmern wird die selbe Information angezeigt. Um diese Form der Kommunikationsunterstützung zu realisieren, sind allerdings effektive Bandbreiten im Weitverkehrsnetz von mehr als 128 KBit/s erforderlich.

Konferenzen können durch asynchrone Computer-Konferenzsysteme unterstützt werden, die zur n:m-Kommunikation zwischen den Partnern und zur Vorgangsbearbeitung genutzt werden können. Durch die Verbindung mit Entscheidungsunterstützungsverfahren lassen sich derartige Konferenzsysteme zu Group Decision Support Systemen weiterentwickeln /vgl. Seitz 1995, S. 55/. Die teaminterne Kommunikation kann durch Electronic Conference Systems wie folgt unterstützt werden /vgl. Syring 1992, S. 205/:

- Aufbau eines teambezogenen Informationspools,
- Unterstützung von Beitragstypen wie Antwort, Kommentar u.a., wodurch eine Hypertextstruktur der bearbeiteten Themen aufgebaut werden kann,
- Einrichtung von Subkonferenzen, um ein Thema besser strukturieren zu können,
- Aufgabenverteilung und Vergabe von Berechtigungen der Partner durch ein Rollenkonzept,
- Die Strukturierung der Kommunikation kann durch Einbindung von Kreativitätstechniken, z.B. der Delphi-Methode erfolgen.

Die Unterstützung von asynchronen Konferenzen durch Rechnereinsatz intensiviert und beschleunigt die Teamarbeit. Sie wirken sich positiv auf die Einsatzseite (Kosten) und auf die Ausbringungsseite (Leistungen) aus, unterstützen jedoch keine synchronen Konferenzaktivitäten.

Diese werden überwiegend durch Videokonferenzsysteme unterstützt. Die technischen Einrichtungen für Videokonferenzen können in speziellen Studios oder als arbeitsplatzbezogene Systeme installiert werden. Stehen multimediafähige Personal Computer zur Verfügung, ist auch ein Application Sharing möglich, das eine gemeinsame verteilte Bearbeitung multimedialer Dokumente ermöglicht. Die Teilnehmer sind imstande, Texte, Grafiken oder Tabellen gleichzeitig interaktiv zu entwerfen und zu bearbeiten (remote joint editing).

In Bezug auf die Auflösung von Unternehmensgrenzen leisten Konferenzsysteme Beiträge zur räumlichen Dezentralisierung und zur zeitlichen Entlastung der Teammitglieder /vgl. Krystek 1997, S. 100/.

Die räumliche Dezentralisierung teambasierter Unternehmensstrukturen ist u.a. für virtuelle Organisationsformen charakteristisch /vgl. Kunerth 1995, S. 30f./. Durch die räumliche Dezentralisierung lassen sich bessere Erreichbarkeit durch Kunden und Wertschöpfungspartner, eine größere Marktnähe sowie Kostenvorteile realisieren. Videokonferenzen können die Abstimmung von Kapazitäten und Verwaltungsentscheidungen vereinfachen sowie zum Know How-Transfer zwischen entfernten Standorten beitragen. Sie begünstigen die dezentrale Bearbeitung schlecht strukturierter Aufgaben durch Aufhebung der Restriktionen anderer, stärker formalisierter Kommunikationsmittel wie z.B. Telefax.

Andererseits sind Akzeptanzprobleme festzustellen, die eine Reisetätigkeit trotz Verfügbarkeit von Videokonferenzsystemen erforderlich machen. Die zur Bildung von Virtuellen Unternehmen notwendige Vertrauensbasis kann durch elektronische Konferenzsysteme in der Regel nicht aufgebaut werden, da durch die Übertragungsform zu viele nonverbale Kommunikationsmittel (schwache Signale /vgl. Krystek 1993, S. 186f/) verloren gehen. Auch bei kritischen Projektsituationen wird die zur Konfliktlösung erforderliche gesamthafte Kommunikation nicht erreicht. Zeigt das Videokonferenzsystem z.B. nur den Kopf des Verhandlungspartners, kann nicht aus seiner Körpersprache auf eine eventuell vorhandene Kompromißbereitschaft geschlossen werden.

Werden bei Teamarbeitsprozessen Videokonferenzsysteme eingesetzt, kann es zu einer zeitlichen Entlastung der Teammitglieder kommen /vgl. Krcmar 1995, S. 21/. Planungsprozesse können beschleunigt und qualitativ verbessert werden. Es ist möglich, die Teamarbeit zu dynamisieren, indem Experten spontan weltweit verfügbar gemacht werden /vgl. Krystek 1997, S. 102/. Durch Videokonferenzsysteme läßt sich zudem die zu beschaffende Informationsmenge pro Zeiteinheit erhöhen oder eine bestimmte Informationsmenge in kürzerer Zeit beschaffen.

Schließlich besteht die Möglichkeit, in die zuerst beschriebenen Gruppendiskussion auch Agenten (mobile, teilweise autonome Softwareprogramme) einzubringen, die z.B. Aufgaben der Protokollierung übernehmen können.

Unterstützung der Gruppenarbeit zwischen den Sitzungen

Das grundsätzliche Unterstützungspotential von I+K-Systemen bei der Teamarbeit liegt in der Bereitstellung von Informationen,

- welche personellen und sachlichen Ressourcen für die Bearbeitung eines Projektes bzw. Objektes benötigt werden,
- wo diese Ressourcen sich befinden,
- welche Ressourcen unter welchen Bedingungen verfügbar sind und
- welche Fortschritte bezogen auf die Problemlösung jeweils erzielt wurden /vgl. Krystek 1997, S. 80/.

Die Werkzeuge, die diese Informationen zur Verfügung stellen, werden als CSCW-Systeme, Workgroup-Computing-Systeme oder Groupware bezeichnet /vgl. Syring 1992, S. 201ff, Krcmar 1992, S. 425ff/.

Seitz definiert Workgroup-Computing-Systeme als gemeinschaftlich nutzbare, computerbasierte Hilfsmittel, die Teams bei der Erfüllung ihrer Aufgaben unterstützen. Sie ermöglichen jede Art kooperativer Handlungen zwischen zwei oder mehreren Akteuren, die an unterschiedlichen oder am selben Ort zusammenarbeiten. Sie machen den Teammitgliedern gemeinsame Ressourcen zugänglich und nutzen Kommunikationssysteme, die verteilte Kooperation (Telekooperation) ermöglichen /vgl. Seitz 1995, S. 51f/. Folgende Aufgaben lassen sich durch Groupwaresysteme unterstützen /vgl. Karl 1994, S. 32/:

- lokale, standort- und länderübergreifende Kommunikation auf und zwischen sämtlichen betrieblichen Hierarchieebenen,
- spontane Einzelaktivitäten von Teammitgliedern,
- Koordination von Aufgaben, Informationen, Terminen und Dokumenten
- Bereitstellung gemeinsamer Informationen,
- Abruf und Verarbeitung dieser Informationen durch den Benutzer,
- Überwachung von Terminen,
- Postzirkulation sowie
- Lieferung von Statusberichten und Auswertungen für die Mitarbeiter.

Zur Klassifizierung möglicher Formen der Rechnerunterstützung durch Teams können die zeitliche und räumliche Eigenschaft der Teamarbeit, die inhaltliche bzw. prozessuale Unterstützung der Gruppenarbeit sowie die Phasen des Teamsitzungszyklus herangezogen werden /vgl. Krcmar 1992, S. 429/. Befinden sich die Teammitglieder in der Gruppe, so kann eine elektronischer Entscheidungsraum zur Unterstützung der Gruppenprozesse eingesetzt werden. Telekonferenzen unterstützen die synchrone Kommunikation zwischen entfernten Teams.

Asynchrone Kommunikationsbeziehungen erzielen unabhängig von der Entfernung zwischen den Kommunikationspartnern die gleichen Ergebnisse; ihr Netz wird von Krcmar als Entscheidungsnetzwerk bezeichnet.

Groupwarewerkzeuge unterstützen bei einer Betrachtung der Inhalte in erster Linie die prozessualen Aspekte der Kommunikation und Koordination (z.B. Adressat, Zeit, Status, Art der Übermittlung etc.).

Eine der am weitesten verbreitete Anwendung im Bereich der Groupware ist Lotus Notes /vgl. u.a. Ziegler 1996, S. 684/. Lotus Notes ist im Kern ein System zum Verwaltung von Dokumenten mit einem eingebundenen Mailsystem, das die Arbeit von Teams unterstützt. Dazu bietet Notes die Möglichkeit, dem Benutzer verschiedene Anwendungen, wie z.B. Datenbanken, Diskussionen oder Electronic Mail, unter einer einheitlichen Benutzeroberfläche auf unterschiedlichen Hard- und Softwareplattformen zur Verfügung zu stellen.

Der Zugang zu Expertenwissen kann durch dessen Ablage in Groupwaresystemen erheblich erleichtert werden. Dadurch wird zu einem räumliche und zeitliche Unabhängigkeit von der Verfügbarkeit eines Experten erreicht, zum anderen besteht ein Zugang zu Wissenselementen, deren Existenz und potentieller Nutzen im voraus nicht bekannt ist.

Die Dokumentationsfunktion des Groupwaresystems unterstützt das Sammeln und Strukturieren der organisataionalen Wissensbasis. Unabhängig von einem Wissensträger ist das im System vorhandene Wissen jederzeit abrufbar.

2.7.3 Project Information Repository

Als wesentliches Hilfsmittel zur Projektinformation hat sich über die zuvor geschilderten Ansätze hinaus eine elektronische Ablage aller relevanten Projektinformationen in Gestalt eines Project Information Repository erwiesen. Dabei werden die im Projektverlauf erstellten Dokumente wie Spezifikationen, Gesprächsprotokolle, Abnahme- und Mängelberichte, Angebote, Bestellungen etc. für alle berechtigten Projektteilnehmer elektronisch zugänglich gemacht. Eingehende nicht codiert vorliegende Dokumente können durch Scannen mit wahlweiser anschließender Zeichenerkennung ebenfalls in diese elektronische Ablage integriert werden.

Dabei stehen unterschiedliche technische Realisierungsmöglichkeiten zur Verfügung. Sie reichen von der Ablage der Dokumente in einem strukturierten Dateisystem über die Nutzung eines einfachen internetbasierten Dokumentenmanagementsystems bis hin zum Einsatz eines professionellen Wissensmanagementsystems und werden im folgenden kurz beschrieben.

Ablage im Dateisystem

Bei der Ablage im Filesystem wird ein Projektverzeichnis angelegt und ggf. mit Unterverzeichnissen versehen. In diesen Unterverzeichnissen werden dann die oben genannten Dokumente abgelegt, die durch ihren Namen und ihr Erstellungsdatum identifiziert werden können. Diese Ablageart weist den Vorteil auf, daß sie sehr einfach einzurichten ist. Sie besitzt jedoch mehrere schwerwiegende Nachteile. So ist ein Zugriff von Beteiligten außerhalb des Unternehmens auf die im Filesystem liegenden Informationen meist nicht möglich. Eine Suche nach bestimmten Stichworten kann nur unter Zuhilfenahme von Zusatztools durchgeführt werden. Ferner fehlen Meta-Informationen über Ersteller, die Kategorien, in die das Dokument einzuordnen ist, ein eventuell erforderliches Verfallsdatum, eine Versionierung, eine Liste der Bearbeiter und weitere Merkmale, die zur effizienten Handhabung des Projektinformationswesens erforderlich sind. Daher sollte auf die Ablage im Dateisystem nur bei einfachen rein intern ausgerichteten Standardsoftwareprojekten zurückgegriffen werden.

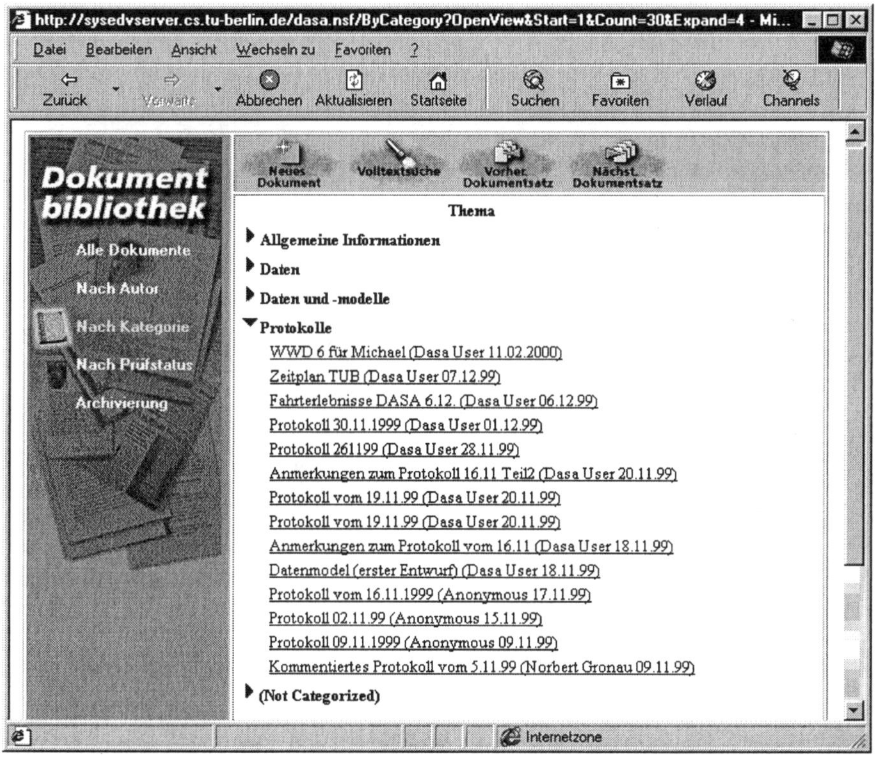

Abb. 2-43: Einfaches WWW-basiertes Dokumentenmanagementsystem

Ablage im browserbasierten Dokumentenmanagementsystem

Als Alternative zur Ablage im Dateisystem bietet sich die Ablage in einem einfachen Dokumentenmanagementsystem an, auf das über WWW-Browser zugegriffen wird. So erlaubt eine mit dem Lotus Domino Server mitgelieferte Lösung das einfache Aufsetzen eines Dokumentenmanagementsystems und einen Zugriff von Berechtigten über WWW-Browser (vgl. Abb. 2-43). Der Vorteil solcher Systeme liegt darin, daß die Vergabe unterschiedlicher Zugriffsrechte zwischen lesendem und schreibendem Zugriff möglich ist.

Externe Lieferanten können so die sie betreffenden Dokumente zwar lesen, aber nicht verändern.

Einsatz eines Wissensmanagementsystems

Bei großen Projekten mit mehreren beteiligten Lieferanten bietet sich der Einsatz sogenannter Wissensmanagementsysteme an, die neben einem einfach zugänglichen Dokumentenmanagement weitere für das Projekt nützliche Funktionen anbieten. Dazu gehört die Bestimmung eines persönlichen Informationsprofils für jeden Projektbeteiligten, so daß dieser ihn betreffende neu eingestellte Dokumente bei jeder Anmeldung an das System angezeigt bekommt. Ein Glossar erleichtert die Verschlagwortung der eingestellten Dokumente, die darüber hinaus über ei-

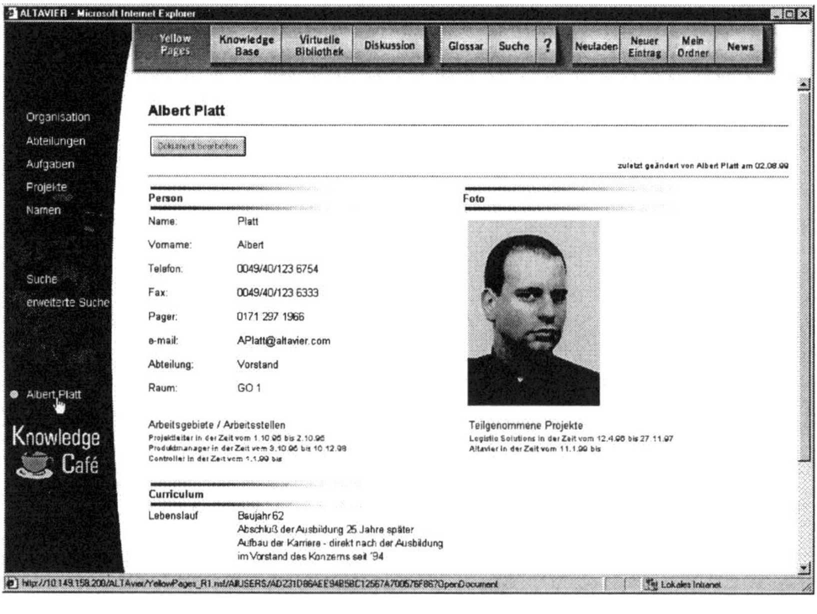

Abb. 2-44: Wissensmanagementsystem Knowledge Café (Quelle: altavier GmbH, Berlin)

nen automatischen Volltextindex erfolgt. Eine Bibliothek stellt Verfahrensweisen und allgemeine Regeln zur Verfügung. Der Einsatz eines Wissensmanagementsystems hat darüber hinaus den Vorteil, daß auch nach Ende des Projektes das im Projekt gesammelten Wissens im Unternehmen zur Verfügung steht und durch seine Aufbereitung, aber auch durch Suchmaschinen einfach extrahiert werden kann (vgl. Kapitel 5).

2.8 Projektüberwachung und -steuerung

Aufgabe der Projektüberwachung ist es, die die Sollvorgaben der Projektplanung mit den im Projektablauf erreichten Istwerten zu vergleichen. Diese Überwachung erstreckt sich auf den Projektgegenstand und auf den Projektverlauf. Dabei ist es erforderlich, den Projektgegenstand bezogen auf seine Funktion, die Art und Weise seiner Leitung und seine Qualität zu überwachen. Im Projektverlauf sind sowohl Termine als auch Kosten zu überwachen.

Folgende Gründe können zu einer Terminabweichung im Projekt führen:

- Die zu Beginn des Projektes vorgenommene Planung war zu optimistisch.
- Es besteht das Erfordernis zusätzlicher, in der Projektplanung nicht berücksichtigter Arbeiten.
- Die zugesagten Liefertermine von Fremdfirmen werden nicht eingehalten.
- Im Projektverlauf erfolgt eine Änderung der Projektziele durch den Auftraggeber.
- Daten, die zur Bearbeitung des Projektgegenstandes benötigt werden, treffen verspätet ein.

Zu Kostenüberschreitungen im Projektverlauf kann es insbesondere aus folgenden Gründen kommen:

- Die Abgrenzung des Projektgegenstandes und der Projektziele erfolgte ungenau.
- Die Abgabe des Angebotes durch den Auftragnehmer erfolgte unter Deckungsbeitrag, um den Auftrag zu erhalten.
- Eine Änderung oder Erweiterung der Zielsetzung wurde unkontrolliert vorgenommen und fand keinen Niederschlag in der Projektkostenkalkulation.
- Um terminliche Verzögerungen aufzuholen, können zusätzliche Kosten entstehen.
- Bei technischen Schwierigkeiten sind u.U. höhere Kosten zur Bewältigung unabweisbar.

- Wurde die Kostenschätzung unrealistisch vorgenommen, weil Mengenansätze zu klein waren, führt das ebenfalls zu höheren Kosten.
- Schließlich kann es zu Kostenüberschreitungen kommen, wenn fremde Kosten durch ungenaue Abrechnungsverfahren ebenfalls über das Projekt abgerechnet werden.

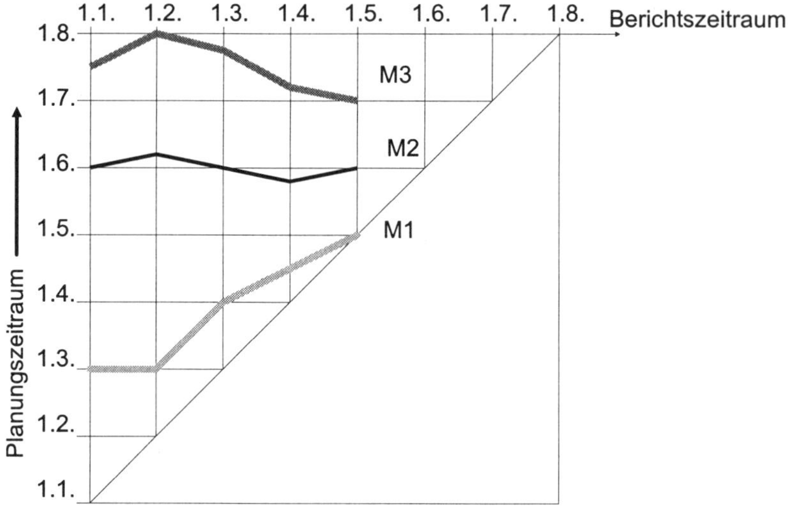

Abb. 2-45: Meilensteintrendanalyse

Ein geeignetes Verfahren, um in erster Linie terminliche Aspekte des Projektablaufs zu überwachen, ist die Meilensteintrendanalyse. Sie stellt geplante und realisierte Meilensteintermine einander gegenüber und leitet aus dem Kurvenverlauf Aussagen über die allgemeine Terminlage ab. Eine grafische Darstellung der Meilensteintrendanalyse ist in Abb. 2-45 vorgenommen worden.

Zum jeweiligen Berichtszeitraum (im Beispiel der Abb. 2-45 jeweils der Erste des Monats) wird das nach dem jeweiligen Projektstand geschätzte Erreichen der Meilensteine abgetragen. So wird zum Berichtszeitpunkt 1.2. das Erreichen des Meilensteins M1 für den 1.3. prognostiziert (wie im Vormonat), das Erreichen des Meilensteins M2 nach dem 1.6. und damit etwas später als im Vormonat sowie das Erreichen des Meilensteins M3 am 1.8. und damit etwa 14 Tage später als im Vormonat geschätzt.

Wird dieses Abtragen von geschätzten Meilensteinterminen über mehrere Berichtszeitpunkte hinweg durchgeführt, ergeben sich die in Abb. 2-45 dargestellten Kurvenverläufe. Ihre Ausrichtung gestattet folgende Aussagen:

- Bei waagerechtem Kurvenverlauf wird der Meilensteintermin gehalten.
- Steigt die Kurve im Zeitverlauf an, so wird der geplante Meilensteintermin überschritten.
- Bei fallenden Kurvenverläufen hingegen wird der Meilensteintermin vorzeitig erreicht.

Aus einer Zusammenfassung von Meilensteintrendanalysen über mehrere Arbeitspakete können Schlußfolgerungen über die grundsätzliche Genauigkeit der Terminplanung vorgenommen werden. Dabei stehen tendenziell fallende Kurvenverläufe für eine zu pessimistische Planung. Tendenziell waagerechte Kurvenverläufe sprechen für eine idealtypische Planung, die mit den tatsächlichen Resultaten zusammenfällt, während tendenziell steigende Kurvenverläufe für eine grundsätzlich zu optimistische Planung sprechen. Durch Auswertung der Kurvenverläufe können die zugrundeliegenden Aufwandsschätzverfahren und deren Parameter überarbeitet werden.

3. Die Phase der Softwareauswahl

In diesem Kapitel wird zunächst, basierend auf einer Analyse in der Literatur vorhandener Vorgehensmodelle, ein Vorgehensmodell der Auswahl von Standardsoftware erläutert. Als zweiter Abschnitt ist eine Beschreibung typischer Fehler in dieser Phase eingefügt, die es zu vermeiden gilt. Es folgen dann in weiteren Abschnitten die Darstellungen der einzelnen Aufgaben im Rahmen der Softwareauswahl:

- Vorbereitende Maßnahmen
- Ermittlung von Zielen
- Aufstellen von Anforderungen
- Anbieterauswahl und -befragung
- Anbieterpräsentation und -bewertung sowie
- Vertragsverhandlungen.

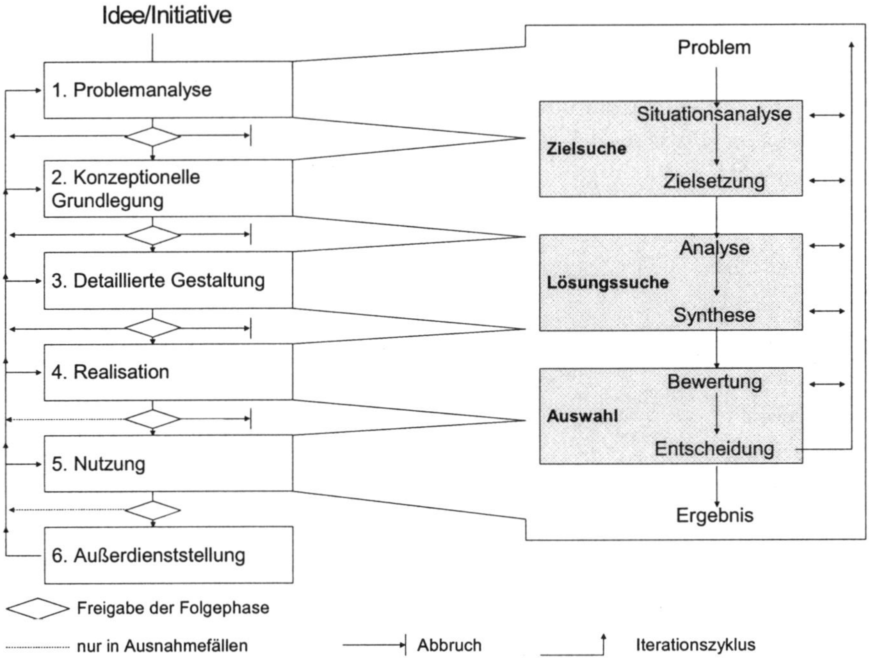

Abb. 3-1: Metamodell eines Vorgehensmodells /vgl. Stein 1996, S. 71/

3.1 Vorgehen bei der Auswahl von Standardsoftware

In diesem Abschnitt werden zunächst einige in der Literatur beschriebenen Vorgehensmodelle skizziert, bevor ein für die Auswahl von Standardsoftware geeignetes Vorgehensmodell vorgestellt wird.

3.1.1 Allgemeine Vorgehensmodelle für die Softwareeinführung

Vorgehensmodellen kommt die Aufgabe zu, die Wirklichkeit mit ihren für den Sachverhalt wesentlichen Größen, Abhängigkeiten und Vorgängen vereinfacht abzubilden /vgl. Steffen 1993, S. 14/. Dieses Abstraktionsprinzip liegt auch den Vorgehensmodellen zugrunde, die die Untergliederung einer Problemlösung in Teilaufgaben und die Art der Durchführung dieser Teilaufgaben beschreiben /vgl. Schwarze 1995, S. 3/. Vorgehensmodelle umfassen somit Informationen über die zeitliche und logische Reihenfolge der Aufgaben sowie Angaben zu den Zielen einzelner Aktivitäten und den dabei anzuwendenden Methoden /vgl. Jost 1993, S. 12f./.

Der Unterschied zwischen einem Phasenmodell und einem Vorgehensmodell besteht darin, daß das Phasenmodell Abschnittsgrenzen definiert, an denen eine bedeutsamer Wandel im Charakter der Aufgaben stattfindet /vgl. Stein 1996, S. 69/. Somit stellt ein *Phasenmodell* eine auf die Abschnittsgrenzen hin orientierte Betrachtungsweise eines Vorgehensmodells dar. Vorgehensmodelle für die Auswahl

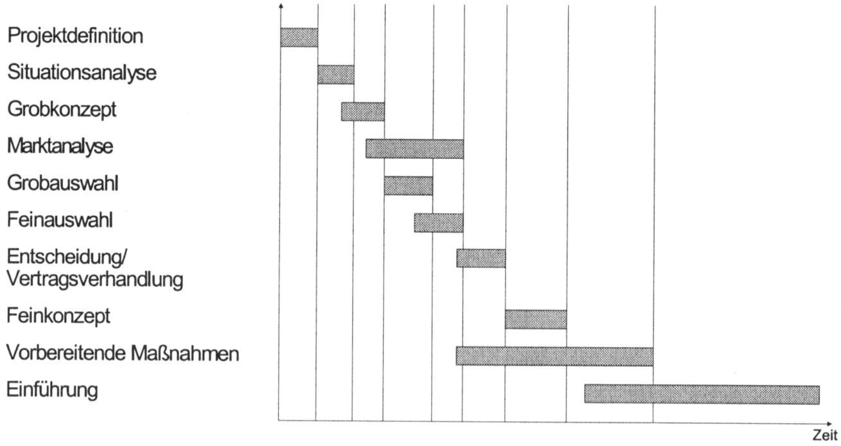

Abb. 3-2: Vorgehensmodell von Lang /vgl. Lang 1989, S. 5/

und Einführung von Standardsoftware leiten sich aus allgemeinen Vorgehensmodellen des Projektmanagements ab /vgl. Stein 1996, S. 71, Saynisch 1989/. Das in Abb. 3-1 dargestellte *Vorgehensmodell* unterscheidet einen Makroablauf (links) in Gestalt der Phasen 1 bis 6 sowie einen Mikroablauf (rechts), der sich in der der Phasen 1 bis 5 wiederholt. An Rande bemerkt sei, daß das hier beschriebene Phasenkonzept Muster der Selbstähnlichkeit aufweist /vgl. Gronau 2000, S. 205/.

Speziell für die Softwareauswahl und Einführung existieren Vorgehensmodelle u.a. von Lang /vgl. Lang 1989, S. 5/, Laakmann /vgl. Laakmann 1993, S. 3/ und Hamacher bzw. Pape /vgl. Hamacher 1991, S. 117/. Diese Vorgehensmodelle werden im folgenden beschrieben und kurz bewertet.

Phasen	Arbeitsblöcke	Arbeitsschritte
Konzeption	1.1 Projekt-einrichtung	• Formulierung von Aufgabenstellung und Zielsetzung • Abgrenzung des Untersuchungsbereiches • Aufstellung eines Ablauf- und Zeitplanes • Bildung eines Projektteams aus allen beteiligten Bereichen
	1.2 Ist-Analyse	• Untersuchung von Ablauforganisation und Informationsfluß • Ermittlung des Datengerüstes und der Datenqualität • Dokumentation der Schwachstellen • Bewertung der Schwachstellen
	1.3 Soll-Konzept	• Entwicklung eines Organisationskonzeptes • Definition der Schnittstellen zu benachbarten Bereichen • Schätzung des Personalbedarfs • Schätzung des Qualifizierungsbedarfs
Systemauswahl	2.1 Vorauswahl	• Erkundung des Marktangebotes • Erstellen des Anforderungskataloges • Bewertung der Systeme • Festlegung der Favoritengruppe
	2.2 Endauswahl	• Erstellen von Testfahrplänen und Erhebung von Testdaten • Durchführung von Anbietertests • Durchführung von Anwendertests in Referenzbereichen • Erstellung des Pflichtenhefts für Anpassungen
	2.3 Vertrags-abschluß	• Verhandlung der Vertragsmodalitäten • Erstellung des Softwarevertrages • Erstellung des Hardwarevertrages • Dokumentation der eigenen Leistungen
Realisierung	3.1 Realisierungs-vorbereitung	• Detaillierung des Soll-Konzeptes • Erstelluing des Realisierungsplanes • Durchführen systemtechnischer Schulungen • Schaffen der technischen Voraussetzungen
	3.2 System-installation	• Anpassung der Software • Installation von Hard- und Software • Konfiguration der Software • Realisierung der Schnittstellen
	3.3 Inbetrieb-nahme	• Einpflegen der Stammdaten • Durchführen des Testbetriebs • Abnahme des Systems • Übergang in den Echtbetrieb

Abb. 3-3: Vorgehensmodell von Laakmann /vgl. Laakmann 1993, S. 3/

Das Vorgehensmodell von *Lang* unterscheidet die in Abb. 3-2 dargestellten zehn Phasen und eignet sich für die Einführung aller Arten von Standardsoftware. Kritisch am Vorgehensmodell von Lang ist das von ihm angegebene Verhältnis der Dauer der einzelnen Projektaufgaben zueinander. Seine Darstellung, daß die Aufgabe der Einführung nur ein Drittel der Gesamtprojektdauer ausmacht, ist aus heutiger Sicht als unrealistische Wunschvorstellung anzusehen, wenn es um die betriebliche Einführung komplexer Standardsoftware geht.

Aufgrund der entstehenden hohen Komplexität durch die Verknüpfung zwischen der betrieblichen Organisation und ihrer Abbildung in der Software liegt der zeitliche Aspekt der Einführung eher bei 2/3 und mehr der Gesamtdauer.

Das Phasenmodell von Laakmann basiert auf der am Aachener Forschungsinstitut für Rationalisierung (FIR) entwickelten Modell zur Auswahl und Einführung von PPS-Systemen. Es ist jedoch prinzipiell auch für andere Softwarepakete verwendbar. Dieses Phasenmodell unterscheidet drei annähernd gleichgewichtige Phasen der Konzeption, der Systemauswahl und der Systemeinführung (Abb. 3-3).

Projektmanagement installieren

Zielfindung
- Analyse der Ausgangssituation (Aufbau- und Ablauforganisation, Informations- und Materialfluß, Personalsituation, Qualifikation, informelle Fähigkeiten
- Erstellung eines Anforderungskataloges
- Abstimmung des Anforderungskataloges
- Zielfestlegung

Konzeptbildung
- Grobkonzept
- Feinkonzept
- Verabschiedung

Umsetzungsprozeß

EDV-technische Umsetzung	Organisatorische Umsetzung
• Erstellung eines Grobpflichtenheftes	• Rückkoppelung mit Betroffenen
• Diskussion und Verfeinerung des Pflichtenheftes mit EDV-Partnern	• Qualifizierung zur Systemmitgestaltung
• Beschaffung von Soft- und Hardware	• Gemeinsame Entwicklung der neuen Feinorganisation
• Entwicklung und Anpassung der Software entsprechend dem Konzept	• Durchführung von Qualifizierungsmaßnahmen

Abb. 3-4: Organisations- und mitarbeiterbezogene Systemeinführung /vgl. Hamacher 1991, S. 117/

Die von Laakmann vorgeschlagene Trennung in eine konzeptionelle Phase mit hohen Anteilen an Istaufnahme und -darstellung und eine Auswahlphase macht nur Sinn, wenn am Ende dieser Phase eine echte Entscheidung zwischen dem Einsatz von Standardsoftware und der Individualentwicklung einer Lösung besteht. Dies ist jedoch aufgrund des Angebots an Standardsoftware für viele betriebliche Einsatzbereiche nicht gegeben. Die Fragestellung "make or buy" wurde bereits in Abschnitt 1.3 dieses Buches diskutiert. Daher sollte der Teil von Aufgaben der Konzeptphase in die Auswahlphase gezogen werden, der zur Ermittlung von Anforderungen erforderlich ist. Weitere Aufgaben sind in die Realisierungsphase zu verlagern, um einen hohen Grad an Aktualität zu erreichen. Wenn zwischen Konzeption und Realisierung mehr als ein Jahr vergehen, besteht die Gefahr, daß die zur Grundlage der Realisierung erhobenen Informationen bereits wieder veraltet sind.

Eine andere Art der Strukturierung wählen *Hamacher* und *Pape* mit ihrem Vorgehensmodell, dessen Prinzip in Abb. 3-4 dargestellt ist /vgl. Hamacher 1991/.

Als eines der wenigen Vorgehensmodelle wird bei Hamacher und Pape die Installation eines Projektmanagements als erste Aufgabe der Softwareauswahl und Einführung vorgeschlagen. Die nächste Phase wird als Zielformulierung bezeichnet und besteht im Prinzip in der Aufstellung der Anforderungsspezifikation. In der anschließenden Phase der Konzeptbildung werden detaillierte Festlegungen von Vorgehen und Inhalten für das anstehende Projekt vorgenommen und entschieden. Der Umsetzungsprozeß schließlich betont die Notwendigkeit, sowohl informationstechnische als auch organisatorische Maßnahmen zu ergreifen. Die eigentliche Systemeinführung wird im Vorgehensmodell von Hamacher und Pape nicht weiter detailliert.

3.1.2 Rechnerunterstützte Vorgehensmodelle

Am Beispiel des für die PPS-Auswahl erstellten Systems Bapsy (Prozeßorientierte Bewertung und Auswahl von PPS-Systemen) /vgl. auch im folgenden Paegert 1996/ wird die prinzipielle Funktionsweise eines rechnergestützten Auswahlverfahrens für die Anbietervorauswahl beschrieben.

Das Bapsy-Verfahren basiert auf dem Prinzip der Nutzwertanalyse, bei dem die Bewertung der Erfüllung der einzelnen Bewertungsmerkmale zu einer Rangfolge der untersuchten Systeme führt. Nachteilig bei einem solchen Verfahren, das auf gewünschten Funktionen der Anforderungsspezifikation basiert, ist, daß der Anwender unter Berücksichtigung aller Randumstände über das Gewicht der einzelnen Funktionen entscheiden muß. Tendenziell wird dabei das Gewicht von Spezialfunktionen gegenüber der Bewertung von alltäglich genutzten Funktionen überbewertet /vgl. Paegert 1996, S. 8/. Bapsy umgeht dieses Problem durch eine prozeßorientierte Betrachtungsweise. Durch eine vorgelagerte Istanalyse und Sollkonzeption (vgl. hierzu das in Abschnitt 3.1.1 beschriebene Vorgehensmodell von Laakmann) werden die wesentlichen Unternehmensprozesse identifiziert und die zur Unterstützung dieser Prozesse erforderlichen EDV-Verfahren bestimmt.

Die funktionale Bewertung wird ergänzt durch die wahlweise Berücksichtigung der gewünschten Hardware sowie durch die Möglichkeit, Sensitivitätsanalysen mit der Veränderung von Anforderungsschwerpunkten durchzuführen. Weiterhin können mit Bapsy kritische Merkmale, also solche, die eine Entscheidung für oder gegen einen Anbieter maßgeblich beeinflussen, genauer analysiert werden.

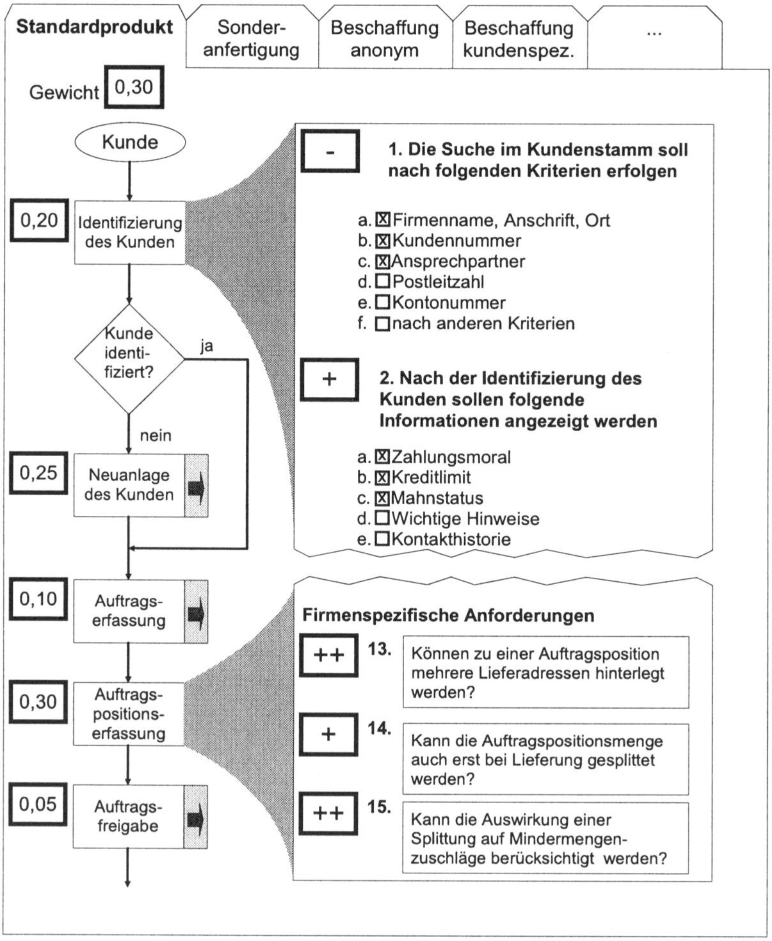

Abb. 3-5: Zuordnung von Merkmalen, Funktionen und Aufgaben und deren Bewertung

Durch die Verfügbarkeit funktionaler und weiterer Merkmale über das Marktangebot des betrachteten Segmentes im EDV-System verkürzt sich die Auswahlzeitspanne erheblich.

Vorgehen bei der Anbieterauswahl mit Bapsy

Das Vorauswahlverfahren mit Bapsy beinhaltet die drei Schritte Ableitung der Anforderungen, Antizipation möglicher Unternehmensentwicklungen und Berechnung der Ergebnisse /vgl. Paegert 1996, S. 12/. Im Rahmen der individuellen Vorauswahl werden die Geschäftsprozesse des Unternehmens erfaßt und deren einzelne Prozeßelemente beschrieben. In den Prozeßelementen sind Aufgaben dargestellt, die mit Funktionen von EDV-Systemen verbunden sind. Zu jeder Aufgabe können beliebige Merkmale hinterlegt werden (Abb. 3-5). Weiterhin ist es möglich, neben den vorgegebenen Funktionen auch firmenspezifische Anforderungen zu hinterlegen.

Die einzelnen Funktionen werden anhand eines fünfstelligen Rangschlüssels bewertet. Alle Prozeßelemente eines Prozesses werden gegeneinander so gewichtet, daß die Summe der Gewichte je Prozeß 100% ergibt. Anschließend werden auf übergeordneter Ebene die einzelnen Prozesse ebenfalls mit einer Summe von 100% über alle Prozesse gegeneinander gewichtet. Die so vergebenen Gewichte bilden die Basisgewichtung für die Vorauswahl einer Standardsoftware.

Bekannte strategische Ziele bei der Weiterentwicklung des Unternehmens können durch die Anlage von Varianten der Gewichtung für unterschiedliche Prozesse berücksichtigt werden. So läßt sich die Eignung der untersuchten Systeme auch für zukünftig geplante Änderungen in den Kerngeschäftsprozessen überprüfen /vgl. Paegert 1996, S. 13/.

Nach Durchführung der Gewichtung wird ein Nutzwert für die in der Datenbank enthaltenen Systeme ermittelt. Die besten 15 Systeme werden zusätzlich auf die firmenspezifischen Anforderungen untersucht. Die enthaltenen Teilnutzwerte lassen sich in so bezeichneten Teilnutzwertmatrizen sowohl nach Prozessen wie auch nach Funktionsgruppen darstellen. Weitere Möglichkeiten des Programms liegen in der Darstellung von Funktionsmängeln eines Programms je Standardprozeß sowie in der übersichtlichen Ergebnisdarstellung, die auch Angaben zum Anbieterstandort, der Zahl der Mitarbeiter, der geschätzten Kosten für Hardware und Software, der Zahl der Komplettinstallationen und der unterstützten Datenbanken umfaßt.

Durch die Anwendung des Bapsy-Verfahrens ist eine schnelle Vorauswahl und Einschränkung auf drei Anbieter bzw. Systeme möglich, mit denen dann in den weiteren Abschnitten der Anbieterauswahl weitergearbeitet wird. Prinzipiell läßt sich die Vorgehensweise des Bapsy-Verfahrens auch auf andere Auswahlprojekte übertragen. Vorteile der rechnerunterstützten Durchführung sind die Verfügbarkeit nahezu aller relevanten Merkmale je Standardsoftware und die Abbildung von Gewichtungen mit den damit verbundenen Analysemöglichkeiten.

Auch andere Anbieter verwenden rechnerunterstützte Verfahren, die jedoch zumeist nicht so dokumentiert sind wie das Bapsy-Verfahren des FIR.

3.1.3 Phasenmodell der Auswahl von Standardsoftware

Grob unterschieden werden können bei der Einführung betrieblicher Standardsoftware die Phase der Anbieter- bzw. Systemauswahl und die Phase der betrieblichen Einführung. Die Anforderungen an die Ausgestaltung der beiden Phasen unterscheiden sich so erheblich, daß eine Trennung der inhaltlichen Darstellung begründet erscheint.

So kommt es in der in diesem Kapitel beschriebenen Auswahlphase darauf an, Anforderungen zu definieren und aus dem verfügbaren und bekannten Marktangebot ein geeignetes Produkt auszuwählen. Hier werden neben Kenntnissen der bisherigen organisatorischen Abläufe insbesondere methodische Erfahrungen in der Identifikation und Beurteilung von Anbietern bzw. Produkten benötigt. Die Eingriffe in die betrieblichen Abläufe sind in der Auswahlphase gering; die zeitliche Belastung der betroffenen Mitarbeiter beschränkt sich auf die Mitwirkung an der Formulierung der Anforderungen und die repräsentative Teilnahme an Anbieterpräsentationen.

	Auswahl	**Einführung**
Kosten	gering	hoch
Beeinflussung betrieblicher Abläufe durch das Projekt	gering	hoch
Hinzunahme externen Knowhows	nicht unbedingt erforderlich	unbedingt erforderlich
erforderliche Kenntnisse	betriebliche Abläufe, Marktüberblick	betriebliche Abläufe, ausgewählte Software
Notwendigkeit des Projektmanagements	gering	hoch

Abb. 3-6: Differenzierung zwischen Anbieterauswahl und Einführung

In der im nächsten Kapitel beschriebenen Einführungsphase kommt dem Projektmanagement eine überragende Bedeutung zu. Daneben werden im Projektteam umfassende Kenntnisse über die einzuführende Software benötigt, die in der Regel nur durch Hinzunahme externen Wissens, etwa durch Consulting-Dienstleistungen, erlangt werden können. Die betrieblichen Prozesse werden sehr stark beeinflußt, da in der Regel die Softwareeinführung mit einer Veränderung der organisatorischen Abläufe einhergeht (vgl. Abb. 3-6).

Phasenmodell der Auswahl

Das Phasenmodell der Auswahl ist in Abb. 3-7 dargestellt. Erfahrungen aus der Praxis zeigen, daß von der Zieldefinition bis zur Unterschrift unter den Vertrag nahezu in allen Fällen mindestens vier Monate vergehen. Je nach den unternehmensindividuellen Gegebenheiten kann die Auswahl auch wesentlich länger dauern. Stein berichtet bei der Suche nach einem System zur Produktionsplanung und -steuerung von Auswahldauern bis zu vier Jahren /vgl. Stein 1996, S. 33/ und nennt eine durchschnittliche Dauer der Auswahlphase von siebzehn Monaten. Werden die speziellen Implikationen einer Einführung von PPS-Systemen außer acht gelassen, kann als durchschnittlicher Zeitbedarf für die Auswahl einer einzuführenden Standardanwendungssoftware ein Zeitraum von etwa sechs bis sieben Monaten angenommen werden.

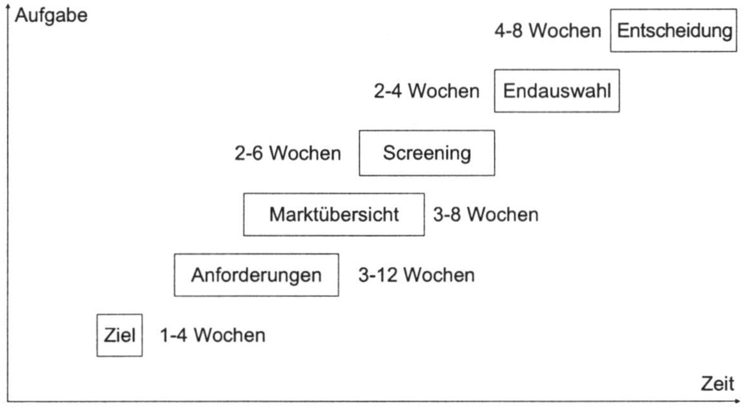

Abb. 3-7: Phasenmodell der Auswahl

Projektorganisation der Auswahlphase

Der Aufgabenumfang in der Auswahlphase kann von einem kleinen internen Team bewältigt werden, in kleinen Unternehmen auch von einer einzelnen Person. Externe Hilfestellung kann insbesondere bei der Herstellung von Markttransparenz genutzt werden, darauf wird in Abschnitt 3.6 eingegangen. Die im Auswahlteam aktiven Mitarbeiter können diese Aufgabe zeitweilig wahrnehmen und müssen nur teilweise von ihren Linienaufgaben freigestellt werden. Weiterhin sollten typische Benutzer aus den Fachabteilungen als Interviewpartner bei der Aufstellung der Anforderungen einbezogen werden.

Bereits zu Beginn der Auswahlphase müssen folgende Merkmale der Projektorganisation festgelegt werden /vgl. Finger 1996, S. 77/:

- Wer ist verantwortlich für das Projekt (Projektleitung)?
- Wer ist Mitglied des Projektteams?
- Wer kontrolliert den Projektablauf und entscheidet bei Problemfällen, die innerhalb des Projektteams nicht gelöst werden können?
- Wer wird auf welche Weise während des Projektes informiert?

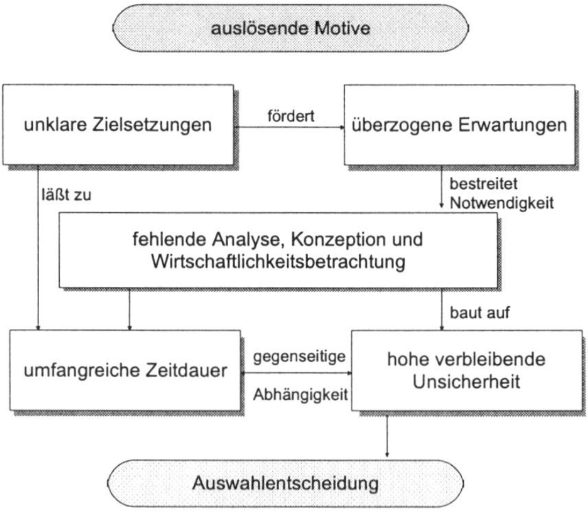

Abb. 3-8: Fehler bei der Systemauswahl /vgl. Stein 1996, S. 36/

3.2 Fehler bei der Anbieterauswahl

Für die Auswahl von PPS-Systemen führt Stein 1996 eine empirische Untersuchung durch, deren wesentliche Ergebnisse sich auch auf andere Arten von Standardsoftware übertragen lassen /vgl. Stein 1996, S. 36ff./.

Die in der Praxis festgestellte Verkettung gravierender Unzulänglichkeiten bei der Systemauswahl ist in Abb. 3-8 dargestellt.

Wesentliche Fehler sind dabei:

- unartikulierte oder verschwommene Zielsetzungen, etwa der Wunsch nach Personalverringerung in der EDV- oder Fachabteilung (unartikuliert) oder der Wunsch nach höherer Wirtschaftlichkeit (verschwommen formuliert, wenn nicht erläutert wird, wie diese höhere Wirtschaftlichkeit erreicht werden soll).
- eine überzogene Erwartungshaltung, die hofft, durch den Einsatz einer neuen Standardsoftware alle bisher auftretenden Probleme lösen zu können, etwa unzureichende Datenaktualität oder unbefriedigende organisatorische Abläufe.
- Wenn auf Analysen und Konzepte weitgehend verzichtet wird, stehen unter Umständen nicht ausreichend Kriterien zur verläßlichen Anbieterauswahl zur Verfügung. So verhindert eine Konzentration auf favorisierte Hardwareplattformen bzw. auf nach eigenen Angaben marktführende Anbieter die unbedingt erforderliche hohe Gewichtung funktionaler Aspekte, die einen wesentlichen Einfluß - mehr als die zuvor genannten Kriterien - auf den Erfolg der Standardsoftwareeinführung ausüben. Wird im Vorfeld der Auswahlphase keine Wirtschaftlichkeitsbetrachtung gefordert, kann auch der zu planende Budgetrahmen nicht ausreichend begründet werden.
- Die Unsicherheit über den Erfolg der Softwareeinführung wird durch die lange Dauer des Auswahlprozesses und den damit verbundenen Wandel der ursprünglichen Annahmen ebenfalls erheblich gesteigert.

Weitere Fehlerquellen liegen weniger in Fehlentscheidungen während der Auswahlphase, sondern in Strukturcharakteristika des Unternehmens begründet /vgl. u.a. Paegert 1996, S. 6/. Insbesondere kleine und mittlere Betriebe verfügen nicht über entsprechende Kapazitäten an Personal mit dem entsprechenden Know How. Interne Interessenkonflikte verhindern ein rasches Vorgehen, wenn keine Leitungsentscheidungen getroffen werden. Das FIR stellt aufgrund seiner über 20jährigen Beratungspraxis folgende Fehler als schwerwiegend heraus:

- Eine systematisch gewonnene Übersicht über das Marktangebot fehlt.
- Angaben der Anbieter über ihre Funktions- und Lösungskompetenz können nicht überprüft werden.

- Es fehlt eine einheitliche Vergleichs- und Bewertungsgrundlage.
- Es wird zuerst die Hardware und danach erst die dazu passende Software ausgesucht.
- Es findet überhaupt kein Anbietervergleich statt, weil durch eine langjährige Zusammenarbeit mit einem bestimmten Anbieter in anderen Unternehmensbereichen die Entscheidung bereits getroffen wurde oder weil Softwarevorgaben aufgrund von Konzernentscheidungen ungeprüft übernommen wurden.

3.3 Vorbereitende Maßnahmen

Zur Vorbereitung der Softwareauswahl sind eine Risikoanalyse vorzunehmen und eine Projektdurchführungsstrategie zu erarbeiten. Diese Aufgaben werden in den beiden folgenden Abschnitten beschrieben.

3.3.1 Risikoanalyse

In der Vorbereitungsphase eines Projektes bietet sich eine systematische Abschätzung möglicher Risiken an, um im späteren - wesentlich zeitkritischeren Verlauf des Projektes auf Überraschungen durch Risiken besser eingestellt zu sein. Dabei werden folgende Risiken unterschieden:

- *Organisatorische* Risiken beziehen sich auf die mit der Softwareeinführung einhergehenden Regelungen zur Aufbau- bzw. Ablauforganisation. Das Fehlen ei-

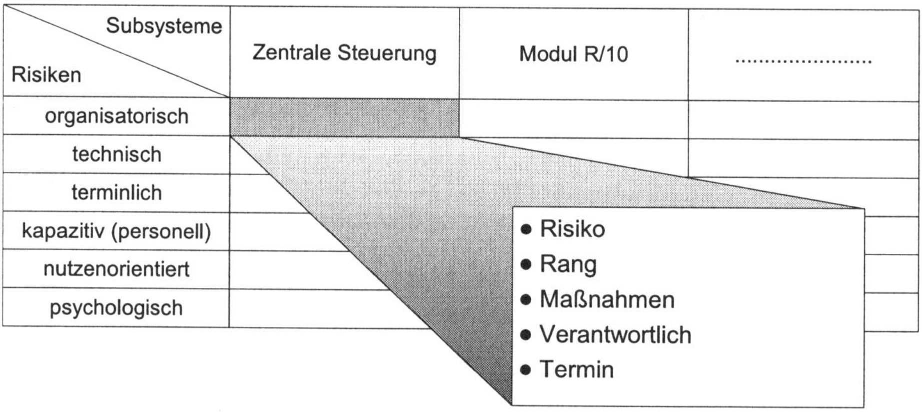

Abb. 3-9: Risikomatrix /vgl. Litke 1995, S. 155/

nes Mitarbeiters, der für die inhaltliche Administration eines neuen Informationssystems benötigt wird, stellt z.B. ein organisatorisches Risiko dar.

- *Technische* Risiken liegen vor, wenn auf noch nicht erprobte und für den konkreten Anwendungsfall als geeignet erkannte Techniken gesetzt wird. So kann ein technisches Risiko z.B. dadurch entstehen, daß eine zu große Datenmenge mit einem dafür technisch kaum geeigneten System bewältigt werden soll.
- *Terminliche* Risiken beziehen sich auf die Gefahr, daß ein planerisch festgelegter Zielerreichungstermin überschritten wird. So stellt die Notwendigkeit einer Individualanpassung eines Standardsoftwaresystems ein terminliches Risiko dar.
- *Kapazitive* Risiken entstehen dann, wenn der abzuarbeitende Arbeitsumfang und die dafür zur Verfügung stehenden personellen Ressourcen auseinanderklaffen. Kapazitive Risiken entstehen dann, wenn das zur Verfügung stehende Personal über die gesamte Projektlaufzeit zu mehr als 80% mit geplanten Tätigkeiten belegt ist, da für ungeplante Aufgaben und persönliche Verteilzeiten nicht mehr ausreichend Spielraum verbleibt.
- *Kosten-/Nutzen*-Risiken liegen vor, wenn der Erfolg eines Projektes zweifelhaft ist, ohne daß Möglichkeiten zur Beeinflussung der mit dem Projekt verbundenen Kosten bestehen.
- *Psychologische* Risiken entstehen aus dem Verhalten und aus der Einstellung der Benutzer des Systems. So kann mangelnde Akzeptanz der Benutzer die mit dem Produktivstart verbundenen Erwartungen nahezu vollständig torpedieren, wenn das notwendige Maß an Aufgeschlossenheit fehlt.

Zur Einschätzung der Risiken und zur Planung der notwendigen Abhilfemaßnahmen bietet sich die Aufstellung einer Risikomatrix, die in Abb. 3-9 gezeigt wird, an /vgl. Litke 1995, S. 155/.

Bei der Erstellung der Risikomatrix wird zunächst eine generelle Zuordnung von projektbezogenen Subsystemen zu Risikoarten vorgenommen. Im Anschluß daran werden die möglichen Risiken definiert und nach ihrer Bedeutung gewichtet. Als nächster Schritt folgt eine Definition von Maßnahmen zur Milderung oder Beseitigung der Risiken, die mit Fertigstellungsterminen versehen werden. In das laufende Projektinformationswesen ist auch die Berichterstattung über die Maßnahmen zur Risikoabwehr einzubeziehen.

3.3.2 Projektdurchführungsstrategie

Die Erfahrung zeigt, daß es zu Projektbeginn bei Standardsoftware-Projekten häufig zu Problemen kommt, die den Start des Projektes behindern oder verzögern. Solche Probleme sind z.B.:

- Der Anfangstermin des Projektes wird nach hinten verschoben, der Endtermin (Produktivstart) bleibt jedoch bestehen. Die zur Verfügung stehende Zeitspanne verringert sich.
- Es bilden sich - offen oder verdeckt - Fronten gegen das Projekt.
- Es werden Zweifel an der fachlichen oder persönlichen Kompetenz des Projektleiters geübt.
- Mit dem Verweis auf andere, negativ verlaufene Projekte wird ein mögliches Scheitern dieses Projektes antizipiert.
- Es kommt zu Spekulationen bzw. zur Bildung von Gerüchten bezüglich der Auswirkungen des Projektes. Zum Beispiel wird der Verlust von Arbeitsplätzen befürchtet.
- Es existiert eine zu hohe Erwartungshaltung an die mit dem Projekt verbundenen Ergebnisse.

Um die Auswirkungen solcher Probleme zu begrenzen, wird empfohlen, eine Projektdurchführungsstrategie /vgl. Litke 1993 und Litke 1995, S. 191/ zu planen und entsprechende Maßnahmen umzusetzen. Begründet werden kann die Notwendigkeit einer Projektdurchführungsstrategie mit der von Herbert A. Simon so bezeichneten "begrenzten Rationalität" des Menschen, die dazu führt, daß nicht immer das Verhalten eingenommen wird, das rational das vernünftigste wäre.

Die Projektdurchführungsstrategie umfaßt insbesondere die Punkte Situationsanalyse, Betroffenheitsanalyse und Beteiligungsplanung. Zudem sind zu diesem Zeitpunkt innerhalb des Softwareeinführungsprojektes die anzuwendenden Planungs- und Dokumentationsmethoden festzulegen. Auf diese wurde in Abschnitt 2.7 ausführlicher eingegangen.

Situationsanalyse

Die Analyse der Ausgangssituation steht am Beginn der Projektdurchführungsstrategie. Der Projektleiter sollte sich über folgende Charakteristika der Ausgangssituation Klarheit verschaffen:

- Welche hierarchische Stellung im Unternehmen nimmt der Auftraggeber ein und welchen Einfluß kann er ausüben?

Betroffenheitsaspekte	Grad nicht/schwach/stark	Art positiv/negativ
Aufgabenzuordnung		
Arbeitsablauf		
Handlungsspielraum		
Verantwortung		
Informationsstand		
Qualität der eigenen Arbeit		
Arbeitsbelastung		
Fremdkontrolle		
Persönliches Ansehen		
Einfluß		
Aufstiegschancen		
Einkommen		
Arbeitszufriedenheit		
Selbstverwirklichung		

Abb. 3-10: Raster zur Ermittlung der Betroffenheit /vgl. Litke 1993, S. 182/

- Wer ist der Träger der Projektidee? Kann dieser als möglicher Unterstützer des Projektes auftreten?
- Verfolgt der Träger der Projektidee noch andere verdeckte Ziele, die nicht als Projektziele genannt werden? Als Beispiel ist hier die geplante Einführung eines Werkstattsteuerungssystems zu nennen, das neben einer verbesserten Steuerung der einzelnen Arbeitsschritte insbesondere zur Kontrolle der Arbeitnehmer auf Leerlaufzeiten eingesetzt werden sollte /vgl. Boekhoff 1999, S. 257/.

Betroffenheitsanalyse

Um den Grad an Betroffenheit von der Einführung eines neuen EDV-Systems herauszufinden, kann unter Umständen eine Betroffenheitsanalyse hilfreich sein. Für die nach einer groben Abschätzung als betroffen einzustufenden Abteilungen bzw. Gruppen werden zunächst Charakteristika wie Stellung, Art der Mitarbeit im Projekt, Führungsstil, Betriebsklima und Abhängigkeiten untereinander ermittelt. Weitere wesentliche Informationen liefert die Ermittlung der Stellung zum Projekt, der Erfahrung mit früheren Projekten sowie die Einschätzung der Bedeutung des Projektes durch die jeweilige Abteilung bzw. Gruppe. Ein Raster zur systematischen Ermittlung der Betroffenheit zeigt Abb. 3-10 /vgl. Litke 1993, S. 182/.

Veränderung	gering	stark	sehr stark	positiv	negativ
Aufgabenzuordnung					
Arbeitsablauf					
Handlungsspielraum					
Verantwortung					
Informationsstand					
Qualität der eigenen Arbeit					
Arbeitsbelastung					
Fremdkontrolle					
Zusammenarbeit mit anderen					

Abb. 3-11: Planung von Veränderungen

Sofern absehbar, kann die sich durch das Projekt ergebende Veränderung in den Aufgabenbedingungen jedes Mitarbeiters in einem systematischen Raster dargestellt weren. Dieses Raster ist in Abb. 3-11 dargestellt.

Beteiligungsplanung

Aus den Ergebnissen der Situations- und Betroffenheitsanalyse und durch die Ermittlung der sich aus dem Projekt ergebenden Veränderungen kann in Ergänzung der Aussagen zur Partizipation in Abschnitt 2.2.2 eine auf einzelne Projektphasen bezogene Planung der Beteiligung erfolgen. Ein Schema für diese Planung zeigt Abb. 3-12.

Projektphase	1	2	...	n
keine Mitwirkung				
Informationen geben				
Meinung berücksichtigen				
Mitarbeit				
(Mit-)Entscheidung				

Abb. 3-12: Planung der Beteiligung

3.3.3 Aufstellen des Projektbudgets

Bevor eine konkrete Auswahl eines Anbieters bzw. eines Standardsoftwareprogramms vorgenommen wird, ist es zweckmäßig, einen Kostenrahmen für das Projekt zu veranschlagen und von der Unternehmensleitung genehmigen zu lassen. Dieser Kostenrahmen umfaßt folgende Positionen als Einmalaufwand:

- Kosten für die Software (Lizenzkosten)
- Kosten für Einführungsunterstützung, Beratung, Customizing etc.
- Kosten für Programmanpassungen
- Kosten für Schulungsmaßnahmen
- Kosten für Hardware und weitere IT-Infrastruktur

Im ersten Schritt werden zunächst nur die externen Kosten zusammengestellt. Als Faustregel kann dabei gelten, daß die Lizenzkosten in der Regel nicht mehr als ein Viertel der gesamten externen Kosten der Standardsoftwareeinführung ausmachen / vgl. Knolmayer 1997, dort sind es 22% oder Potthof 1998, S. 57, dort sind es 19% /.

Zu den Lizenzkosten gehören auch die eventuell anfallenden Aufwendungen für neue Datenbanksoftware, Betriebssysteme oder andere benötigte Serversoftware.

Die Kosten der Einführungsunterstützung bilden den größten Block in einem Standardsoftwareprojekt, da in der Regel externe Berater hinzugezogen werden, deren Tagessatz sich meist deutlich über 750 EUR bewegt. In diese Kategorie gehören auch Aufwendungen zur Parametrisierung der Standardsoftware und zur Anpassung der zum Ausdruck vorgesehenen Schriftstücke wie Formulare, Berichte etc.

Die Kosten für Programmanpassungen umfassen die mit dem Hersteller zu vereinbarenden individuellen Anpassungen und Erweiterungen. Vor Durchführung der Anbieterauswahl kann dieser Kostenblock nur geschätzt werden; es wird empfohlen, von ca. 25% der einmaligen Lizenzkosten auszugehen. Allerdings kann je nach Ergebnis der Feinspezifikation dieser Aufwand auch erheblich ansteigen.

Die Kosten für Schulungsmaßnahmen hängen von der Komplexität der einzuführenden Standardsoftware ab und machen zwischen 10% und 20% des Projektbudgets aus. Falsch ist es, an dieser Stelle sparen zu wollen, weil sich durch unzureichend geschulte Mitarbeiter sowohl die Einführungszeit verlängert als auch die Akzeptanz des Systems stark verringert.

Je nach Ausstattung des Unternehmens können die Kosten für Hardware und weitere IT-Infrastruktur einen erheblichen Anteil der Projektkosten ausmachen. Typischerweise kann bestenfalls ein Teil der vorhandenen Hardware für das Standardsoftwareprojekt weiterverwendet werden. Weiterhin können Investitionen in folgenden Bereichen erforderlich werden

- neue Elektrotechnik/Stromversorgung
- Klimatechnik für den Serverraum
- Brandschutz
- Sicherheitstechnik zur Sicherstellung der Datensicherheit (Archivierungslösung und zum Schutz vor Mißbrauch bzw. Diebstahl)
- Netzwerktechnik (neue Verkabelung, neue Netzwerkarten in den Arbeitsplatzrechnern, neue aktive Netzwerkkomponenten wie Router, Switches, Bridges oder Hubs).

Nach der Zusammenstellung von Schätzgrößen für die einzelnen Positionen des Budgets sollte ein Risikozuschlag von mindestens 10% auf die ermittelte Projektsumme aufgeschlagen werden. Das so erhobene Projektbudget ist nach Genehmigung durch die Unternehmensleitung auch in die Unterlagen zur Anbieterauswahl aufzunehmen.

In Abb. 3-13 sind für einige Standardsoftware-Projekte zur Orientierung die tatsächlich verbrauchten Budgets angegeben.

Art des Projektes	SAP R/3-Einführung		Projektcontrolling-System		ERP-System	
Unternehmen	Anlagenservice GmbH		Entwicklungsträger GmbH		Blechbearbeitung GmbH	
Funktionalität	Anlagenwirtschaft, Controlling, Finanzwesen, Materialwirtschaft, Projektsystem, Vertrieb		Vertragsverwaltung, Rechnungserfassung, Controlling, Übergabe Finanzbuchhaltung		Einkauf, Materialwirtschaft, Vertrieb, Produktionsplanung, Finanzbuchhaltung	
Software (Anteil)	1,5 Mio EUR	19 %	65 T EUR	36 %	35 T EUR	30 %
Hardware (Anteil)	0,5 Mio EUR	6 %	40 T EUR	11 %	30 T EUR	26 %
Einführung und Anpassung (Anteil)	4,5 Mio EUR	56 %	150 T EUR	44 %	40 T EUR	35 %
Schulung	1,5 Mio EUR	19 %	30 T EUR	9 %	20 T EUR	9 %
Gesamtsumme	8 Mio EUR		285 T EUR		115 T EUR	

Abb. 3-13: Tatsächliche Budgets bei Standardsoftwareprojekten

3.4 Zieldefinition

Eine formale Zieldefinition zu Beginn des Software-Auswahlprozesses ist unerläßlich, um eine Orientierung bei Entscheidungen innerhalb der Projektlaufzeit zu haben und um nach Abschluß der Einführung ein Projektcontrolling auch hinsichtlich der Projektziele durchführen zu können.

Die Zieldefinition sollte die folgenden Punkte enthalten, aber einen Umfang von einer DIN A4-Seite nicht wesentlich überschreiten:

- Ausgangssituation
- angestrebte organisatorische Verbesserungen
- angestrebte technische Verbesserungen
- Zieltermin
- angestrebte Verbesserung der Wettbewerbsposition
- voraussichtliches Budget

In Abb. 3-14 ist ein Beispiel für eine solche Zieldefinition abgedruckt.

Projektcontrolling bei der Hamburger Planungsgesellschaft

Das derzeit eingesetzte kaufmännische Projektcontrollingsystem erfüllt in mehreren Punkten nicht mehr die in unserem Hause bestehenden Anforderungen. Ziel ist es, die bisher genutzte Individualentwicklung durch ein Standardsoftwaresystem abzulösen. Dieses soll den Zeitaufwand, der gegenwärtig für die Abrechnung von Baurechnungen, die Liquiditätsplanung und die Berichterstattung an die Auftraggeber benötigt wird, erheblich verkürzen. Zudem soll das System dem heutigen Stand der Technik entsprechen, was Datenbank, Mehrbenutzerbetrieb und Benutzungsoberfläche anbetrifft. Die bisher manuell ablaufenden Arbeitsvorgänge der Auftragsgenehmigung sind in das neue System zu integrieren.

Mit Beginn des nächsten Wirtschaftsjahres am 1.1.200X soll das neue System produktiv zur Verfügung stehen. Für dieses Projekt steht im ersten Jahr ein Budget von 180.000 EUR, im zweiten Jahr ein Budget von 40.000 EUR zur Verfügung. Mit der Auswahl eines geeigneten Produktes wird eine Arbeitsgruppe unter der Leitung von Frau G. beauftragt.

Abb. 3-14: Beispiel für eine Zieldefinition

3.5 Anforderungsspezifikation

Einen wesentlichen Baustein für die Auswahl eines Standardsoftwareanbieters stellt die Anforderungsspezifikation dar. Al Davis, Herausgeber der Zeitschrift IEEE Software, beschreibt Anforderungen als extern beobachtbare Charakteristika eines gewünschten Systems. In der Praxis reicht das Spektrum von einer völlig fehlenden Anforderungsspezifikation (die durch eine "Informatikstrategie" ersetzt wird, die Lieferanten statt Anforderungen vorschreibt) bis hin zu großvolumigen Kriterienkatalogen, die in Einzelfällen mehr als 2000 Einzelpunkte umfassen können. Beide Extrempositionen sind nicht sinnvoll. Im folgenden wird daher erläutert, wie im Fall einer Standardsoftwareauswahl und -einführung eine Anforderungsspezifikation aufgebaut sein soll, wie sie aufgestellt und bearbeitet wird.

3.5.1 Anforderungen an Anforderungsspezifikationen

Die entscheidende Unsicherheit bei der Auswahl einer Standardsoftware besteht darin, daß ungewiß ist, ob die Aussagen des Anbieters über den Funktionsumfang seines Programms bezogen auf die jeweils vorgesehenen konkreten Einsatzcharakteristika im Unternehmen zutreffend sind. Eine vollständige Beseitigung dieser Unsicherheit könnte nur durch eine "testweise" Einführung der Standardsoftware im Unternehmen beseitigt werden. Angesichts von fünf oder mehr nahezu gleichwertigen Anbietern scheidet diese Variante aufgrund des damit verbundenen Aufwands aus. Daher besteht eine wesentliche Anforderung in der Phase der Erstellung der Anforderungsspezifikation darin, eine grobe Auswahl der geeigneten Anbieter bzw. Systeme vorzubereiten. Um die Auswahlphase kurz gestalten zu können, darf die Anforderungsspezifikation nicht zu umfassend sein. Ein Beispiel für eine zu detaillierte Anforderungsspezifikation wäre die Frage nach der Anzahl der Stellen, mit denen Artikel- oder Kundennummern im System abgebildet werden können. Hier ist davon auszugehen, daß bei Vorhandensein einer ausreichenden Zahl von Installationen solche grundsätzlichen Fragestellungen im Interesse der Kunden gelöst werden konnten.

Die Anforderungsspezifikation darf darüber hinaus in der Formulierung der einzelnen Anforderungen nicht zu detailliert sein, um eine Konzentration auf wesentliche Unterschiede zwischen den Anbietern bzw. Produkten zu ermöglichen. Stein /vgl. Stein 1996, S. 35/ stellte in einer empirischen Untersuchung der Auswahl von PPS-Systemen fest, daß mehr als die Hälfte der von ihm untersuchten Unternehmen ihre Auswahlentscheidung letztendlich von nur einem einzigen Kriterium abhängig machten!

Die Anforderungsspezifikation sollte sich auf wesentliche unverzichtbare funktionale und weitere Anforderungen konzentrieren. Diese sind branchen- (z.B. Dokumentationspflichten in der Luftfahrt) oder fertigungstypspezifisch (z.B. die Planung und Steuerung einer Prozeßfertigung) und sollten daher entsprechend formuliert werden.

Die Anforderungen dienen als Basis für die Anbieterauswahl und sollten so formuliert sein, daß Mißverständnisse bei der Beantwortung ausgeschlossen werden können. Es empfiehlt sich daher, als Antworten nur "ja", "nein" und evtl. noch "machbar mit Zusatzaufwand" zuzulassen.

Wichtig ist, Anforderungen lösungsneutral zu formulieren. Die konkrete Realisierung sollte in der Formulierung der Anforderung noch nicht enthalten sein.

3.5.2 Gliederung der Anforderungsspezifikation

Die Anforderungsspezifikation sollte in folgende inhaltliche Abschnitte gegliedert werden:

- Technische Anforderungen
- Anforderungen an die Benutzungsfreundlichkeit
- Funktionale Anforderungen
- Adaptive Anforderungen

Die *technischen Anforderungen* beschreiben die Eingliederung der Standardsoftware in die vorhandene bzw. geplante Informationstechnologiearchitektur des Unternehmens. Sie benennt wesentliche erforderliche Schnittstellen zu anderen Anwendungssystemen, mit denen die neu anzuschaffende Standardsoftware kommunizieren soll. Beispiele technischer Anforderungen sind im Anhang dargestellt.

Die Anforderungen an die Benutzungsfreundlichkeit sollen sicherstellen, daß eine Bedienung der Standardsoftware mit einem Minimum an Schulungsaufwand erfolgen kann. Einschlägige Hinweise dazu geben DIN 66234 und ISO 9241, die folgenden Punkte aufzählen:

- *Aufgabenangemessenheit*: Ein Dialog ist aufgabenangemessen, wenn er die Erledigung der Arbeitsaufgabe des Benutzers unterstützt, ohne ihn durch die Eigenschaften des Dialogsystems unnötig zu belasten. Tätigkeiten, die sich aus der technischen Eigenart des Dialogsystems ergeben, sollen im allgemeinen durch das System selbst ausgeführt werden (DIN 66234 Teil 8). Die Software soll die Aufgabenerledigung erleichtern und nicht behindern. Gestaltungsprimat hat die Aufgabengestaltung. Die Software sollte der Aufgabe angepaßt werden und nicht umgekehrt. Die zur Aufgabenerledigung benötigten Informationen sind in geeigneter Weise darzustellen.
- *Selbsterklärungsfähigkeit*: Ein Dialog ist selbstbeschreibungsfähig, wenn dem Benutzer auf Verlangen Einsatzzweck sowie Leistungsumfang des Dialogsystems erläutert werden können, und wenn jeder einzelne Dialogschritt unmittelbar verständlich ist, oder der Benutzer auf Verlangen über den jeweiligen

Dialogschritt Erläuterungen erhalten kann. In Ergänzung zur Benutzerschulung sollen diese Erläuterungen dazu beitragen, daß sich der Benutzer für das Verständnis und für die Erledigung der Arbeitsaufgabe zweckmäßige Vorstellungen von den Systemzusammenhängen machen kann; z.B. über Umfang, Aufgaben, Aufbau und Steuerbarkeit des Dialogsystems, ...Erläuterungen sollen an die allgemein üblichen Kenntnisse der zu erwartenden Benutzer angepaßt sein... (DIN 66234 Teil 8). Der Benutzer soll hiernach ständig eine Orientierung darüber haben, an welcher Stelle des Dialogs er sich befindet.

- *Steuerbarkeit*: Ein Dialog ist steuerbar, wenn der Benutzer die Geschwindigkeit des Ablaufs sowie die Auswahl und Reihenfolge von Arbeitsmitteln oder Art und Umfang von Ein- und Ausgaben beeinflussen kann. Der Benutzer soll die Geschwindigkeit des Dialogs an seine individuelle Arbeitsgeschwindigkeit anpassen können; z.B. keinen Arbeitstakt, kein Antreiben des Benutzers durch Erlöschen von Bildanzeigen. Die Eingabetätigkeit des Benutzers soll nicht durch unnötiges Warten auf die Ausgabe von vorangegangener Dialogschritte aufgehalten werden (DIN 66234 Teil 8). Mit Steuerbarkeit ist gemeint, daß der Benutzer und nicht das System den Dialog bestimmt. Dialoge sollten danach nicht taktgebunden sein, an jeder Stelle unterbrechbar sein und die Dialoggeschwindigkeit vom Benutzer bestimmbar sein.
- *Erwartungskonformität*: Ein Dialog ist erwartungskonform, wenn er den Erwartungen der Benutzer entspricht, die sie aus Erfahrungen mit bisherigen Arbeitsabläufen oder aus der Benutzerschulung mitbringen sowie den Erfahrungen, die sie sich während der Benutzung des Dialogsystems und im Umgang mit dem Benutzerhandbuch bilden.

  Reaktionen des Systems sollen den Erwartungen des Benutzers entsprechen. Das Konstrukt Erwartung wird auf der Dialogseite spezifiziert über Kompatibilitäts- und Konsistenzregeln. Kompatibilität bei der Informationsdarstellung liegt dann vor, wenn die Bedeutungszuweisung bei der Informationsverarbeitung ohne Aufmerksamkeitszuwendung erfolgen kann. Kompatibilität im Rahmen von "Bedienelementgestaltung" bedeutet die Übereinstimmung zwischen Bewegungsstereotypien mit dem Funktionseffekt bzw. der intendierten Bewegungsrichtung (Reiz-Reaktions-Kompatibilität). Von räumlicher Kompatibilität wird dann gesprochen, wenn die Lokation der Anzeigen/Bedienelemente mit der Lokation der zugehörigen Sensoren/Effektoren übereinstimmt. Während Kompatibilität auf die Effizienz von Stereotypien abzielt, so ist Konsistenz auf die durch Übung erzielte Effizienz des Einsatzes von Bediensequenzen ausgerichtet. Konsistenz kann als Gestaltungskonzept begriffen werden. Danach sollen gleiche/ähnliche Funktionen zu gleichen/ähnlichen Ergebnissen führen. Werden gleiche/ähnliche Ziele mit gleichen/ähnlichen Methoden erreicht, so spricht man von Methodenkonsistenz. Konsistenz sollte nicht nur innerhalb einer Applikation, sondern auch zwischen den Applikationen herrschen. Je weniger unterschiedliche Methoden in einer Benutzungsoberfläche enthalten sind, um so konsistenter ist sie ausgelegt. Je größer die Schnittmenge an Methoden zwischen Applikationen ist, um so konsistenter sind die Benutzungsoberflächen untereinander. Der Begriff der Konsistenz kann sich aber auch auf Merkmale von Objekten und deren Attribute beziehen.

Die Einhaltung des Kriteriums "Konsistenz" kann durchaus zu zusätzlichen Bedienschritten führen. Dennoch kann aufgrund der leichteren Automatisierbarkeit solcher konsistenter Gestaltungslösung die Effizienz der Bediensequenz sichergestellt werden.

- *Fehlerrobustheit*: Ein Dialog ist fehlerrobust, wenn trotz erkennbar fehlerhafter Eingaben das beabsichtigte Arbeitsergebnis mit minimalem oder ohne Korrekturaufwand erreicht wird. Dazu müssen dem Benutzer die Fehler zum Zwecke der Behebung verständlich gemacht werden." Mit Fehlerrobustheit/Fehlertoleranz wird die Stabilität/Selbstkorrektur eines Dialogsystems bei fehlerhaften Eingaben des Benutzers umschrieben. Fehlerhafte Benutzereingaben sollten nicht zu fatalen Systemzuständen führen.
- *Individualisierbarkeit*: Gefordert wird die Anpassung und Fortschreibung der Benutzerschnittstelle an die unterschiedlichen Aufgabenzusammenhänge und Vorlieben des Benutzers.
- *Lernunterstützung*: Das System soll während der Einarbeitungsphase bzw. Animation den Benutzers hinsichtlich der Entwicklung alternativer Bediensequenzen unterstützen.

Diese Aspekte bedürfen jedoch einer Überprüfung anhand der Software selbst und sollten daher bei der Formulierung der Anforderungsspezifikation nicht im Vordergrund stehen.

Die *funktionalen Anforderungen* sollen nach wesentlichen Geschäftsprozessen (Auftragsabwicklung, Produktentwicklung etc.) gegliedert sein, nicht aber nach Funktionsbereichen, da sonst die Gefahr besteht, sich an überholten funktionalen Organisationsformen im Unternehmen zu orientieren.

Die *adaptiven Anforderungen* schließlich beziehen sich auf die Fähigkeit des einzusetzenden Standardsoftwaresystems sich an veränderte organisatorische Bedingungen anzupassen. Diese Anforderungen werden im folgenden Abschnitt ausführlicher beschrieben.

3.5.3 Adaptive Anforderungen an Standardsoftware

Die in Abschnitt 1.5 skizzierten organisatorischen Gestaltungsoptionen fordern eine Berücksichtigung des organisatorischen Wandels bei der Auswahl geeigneter Standardsoftwarepakete, da Lebensdauer dieser Systeme länger ist das der Zeitraum zwischen zwei Restrukturierungen im Unternehmen. Systeme, die diesen Ansprüchen genügen, sollen als nachhaltig (im Sinne von adaptiv und flexibel) bezeichnet werden /vgl. auch im folgenden Gronau 2000a/.

Es hat sich als sinnvoll herausgestellt, strukturelle Analogien zwischen Organisation und Informationssystemarchitektur zu fordern, um die notwendige Flexibilität, Adaptivität und Nachhaltigkeit zu erreichen. Ausprägungen dieser strukturellen Analogie können wie folgt beschrieben werden:

- Die Objektorientierung als Programmierparadigma entspricht der Segmentierung der Organisation.
- Die organisatorische Ablauforientierung über Abteilungsgrenzen entspricht dem Workflowmanagement über Anwendungssysteme hinweg.
- Der kontinuierlichen Reorganisation und dem damit einhergehenden Lernprozeß entsprechen z.B. kontinuierliche Releasewechsel bei Standardsoftwareapplikationen mit verbesserter Funktionalität und geringerer Fehleranfälligkeit.
- Der Auflösung der Unternehmensgrenzen hat ihre Entsprechung in der Nutzung verteilter Applikationen im Netzwerk über Remote Procedure Calls und die damit verbundenen Kommunikations- und Synchronisationsmechanismen.

Als Gründe für die Anwendung der Strukturellen Analogie bei der Modellierung von Informationssystemarchitekturen können u.a. genannt werden:

- Weil ähnliche Muster vorliegen, wird die Abbildung von Geschäftsprozessen und organisatorischen Strukturen in Informationssystemen einfacher. Es ergeben sich Vorteile bei der Spezifikation und Wartung, da Anforderungen aus der organisatorischen Realität abgeleitet werden können.
- Die Übereinstimmung bzw. Analogie zur Organisation erleichtert die Einführung und Nutzung von Informationssystemen, weil das System aufgrund der Analogien zu bereits existierenden Strukturen besser und schneller verstanden wird.
- Die Abbildung von rechnerunterstützten Informationsflüssen entlang der von der Organisation vorgegebenen Informationswege vermeidet unnötige, zu lange oder redundante Informationsflüsse.

Ableitung von Anforderungen aus organisatorischen Gestaltungsoptionen

Das Anforderungsmodell für nachhaltige Informationssystemarchitekturen umfaßt drei Gruppen von Anforderungen:

- Der These der strukturellen Analogie folgend, werden aus den charakteristischen Merkmalen der organisatorischen Gestaltungsoptionen Anforderungen an nachhaltige Standardsoftware abgeleitet.
- Der Vergleich der Organisation mit dem Verhalten natürlicher Systeme führt zur Eigenschaft der weitgehenden Selbstorganisation dieser Systeme (autopoietische Systeme). Daraus werden Anforderungen an nachhaltige Standardsoftware abgeleitet.
- Schließlich werden aus der notwendigen Integration zwischen den einzelnen Elementen von Informationssystemarchitekturen und dem Vorgehen zur Einführung weitere Anforderungen abgeleitet.

Anforderungen aus struktureller Analogie

Strukturelle Analogie wird von den Informationssystemen gefordert, damit sie sich möglichst harmonisch an die jeweils vorherrschende organisatorische Gestaltungsausprägung anpassen. So entspricht die Struktur segmentierter Organisationseinheiten objektorientierten Informationssystemen, während sich prozeßorientierte Organisationen zu Workflowmanagementsystemen als strukturell analog erweisen. Die Abbildung von Wertschöpfungspartnerschaften im Netzwerk kann z.B. durch Multiagentensysteme erfolgen, da die Agenten Autonomie und ein gewisses Maß an Kompetenz aufweisen.

Das Charakteristikum der Dezentralität, das bei den Gestaltungsoptionen der Segmentierung und der Auflösung von Unternehmensgrenzen auftritt, läßt sich als Anforderung auf die Informationssystemarchitektur übertragen. Ziel muß es sein, zu einer intensiven Vernetzung innerhalb von Subsystemen zu gelangen, aber im Gegensatz dazu nur eine schwache Vernetzung zwischen Subsystemen zuzulassen.

Aus dem Charakteristikum der ständigen Veränderung leitet sich die Anforderung nach Flexibilität und Dynamik der Informationssysteme ab. Flexibilität setzt sich aus den Bestandteilen Anpassungsfähigkeit und Anpassungsgeschwindigkeit zusammen. Flexible und nachhaltige Informationssystemarchitekturen müssen in der Lage sein, sich an wandelnde organisatorische Strukturen anzupassen und zwar in einer Zeitspanne, die nicht größer sein darf als die Veränderungsgeschwindigkeit durch die Reorganisation selbst. Weil Flexibilität innerhalb des Anforderungsmodells nur eine der wünschenswerten Eigenschaften ist, werden Informationssystemarchitekturen, die über die Flexibilität hinaus weitere der hier aufgestellten Anforderungen erfüllen, als nachhaltig bezeichnet.

Anforderungen aus dem Systemansatz

Allen organisatorischen Gestaltungsoptionen gemeinsam ist die Orientierung am Systemgedanken. Nahezu alle Ansätze streben an, den handelnden Organisationseinheiten ein im Vergleich zum Zustand vor der Reorganisation höheres Maß an Autonomie zu gewähren. Die Segmentierung verlagert Entscheidungen in die Segmente, die Ablauforientierung setzt auf die umfassende Auskunfts- und Handlungsfähigkeit jedes Elementes in einer Prozeßkette, während bei der Auflösung der Unternehmensgrenzen die handelnden Elemente Autonomie schon aufgrund ihrer Rechtspersönlichkeit aufweisen. Als weiteres wesentliches Prinzip zur Generierung von Anforderungen an nachhaltige Informationssystemarchitekturen wird daher das Konzept eines offenen evolutionären und zumindest teilweise autonom agierenden und daher als autopoietisch bezeichneten Systems verfolgt.

Als Begründer der Theorie autopoietischer Systeme können Maturana und Varela bezeichnet werden, die u.a. folgende Charakteristika selbstorganisierender Systeme aufgestellt haben /vgl. Maturana 1987, Kuark 1996, S. 21/:

- Autopoietische Systeme entstehen spontan, sie wachsen und erhalten sich selbst.
- Bezogen auf Selbstreferentialität und Zirkularität operieren diese Systemen als geschlossene Systeme.
- Autopoietische Systeme gestalten und organisieren sich selbst. Ihre Autonomie ist nicht gleichzusetzen mit Unabhängigkeit von außenstehenden Systemen.
- Diese Systeme strukturieren ihre Umgebung selbst. Sie verfügen über die Systemgrenzen und steuern damit ihre Systemidentität.
- Autopoietische Systeme sind komplex und können komplexe Elemente enthalten.

Einige die Systemautonomie betreffenden Anforderungen können darüber hinaus aus organisatorischen Gestaltungsoptionen abgeleitet werden. Aus dem Charakteristikum der teilweisen oder vollständigen Autonomie kann nach dem Prinzip der strukturellen Analogie die Anforderung an zukünftige Informationssystemarchitekturen aufgestellt werden, über ein hohes Maß an Autonomie zu verfügen. Erfüllt wird diese Anforderung von Informationssystemarchitekturen, die in der Lage sind, ihre innere Struktur ganz oder teilweise selbst zu bestimmen.

Die partielle Autonomie fordert, organisatorische Einheiten so mit Informationssystemen auszustatten, daß sie ein Maximum an Aufgaben autonom, d.h. ohne

Eingriffe von außen abwickeln können. Das bedeutet z.B. in der Produktionsplanung, daß das Dogma der zentralen Feinplanung von Aufgaben und Ressourcen z.B. zugunsten einer dezentralen Koordination aufzugeben ist.

Die autopoietische Systemtheorie wurde u.a. durch Vergleich mit natürlichen Systemen abgeleitet. Wird die Natur als Beispiel für nachhaltige Entwicklungen betrachtet, so ergeben sich einige Parallelen zur Entwicklung von Organisationsstrukturen. Natürliche Ökosysteme weisen durch Selektions- und Mutationsmechanismen einen sehr hohen Grad an Autonomie und Selbstorganisation auf. Dies wird auch als self sustainability bezeichnet /vgl. Haber 1995, S. 20/, was stark mit den Bestrebungen nach Selbstorganisation und Autonomie korrespondiert. Starke Eingriffe in Systeme, die sich im natürlichen Gleichgewicht befinden, können Fehlverhalten und Versagen dieser Systeme zur Folge haben /vgl. Clausen 1998, S. 29/. Auch dieses Beispiel aus der Natur kann auf Informationssystemarchitekturen übertragen werden.

Die Selbstähnlichkeit ist ein Phänomen, das vielen natürlichen Objekten (Wolken, Pflanzen, Gebirge etc.) eigen ist. In verschiedenen Größenmaßstäben zeigen sich immer dieselben Grundstrukturen. Viele chaotische Systeme zeigen selbstähnliches Verhalten. Häufig ist diese Selbstähnlichkeit der einzige Zugang zur Analyse komplexer Strukturen oder dynamischer Systeme. Selbstähnlichkeit als Eigenschaft autopoietischer Systeme korrespondiert mit dem Anspruch der Modellierung auf Verkürzung des Gegenstandsbereiches zur Komplexitätsreduzierung. Selbstähnliche Systeme ermöglichen unterschiedlich tiefe Modellierungen, ohne daß ein Modellierungsergebnis auf einer höheren Ebene aufgegeben werden muß und erleichtern so die Modellierung. In der Organisation wird diese Eigenschaft z.B. bei der Bildung von Produktionsfraktalen /vgl. Warnecke 1993, S. 200/ genutzt.

Aufgrund der Nähe dieser Eigenschaften zu realen soziotechnischen Systemen wird vorgeschlagen, Merkmale autopoietischer Systeme als Anforderungen an nachhaltige Informationssystemarchitekturen zu benutzen.

Autonomie, bezogen auf Informationssysteme, kann dann definiert werden als Fähigkeit eines Informationssystems, eine gegebene Aufgabe mit möglichst geringer zusätzlicher Inanspruchnahme von Ressourcen zu bewältigen. Als Beispiel sei ein fiktives Bürokommunikationssystem erwähnt, das bei einem Tippfehler in einer E-Mail-Anschrift die Nachricht nicht an den Empfänger zurücksendet, sondern in der Lage ist, den korrekten Empfänger herauszufinden. Ein weiteres Beispiel für teilweise Autonomie stellt die Adreßraumvergabe bei IP-Adressen dar, die die nahezu vollständig freie Wahl von IP-Adreß-Strukturen in sog. privaten Adreßräumen ermöglicht. Es wird ohne weitere Inanspruchnahme von Ressourcen (durch Adreßumsetzung) sichergestellt, daß über das Internet eine Kommunikation zwischen Inhabern von IP-Adressen privater Adreßräume möglich ist.

Auf der Basis dieser Überlegungen wurden aus der Betrachtung autopoietischer Systeme als Anforderungen partielle Autonomie, Selbstorganisation und Selbstähnlichkeit in das Anforderungsmodell übernommen.

Anforderungen aus der Integration von Elementen und Vorgehensmodellen

Bei der Einführung von Standardsoftware kann zwischen den Bestandteilen der Informationssystemarchitektur (Elementeebene), dem Vorgehen bei Projekten (Methodenebene) und dem Wissen über Elemente und Methoden (Metaebene) differenziert werden. Diese Darstellung kann wie in Abb. 3-15 gezeigt, als Modell orthogonaler Ebenen verstanden werden.

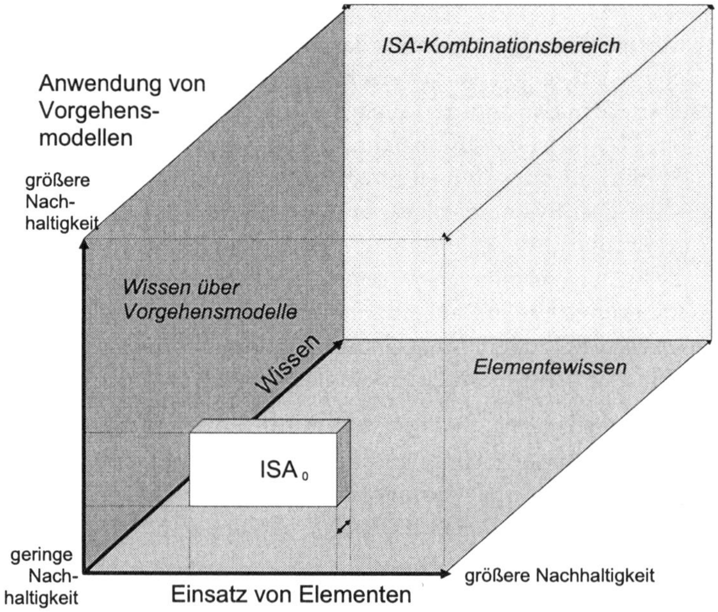

Abb. 3-15: Ebenen des Anforderungsmodells nachhaltiger Informationssystemarchitekturen

Die x-Achse stellt symbolisch die Auswahl zur Verfügung stehenden Softwarebestandteile (Elemente) dar. Auf der Y-Achse sind die zur Verfügung stehenden Vorgehensmodelle zur Konstruktion, Entwicklung und Nutzung von Informationssystemarchitekturen aufgetragen. Elemente und Vorgehensmodelle können nur nach dem Grad der Nachhaltigkeit ordinal skaliert werden. Klassische Phasenmodelle ohne Benutzerbeteiligung liegen bei dieser Skalierung eher am Skalenursprung, während zyklische partizipative Vorgehensmodelle entfernt vom Skalenursprung zu lokalisieren sind. Analog sind Elemente von Informationssystemarchitekturen nach der Erfüllung von Anforderungen der Nachhaltigkeit ordinal skalierbar. In der Praxis werden mehrere Methoden und Elemente unterschiedlicher Nachhaltigkeit eingesetzt, so daß sich kein Punkt, sondern ein Gebiet ergibt, in dem Elemente und Methoden lokalisiert werden können. Eine Kombination von Elementen und Vorgehensmodellen stellt eine Informationssystemarchitektur zu einem bestimmten Zeitpunkt dar. In Abb. 3-15 ist das die Fläche ISA_0.

Als integrierendes Element wird nun das Wissen um die eingesetzten Vorgehensmodelle sowie die genutzten Elemente in die Darstellung durch die Dicke der Scheibe ISA_0 eingebracht. Dies sei an einem Beispiel erläutert. So enthält betriebswirtschaftliche Standardsoftware wie das System SAP R/3 eine Vielzahl von Festlegungen über Abläufe, Stammdaten, Nutzung von Funktionen o.ä. /vgl. Hufgard 1999, S.425ff/. Solange der Einsatzbereich der Software sich nicht ändert, ist eine sehr dünne Scheibe zum erfolgreichen Betrieb der Software ausreichend. Aber wenn sich Einsatzbedingungen und Anforderungen ändern, dann kann eine Anpassung, Reaktion und Wiedererlangen eines zufriedenstellenden Zustandes um so eher erfolgen, je mehr Wissen darüber zur Verfügung steht, also je dicker die Wissensscheibe hinter der konkreten Ausprägung einer Informationssystemarchitektur ist. Die Darstellung macht auch deutlich, daß bei einem sehr breit gefächerten Portfolio aus Elementen und Methoden das erforderliche Wissen stark wächst.

Grundsätzlich ist im Sinne der propagierten strukturellen Analogie für jedes Element und jedes Vorgehensmodell zu prüfen, inwieweit die in den vorigen Abschnitten aufgestellten Anforderungen erfüllt sind. Als weitere relevante Anforderung tritt die Partizipation, d.h. die Beteiligung von Benutzern und Betroffenen, hinzu. Ansätze zur Behandlung der Anforderungen von Nutzern finden sich z.B. bei /Gelinas 1998, S. 65ff./.

Die Überprüfung von Elementen und Methoden einer Informationssystemarchitektur ist nicht ausreichend für die Beurteilung der Nachhaltigkeit. Insbesondere der Dynamik des Wandels muß Rechnung getragen werden. In der Literatur besteht weitgehende Einigkeit darüber, daß der größte Teil des Aufwands bei betrieblichen Planungs- und Dispositionssystemen nach dessen Einführung entsteht /vgl. Curth 1989, S. 7, Klösch 1995, S. 4, Müller 1997, S. 1/. Die Hauptursachen dafür liegen im ständigen Wandel des internen und externen Umfeldes. Äußere Einflüsse bedingen innere Anpassungen und selbstinitiierte Verbesserungsmaßnahmen beeinflussen die Unternehmensorganisation. Folglich besteht ständig eine Lücke zwischen Anforderungen und Zustand der Informationssystemarchitektur /vgl. Hufgard 1999, S. 425/.

Daher wurde als Metaebene die Beherrschung des zum Umgang mit Elementen und Methoden erforderlichen Wissens in das Anforderungsmodell einbezogen. Dieses Wissen läßt sich differenzieren in

- Wissen über Software, z.B. Dokumentation, Ziele zum Einsatzzeitpunkt, Controllingergebnisse
- Wissen über Organisationsstrukturen
- Wissen über Märkte und deren Veränderungen, denn die Veränderungen gehen meist nicht von den Unternehmen aus, sondern werden durch Markterfordernisse zumindest vorangetrieben.

Nachhaltigkeit im Lebenszyklus

Während bei einer konventionellen Betrachtung die Informationssystemarchitektur im wesentlichen als gegeben angesehen wird, setzt eine nachhaltige Betrachtung bereits bei der normativen Wirkung des Architekturmodells an. So wird vermieden, daß Reparatur- bzw. Kompensationsmaßnahmen erforderlich werden bzw. aus Kostenrestriktionen sogar eine Duldung des Auseinanderklaffens zwischen Anforderungen und Realisierung hingenommen wird. Während die ökonomische Bewertung des Schadens mit zunehmendem Durchlauf durch das Lebenszyklusmodell zunimmt, verringern sich gleichzeitig die Einflußmöglichkeiten zur Behebung des Anforderungsdefizites. Verlangt wird daher eine Berücksichtigung des Lebenszyklusaspektes bei der Modellierung von Elementen und Methoden.

Das aus den obigen Ausführungen resultierende vollständige Anforderungsschema zeigt Abb. 3-16.

Strukturelle Analogien zu Reorganisationstypen
Dezentralität
Flexibilität
Dynamik
Strukturanalogie

Autopoiesis
(Partielle) Autonomie
Selbstorganisation
Selbstähnlichkeit

Integration der Informationssystemarchitektur
Wissenshandhabung
Partizipativer Ansatz
Bezug zu nachhaltigen Methoden (bei Elementen)
Bezug zu nachhaltigen Elementen (bei Methoden)
Lebenszykluskonzept

Abb. 3-16: Bewertungsschema zur Nachhaltigkeit von Standardsoftware

3.5.4 Vorgehen bei der Aufstellung von Anforderungsspezifikationen

Das Vorgehen bei der Aufstellung von Anforderungsspezifikationen läßt sich durch die drei Arbeitsschritte Sammeln, Bewerten und Verdichten charakterisieren.

Im ersten Arbeitsschritt werden Anforderungen gesammelt und nach Themengebieten, wie im vorigen Abschnitt beschrieben, gegliedert. Um zu Anforderungen zu gelangen, stehen u.a. folgende Möglichkeiten zur Verfügung:

- Durchführen von Interviews mit prozeßbeteiligten Mitarbeitern und dem Management, um deren Wünsche, aber auch Schwachstellen der bisher genutzten DV-Lösung aufzunehmen.
- Übernahme und Bearbeitung von Checklisten aus Fachzeitschriften oder Fachbüchern bzw. von Beratern oder Softwareanbietern.

Bei der Formulierung der so gewonnenen Hinweise ist auf eine lösungsneutrale und nicht zu detaillierte Beschreibung zu achten. Herstellerpräferenzen sollten in diesem Arbeitsschritt unbedingt vermieden werden.

Im zweiten Arbeitsschritt, der Bewertung von Anforderungen, ist gemeinsam mit der Geschäftsleitung eine differenzierte Bewertung aller ermittelten Anforderungen nach Prioritäten vorzunehmen. Dabei sollten nur unverzichtbare Anforderungen mit einer A-Priorität versehen werden, wichtige, aber nicht unverzichtbare Anforderungen mit B-Priorität und weitere Anforderungen mit C-Priorität.

Nachdem eine Kategorisierung der Anforderungen erfolgt ist, muß der Anforderungskatalog von der Unternehmensleitung verabschiedet werden. In diesem Arbeitsschritt wird dringendst empfohlen, sich im weiteren Verlauf des Auswahlprozesses auf die A-Anforderungen zu beschränken und so eine Verdichtung des Anforderungskataloges vorzunehmen. Diese Verdichtung hat den Vorteil, die Erfüllung dieser Kriterien durch die Anbieter leichter überprüfen zu können.

Die Bedeutung des so ermittelten und verabschiedeten Anforderungskataloges liegt nicht nur in der Hilfe bei Auswahlprozeß. Vielmehr stellt die Anforderungsspezifikation auch eine wesentliche Bewertungsgrundlage für den Erfolg des Standardsoftware-Einführungsprojektes dar. Das dann realisierte Informationssystem muß sich daran messen lassen, inwieweit die zu Projektbeginn aufgestellten Anforderungen erfüllt werden.

Empfehlenswert ist es darüber hinaus, den Anforderungskatalog zum verbindlichen Vertragsbestandteil zu machen, um dem Anbieter von Standardsoftware keine Rückzugsmöglichkeiten auf die von ihm "normalerweise" zur Verfügung gestellte Funktionalität zu eröffnen. Beispiele für Anforderungen sind im Anhang veröffentlicht.

3.6 Vorauswahl von Anbietern

Nach Abschluß und Verabschiedung der Spezifikationsphase ist es erforderlich, Anbieter von Standardsoftware für einen Vergleich des Funktions- und Leistungsumfangs auszuwählen. Dabei kommen folgende Möglichkeiten zur Identifikation von geeigneten Anbietern infrage:

- Fachzeitschriften und Bücher
- Messebesuche
- Recherche im WWW
- Übersichten von Dienstleistern.

Die Vor- und Nachteile der einzelnen Möglichkeiten werden im folgenden beschrieben.

3.6.1 Nutzung von Fachzeitschriften und Büchern

Einschlägige Fachzeitschriften sind in mehrerer Hinsicht nützliche Quellen für die Identifikation potentieller Anbieter von Standardsoftware:

- Anwenderberichte erläutern den Einsatz bestimmter Programme in einer konkreten Branche und an einem konkreten Beispiel. Sie können zumeist als Referenz verwendet werden, um das im Bericht genannte Unternehmen nach seinen Erfahrungen mit der Software und dem Anbieter zu befragen.
- In technologieorientierten Berichten kann sich das Projektteam über den technischen Stand eines Softwareprogramms informieren. Die in solchen Beiträgen gemachten Aussagen stehen jedoch unter dem Vorbehalt einer Überprüfung durch unabhängige Dritte, wenn keine Referenzen angegeben werden. Manche in solchen Beiträgen beschriebene technische Neuerung existiert nur im Labor und benötigt noch längere Zeit, um im aktuellen Installationsrelease der Software zu erscheinen.
- Anzeigen in Fachzeitschriften vermitteln aufgrund ihrer Größe und Aufmachung einen ersten Eindruck von der Marktpräsenz eines Anbieters.
- Schließlich verfügen einige Fachzeitschriften über Anbieterverzeichnisse, in die sich Softwareanbieter nach den den Redaktionen zusammengestellten Kriterien eintragen lassen können. Dabei ist allerdings zu berücksichtigen, daß solche Anbieterverzeichnisse häufig kostenpflichtig sind und daher nicht alle Anbieter umfassen. Andererseits besteht aufgrund der Kostenpflicht bei den Anbietern das Interesse, ihre Angaben stets zu aktualisieren, was bei kostenlosen Marktspiegeln o.ä. nicht immer erfolgt. So kennt der Autor dieses Buches PPS-Marktübersichten in Fachzeitschriften, bei denen ca. ein Drittel der dort aufgeführten Anbieter im Neukundengeschäft gar nicht mehr aktiv war.

3.6.2 Marktübersichten in Büchern

Für Teilgebiete stehen auch Marktübersichten in Büchern zur Verfügung. er Vorteil von ausführlichen Marktübersichten in Büchern besteht darin, daß aufgrund der dort abgedruckten Merkmalserfüllungen eine Vorselektion relevanter Anbieter erfolgen kann. Ein Nachteil besteht in der geringen Aktualität der Angaben. Mehrere Autoren bieten nun zusätzlich zum (rasch veraltenden) Buch eine CD ROM an, die schneller produziert und aktualisiert werden kann.

Regelmäßig aktualisiert werden die ISIS-Reports der Firma Nomina (http://www.nomina.de), die nach Plattformen bzw. Betriebssystemen gegliederte Nachschlagewerke anbieten. Darüber hinaus werden spezielle Zusammenstellungen, etwa zu den Themen CAD/PPS/ERP/Engineering herausgegeben. Allerdings sollte grundsätzlich eine Festlegung auf Hardwareplattformen erst nach der Anbieterauswahl erfolgen, um den Spielraum nicht unnötig einzuschränken. Weitere Marktübersichten in Buchform existieren u.a. für Personalsoftware /vgl. Strohmeier 1999/, Warenwirtschaftssysteme /vgl. Schütte 2000/ sowie zum Thema Produktionsplanung und -steuerung /vgl. u.a. Fandel 1997, Treutlein 2000/.

3.6.3 Messebesuche

Grundsätzlich sind Messebesuche geeignet, sich über bestimmte Anbieter ein genaueres Bild zu verschaffen. In der hier beschriebenen Phase der Anbieterauswahl eignen sich insbesondere die gedruckten oder elektronisch vorliegenden Kataloge der Messegesellschaften, so z.B.:

- www.globis.de der Deutschen Messe AG für CeBIT und Hannover Messe Industrie
- www.systems.de für die SYSTEMS
- www.messe-stuttgart.de/cat/ für die Messen CAT Engineering und CAT Bau

3.6.4 Recherche im WWW

Es empfiehlt sich, zunächst über Suchmaschinen eine Eingrenzung des Angebotes nach Branche und Funktionsumfang vorzunehmen. Anbieter von Katalogen über Softwarelösungen sind z.B. SoftGuide (www.softguide.de) oder das Informationszentrum Managementsoftware (www.managementsoftware.de). Zu beachten ist bei solchen Zusammenstellungen, daß bei Angeboten, bei denen die Anbieter für ihren Eintrag (oder zumindest einen Teil des Eintrags) zahlen müssen, nicht alle relevanten Anbieter enthalten sind. In diesem Fall ist der Kauf weiterer Informationsquellen wie Buch oder CD ROM erforderlich.

3.6.5 Dienstleister

Eine Reihe von Anbietern hat sich auf die Herausgabe von Produktübersichten spezialisiert. Einige dieser Anbieter werden im folgenden kurz vorgestellt.

- Das *Forschungsinstitut für Rationalisierung* (FIR) e.V. in Aachen leistet Hilfestellung bei der Auswahl von PPS-Systemen und nutzt dabei das dort entwickelte Auswahlverfahren Bapsy, das in Abschnitt 3.1 bereits ausführlich beschrieben wurde.

- Die *Concit AG* (www.concit.com), ein Spin-off des FIR Aachen, betreibt eine herstellerneutrale Business to Business-Plattform, die im Internet die Möglichkeit zur Auswahl und Ausschreibung betrieblicher Anwendungssysteme bietet. Auswahl und Ausschreibung werden durch die Formulierung aussagekräftiger Anforderungsprofile und die Recherche infrage kommender IT-Lösungen unterstützt. Qualifizierte Anfrage an die Anbieter von IT-Lösungen können auch anonym erstellt werden.
- Die *UBK GmbH* (www.UBKgmbH.de) in Lauf bietet das Auswahlverfahren Methodische Auswahl von Standardsoftware (MAvS) an. Die erforderliche Anforderungsspezifikation wird durch eine spezielle Abfragetechnik gemeinsam mit dem Anwenderunternehmen entwickelt. Die bestehenden Abläufe werden mit einem Modellierungswerkzeug erfaßt und analysiert. Daraufhin wird eine Auswahl geeigneter Anbieter, die wiederum in einer Datenbank abgelegt sind, vorgenommen (Abb. 3-17). Im Gegensatz zu anderen Anbietern werden bei MAvS die Einträge per Internet durch die Anbieter selbst gepflegt. Da der Eintrag kostenlos ist, bestehen in dieser Hinsicht keine Auswahlbeschränkungen. Spezielle Wünsche erfragt die UBK GmbH zusätzlich durch die Aufforderung

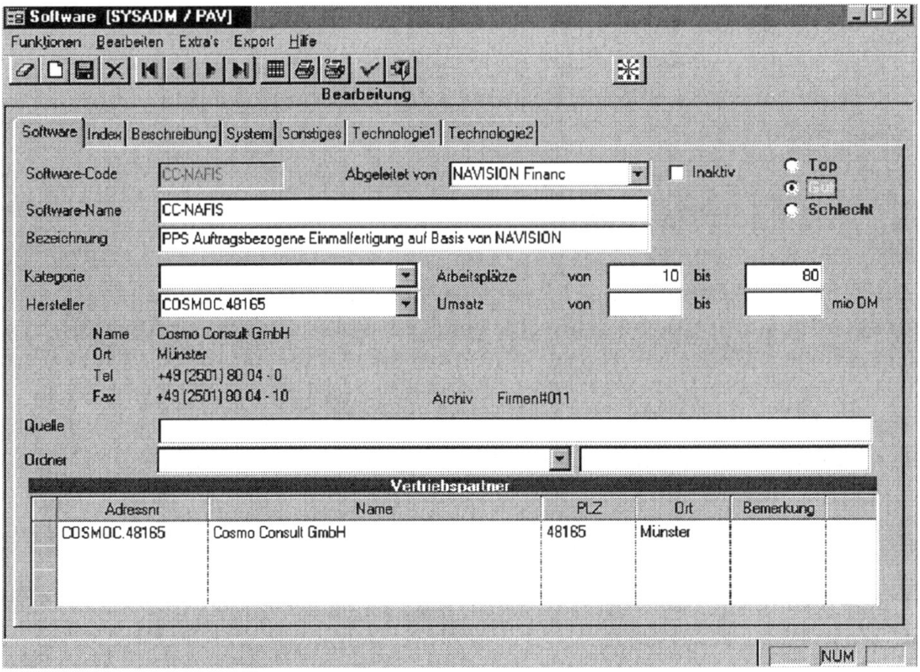

Abb. 3-17: Erfassung von Anbieterinformationen bei MAvS (Quelle: UBK GmbH)

zu Angeboten auf ihren Webseiten. UBK empfiehlt, drei Anbieter zu einer Kurzpräsentation einzuladen und mit einem Anbieter einen ca. einwöchigen Initiierungsworkshop durchzuführen.

- Die *Nomina GmbH* (www.nomina.de) führt individuelle Recherchen in ihrem Datenbankbestand durch, der nach eigenen Angaben etwa 10000 Programme enthalten soll. Jedes Softwareprofil kostet (Preisangaben Herbst 2000) etwa 4 EUR, jede Recherche pro Stunde etwa 120 EUR. Allerdings weisen die Softwareprofile der Nomina GmbH nicht den hohen Grad an Detaillierung auf wie etwa die rechnergestützten Auswahlverfahren des FIR oder der UBK GmbH. Daher ist auf der Basis solcher Angaben wie sie Nomina liefert, immer noch eine Befragung von etwa 20 bis 30 Anbietern erforderlich. Diese Aufgabe entfällt bei den Marktübersichten, bei denen bereits k.o.-Kriterien ermittelt werden können, ohne Anbieter zu befragen.
- Das Hagener *Institut für Automation, Informations- und Produktionsmanagement* AIP GmbH, führt ebenfalls Marktstudien und Anbieterauswahlen durch. Schwerpunkte liegen in den Bereichen
  - Produktionsplanung und -steuerung
  - Enterprise Resource Planning und
  - CAD-Lösungen.

  Darüber hinaus bietet die AIP GmbH regelmäßig Seminare an, in denen sich Interessenten über die Vorgehensweise bei der Softwareeinführung informieren können.

3.7 Anbieterbefragung

Ziel der Anbieterbefragung ist es, aus einer Gruppe von vorausgewählten Anbietern von Standardsoftware eine verbleibende Restgruppe von ca. drei Systemen zu selektieren und deren Leistungsspektrum zu überprüfen.

An die Anbieterbefragung sind folgende Anforderungen zu stellen:

- Sie sollte schriftlich erfolgen, um die Antworten der Anbieter dokumentieren zu können. Es sollte auch darauf hingewiesen werden, daß bei einem eventuellen Vertragsabschluß die gemachten Angaben als verbindlich angesehen werden.
- Um qualifizierte Antworten zu erhalten, ist der Umfang der Befragung in Grenzen zu halten. Es wird dringend empfohlen, sich auf die mit Priorität A bewerteten Fragestellungen der Anforderungsspezifikation zu konzentrieren.

- Es ist auf die Vergleichbarkeit der Anbieterantworten zu achten. Bei den funktionalen Anforderungen sollten nur die Antwortmöglichkeiten "im Standard vorhanden", "mit Zusatzaufwand realisierbar" und "nicht vorgesehen" enthalten. Erfahrungen der Praxis zeigen, daß eine verbale Antwort häufig keine klare Aussage über die Erfüllung der geforderten Funktion enthält und ein mühsamer manueller Abgleich der Anbieter mit eventuell notwendigem Nachhaken erfolgen muß.
- Die Zeitspanne für die Antworten sollte je nach Umfang angemessen gewählt sein und vier Wochen nicht überschreiten.
- Ein Ansprechpartner der Projektgruppe sollte für telefonische Auskünfte zur Verfügung stehen; ein Hinweis darauf sollte den Anfrageunterlagen beiliegen.

3.7.1 Inhalt der Anbieterbefragung

Um dem Anbieter eine Einschätzung der Situation im Unternehmen zu bieten, sollte eine Kurzbeschreibung des Unternehmens den einzelnen Fragekomplexen vorangestellt sein. Muster eines Anbieterfragebogens für zwei Projekte aus dem Baubereich und aus dem Produktionsbereich sind in der Anlage enthalten.

Die Angaben zum Unternehmen sollten neben allgemeinen Angaben wie Branchenzugehörigkeit, Zahl der Mitarbeiter im Unternehmen sowie gegenwärtig genutzte Hardware-/Betriebssystemkombination auch eine grobe Zielvorstellung über den Einsatzzeitpunkt des Systems enthalten.

Wesentlich ist darüber hinaus eine knappe Beschreibung der wichtigsten Geschäftsprozesse, die durch die neue Standardsoftware unterstützt werden sollen.

Die erbetenen Angaben zum Softwarehaus bestehen aus den Abschnitten

- Angaben zum Stand der angebotenen Software
- Grundsätzliche Architektur des Systems
- Serviceleistungen mit Angabe der Kosten und des Leistungsumfanges für einen Wartungs- und Servicevertrag
- Datenbankkonzept und systemübergreifende Funktionalität sowie
- die mit A-Priorität versehenen Anforderungen der Anforderungsspezifikation, gegliedert nach Stammdaten, Prozessen und Querschnittsfunktionen.

Zudem sollte dem Anbieter ein Richtangebot abverlangt werden, das mindestens aus den Positionen

- Lizenzkosten für Benutzer und Server

- Kosten für eventuell weitere erforderliche Software
- Geschätzte Kosten für Schulung, Consulting/Customizing und Installation

besteht.

3.7.2 Auswertung der Anbieterangaben

Die eintreffenden Anbieterangaben werden in diesem Arbeitsschritt ausgewertet, einander in einer Entscheidungsvorlage gegenübergestellt und mit den Projektzielen verglichen. Die Dokumentation dieser Arbeitsschritte könnte folgende Gliederung aufweisen:

- Aufgabenstellung mit Projektbegründung und Projektziel
- Management Summary, eine maximal einseitige Zusammenfassung des Inhalts
- Kurzdarstellung des Unternehmens und der wichtigsten Geschäftsprozesse, um auch sachfremden Entscheidern einen schnellen Überblick zu ermöglichen
- Anforderungen an die Standardsoftware, zusammengefaßt
- verbale Kurzcharakteristik der Anbieter, von denen qualifizierte Antworten vorliegen
- Vergleich der Lösungen
- Empfehlungen für die weitere Vorgehensweise mit begründeter Angabe der in die engere Wahl zu ziehenden Systeme
- Anhang mit Detailantworten der Anbieter bzw. vergleichender Darstellung aller Antworten je Frage.

Anbieter, die aufgrund ihrer Antworten erkennbar nicht in die engere Wahl gelangen, müssen nicht detailliert betrachtet werden. Hier ist eine kurze Begründung für das Ausscheiden des Anbieters ausreichend.

Um eine vergleichende Gegenüberstellung von Standardsoftwaresystemen vornehmen zu können, sind folgende Angaben tabellarisch zusammenzufassen:

- Anzahl Installationen, anzugeben als Zahl der Unternehmen und Zahl der insgesamt installierten Benutzerlizenzen
- wichtige Referenzen der gleichen Branche
- Zusammenfassendes Urteil über die Erfüllung der Anforderungen, entweder als Prozentsatz, wenn eine Nutzwertanalyse durchgeführt wurde oder als verbales Urteil
- Kosten der Erstinstallation der Software

- Kosten der vom Anbieter vorgeschlagenen Schulungen
- Kosten für Abschluß eines Servicevertrages
- Zusammenfassung der Vorteile dieses Produktes/Anbieters
- Zusammenfassung der Nachteile dieses Produktes/Anbieters

Eine tabellarische Darstellung mit ca. fünf bis sechs Systemen auf einer Seite ermöglicht einen schnellen Vergleich der infrage kommenden Alternativen.

3.7.3 Entscheidung über den Kreis der Endauswahl

Auf der Basis der in 3.7.2 beschriebenen Zusammenfassung und Vorbereitung der Endauswahl wird eine Entscheidung über die max. drei Systeme getroffen, die einer Endauswahl unterzogen werden sollen. Bei der Entscheidung sollten folgende Kriterien herangezogen werden:

- Systeme, die wesentliche funktionale Nachteile aufweisen, sollten nicht mit in die Endauswahl aufgenommen werden.
- Bei etwa gleichem Funktionsumfang sollten die Systeme herangezogen werden, deren Anschaffungskosten am niedrigsten liegen.
- Bei mehreren dann noch zur Verfügung stehenden Alternativen sollte die räumliche Nähe oder die Zahl der Installationen in vergleichbaren Unternehmen als Entscheidungskriterium herangezogen werden.
- Schließlich ermöglichen die angegebenen Schulungskosten einen Hinweis auf die Komplexität des Systems und damit auf den Anlernaufwand, der zur Beherrschung der Standardsoftware erforderlich ist.
- Weiterhin können Vorlieben für Hardware-/Betriebssystemkombinationen an dieser Stelle in die Entscheidung einbezogen werden.

Die getroffene Entscheidung sollte von der Unternehmens- bzw. Projektoberleitung genehmigt und auch an die an der Anbieterauswahl beteiligten Unternehmen weitergeleitet werden.

3.8 Anbieterpräsentationen

Nachdem durch die Anbietervorauswahl der Kreis der infrage kommenden Anbieter eingeengt wurde, ist es sinnvoll, mit den verbliebenen Systemen bzw. Anbietern (es wird davon ausgegangen, daß eine 1:1-Beziehung zwischen Anbietern und Systemen besteht) in eine intensivere Auswahlphase überzugehen. Der Kerngedanke der Anbieterpräsentation besteht darin, die Anbieter mit unternehmensspezifischen Stammdaten und Prozessen zu konfrontieren und die Abbildung dieser Daten und Prozesse in einer unternehmensinternen Präsentation partizipativ zu diskutieren.

Wird auf diese Konfrontation mit unternehmensspezifischen Daten und Prozessen verzichtet, besteht die Gefahr, daß der Vertriebsmitarbeiter des Anbieters eine Standard-Folienpräsentation zeigt und ein Standardsystem vorführt. Das Ziel der Anbieterpräsentation ist es jedoch, den Grad an Paßgenauigkeit zwischen individuellen Anforderungen und der Standardsoftware herauszufinden.

3.8.1 Vorbereitung der Anbieterpräsentation

Zur Vorbereitung der Anbieterpräsentation müssen Unterlagen zusammengestellt werden, die dem Anbieter rechtzeitig zugehen müssen, damit er sie in seine Darstellung einarbeiten kann. Es ist daher sinnvoll, mindestens zwei Wochen vor dem geplanten Präsentationstermin folgende Unterlagen zu übersenden:

- eine kurze Darstellung des Unternehmens sowie der wichtigsten durch die neue Standardsoftware abzubildenden Prozesse
- eine Darstellung von Stammdaten zu Produkten, Prozessen, Projekten, Artikeln, Mitarbeitern, Dokumenten etc. die der Anbieter in sein Standardsoftwareprodukt vor der Präsentation einpflegen soll
- ein konkreter Leitfaden für die Präsentation, der den Mitarbeiter des Anbieters genau instruiert, welche Funktionen gezeigt werden sollen.
- Schließlich sollten die Anbieter um eine Konkretisierung ihres Angebotes auf der Basis der ihnen vorliegenden Informationen gebeten werden, das folgende Punkte umfassen soll:
  - Lizenzkosten für die benötigte Anzahl Anwender
  - Aufwand für Schnittstellenprogrammierung als Festpreis
  - Kosten und Leistungen eines Wartungs- bzw. Servicevertrages
  - Kalkulation der Beratung und Installation als Festpreis
  - Schulungsaufwand mit konkreten Angaben zu Umfang und Kosten
  - Angaben zur auf Kundenseite benötigten Mitarbeiterkapazität für die Einführung und Pflege der Software.

Der Abgabetermin für dieses Angebot sollte etwa zehn Tage nach der Präsentation liegen, damit der Anbieter die im der Präsentation diskutierten Fragen noch einarbeiten kann.

3.8.2 Partizipative Durchführung der Präsentationen

Die Anbieterpräsentationen sollten unter Beteiligung aller von der Systemeinführung betroffenen Unternehmensbereiche erfolgen. Es ist je Anbieter von einem Mindestzeitaufwand von einem halben Tag auszugehen. Da die Anbieter für die Teilnahme an der Präsentation kein Honorar verlangen, sollte die Dauer eines Ta-

Firma/Produkt															
Name															
			Bewertung (1= sehr gut, 6= ungenügend)						Gewichtung (1= sehr wichtig, 6= unwichtig)						Kommentar
			1	2	3	4	5	6	1	2	3	4	5	6	
Technologie	**Programmiersprache**														
	Datenbanksystem														
Software	**Allgemein**	intuitive Erlernbarkeit													
		Oberflächenergonomie													
		Benutzerführung													
		Performance (Geschwindigkeit)													
		Parametrisierbarkeit (Einstellbarkeit)													
	Prozesse	Änderungen Termine/Kosten													
		Auswertungen													
		Versionsverwaltung													
		Genehmigungsverfahren													
		Kosten-Controlling													
		Ursachen von Budgetabweichungen													
		Liquiditätsplanung													
		Rechnungseingangsbuch													
		Verwendungsnachweise													
		Sicherheitseinbehalte													
		EURO Hauswährung													
		Qualitative Projektdaten													
		Terminänderungen													
		Grundstücksmanagement													
Anbieter	Beratung														
	Fachkenntnis														
	Projektteam														
	Projektmanagement														
	Zeitplanung														
	Benutzerschulung														
	Dokumentation														
	Notfallkonzept														
Präsentation	Akzeptanz durch Teilnehmer														
	Qualität des Workshops														
	Projektkenntnis des Anbieters														
	Qualität der Präsentatoren														

Abb. 3-18: Beispiel für einen Bogen zur Anbieterbewertung

ges nicht überschritten werden. Eine Rechnungstellung für die Teilnahme an einer Anbieterpräsentation ist unüblich, wenn das Unternehmen keine zusätzliche Leistung erhält. Die Kosten für den Vertrieb von Standardsoftware werden in der Regel durch realisierte Verkäufe gedeckt.

Für jeden der eingeladenen Anbieter sollte ein eigener Termin reserviert sein. Die Präsentationsteilnehmer sollten an allen Anbieterpräsentationen teilnehmen. Ein Moderator sollte benannt werden, z.B. der vorgesehene Projektleiter des Einführungsprojektes. Aufgabe des Moderators ist es, auf die Beantwortung der im Präsentationsfahrplan benannten Fragen am System zu achten und die Beteiligten zu Fragen und Kommentaren zu ermuntern.

3.8.3 Bewertung der Anbieterpräsentationen

Zur Bewertung durch jeden Teilnehmer sollte ein Präsentationsfragebogen verwendet werden, wie er in Abb. 3-18 dargestellt ist. Dieser Bewertungsbogen ist von jedem internen Teilnehmer auszufüllen und wird durch den Moderator nach Abschluß aller Anbieterpräsentationen ausgewertet. Die im Fragebogen enthaltenen Angaben sollten je nach Projektspezifika wie im folgenden beschrieben zusammengestellt werden.

Zum Bereich der Technologie existieren weitere Bewertungskriterien für die Architektur dauerhaft zukunftsfähiger Informationssysteme, die im Auswahlprozeß zu berücksichtigen sind. Eine breite Anwenderbefragung zu diesen Punkten ist jedoch nicht erforderlich; diese Fragen können mit dem Vertreter des Anbieters geklärt werden.

Wichtig ist der Eindruck von der Software, den die zukünftigen Benutzer haben. Eine subjektive Einschätzung ist ausdrücklich erwünscht, um eventuelle Vorbehalte der Benutzer gegen das neue System ermitteln zu können. Der Begriff der Oberflächenergonomie muß dabei eventuell erläutert werden, es handelt sich um die Anpaßbarkeit der Benutzungsoberfläche an die Fähigkeiten und Bedürfnisse der Benutzer /vgl. Stahlknecht 1999, S. 50/.

Im Bereich der Prozesse sollte der Grad an Abbildung der genannten Prozesse durch das System bewertet werden. Die gemachten Einträge beziehen sich auf die als wesentlich ermittelten und im Leitfaden zur Präsentation enthaltenen Prozesse.

Schließlich sollte eine Bewertung des Anbieters selbst erfolgen. Die in Abb. 3-18 genannten Aspekte sind fakultativ zu übernehmen. Als letzter Punkt ist die Präsentation selbst zu bewerten.

Die in der rechten Spalte des Bewertungsbogens abgedruckten Spalten beziehen sich zumeist auf eine nach Schulnoten vorzunehmende Beurteilung der einzelnen bereits genannten Kriterien. In der Spalte Gewichtung ist eine durch die Benutzer vorzunehmende Einschätzung der Wichtigkeit dieses Kriteriums einzutragen. In der Kommentarspalte sind Rückfragen oder Anmerkungen zu notieren, die ggf. mit dem Anbieter noch geklärt werden müssen.

3.8.4 Auswertung der Anbieterpräsentation

Zur Auswertung der Anbieterpräsentationen ist eine vergleichende Gegenüberstellung der verschiedenen Systeme anzufertigen, die folgende Merkmale enthalten sollten:

- Technologie
- Ergonomie, Erlernbarkeit und Benutzerführung
- Performance und Parametrisierbarkeit
- Zusammenfassendes Urteil über die Funktionalität
- Detaillierter Vergleich der in der Präsentation besprochenen Prozesse
- Qualität der Präsentation als zusammenfassendes Urteil

Die Bewertung der Teilnehmer der Präsentationen sollte als summarische bzw. detaillierte Information in die Einzeldarstellungen eingehen.

Zudem ist ein Vergleich der Angebote der Anbieter vorzunehmen, der folgende Angaben zu den Kosten je System enthalten sollte:

- Spezifikation, Sollkonzept, Customizing und Installation
- Software-Lizenzkosten
- extra ausgewiesen, wenn erforderlich: Datenbank- bzw. Basissoftware-Lizenzkosten
- Schnittstellen und Individualanpassungen
- Berichtsanpassungen
- Übernahme von Altdaten
- Schulungen
- Servicekosten pro Jahr.

Die Angebote sollten darüber hinaus verbal zusammenfassend bewertet werden. Aus den zuvor gemachten Angaben kann dann eine Empfehlung für das weitere Vorgehen abgeleitet werden und nach Überprüfung der Servicequalität des Anbieters ein Hersteller bzw. Vertriebspartner zur Aufnahme von Vertragsverhandlungen empfohlen werden.

3.8.5 Bewertung der Qualität des Anbieters

Mit dem Vertragsabschluß wird eine meist langfristige Zusammenarbeit mit dem Softwareanbieter beschlossen. Daher ist es absolut empfehlenswert, neben einer Beurteilung der Software anhand der Anbieterpräsentation und des kaufmännischen Angebotes auch die Servicequalität des Anbieters zu überprüfen. Meist ist es zu spät, wenn sich erst im Projektverlauf herausstellt, wo die Mängel des aufgrund seiner einwandfreien Präsentation und seines akzeptablen kaufmännischen Angebotes ausgewählten Anbieters liegen. Folgende Aspekte sind neben einem Gegencheck der Einschätzung in funktionaler Hinsicht durch eine Befragung von Referenzkunden, die der Anbieter benennt, telefonisch oder persönlich zu überprüfen:

- *Erreichbarkeit und Qualität der Anwenderhotline.* Bei der Anwenderhotline ist darauf zu achten, daß sie über einen möglichst langen Zeitraum am Tag erreichbar sein sollte. Die Hotline muß in der Lage sein, kompetent und schnell Auskunft zu erteilen und auch tatsächlich zur Problemlösung beitragen, auch z.B. durch Rückruf. Einen schlechten Eindruck machen Hotline-Telefonnummern, die mit hohen Gesprächsgebühren belegt sind, weil der Anbieter so mit den Problemen des Kunden sein Geld verdient - je mehr Probleme, desto mehr Geld! Weitere wichtige Beurteilungskriterien sind eventuelle Einschränkungen der Nutzung, etwa nur für bestimmte Mitarbeiter oder nur für einen beschränkten Zeitraum. Keinen guten Eindruck macht es auf potentielle Kunden, wenn z.B. die Hotline eines Münchner Anbieters von Baucontrollingsoftware vom 18.12. bis zum 9.1. nicht erreichbar ist. Offenbar hat dieser Anbieter die individuelle Ferienplanung eines Mitarbeiters zum Maßstab für die Erreichbarkeit der Hotline genommen. Dies ist um so kritischer, als gerade zum Jahreswechsel gern eine Umstellung von Software vorgenommen wird und dann auch Bedarf an Unterstützung durch den Anbieter besteht.
- *Anzahl und Umstellungsaufwand neuer Releases pro Jahr.* Neue Versionen der Standardsoftware bringen neue Funktionen und Korrekturen von Fehlern. Hier ist zu ermitteln, wie groß der Umstellungsaufwand für ein neues Release ist, welche Unterstützung der Anbieter dabei gewährt und inwieweit firmenspezifische Anpassungen von der Releaseumstellung betroffen sind. Auch über notwendige Änderungen der Stammdaten können Referenzanwender berichten.
- Die *Qualität der mitgelieferten Dokumentation* spielt eine wesentliche Rolle bei der Schulung der Anwender, aber auch bei der täglichen Arbeit an der Standardsoftware, um auftretende Fragen schnell nachschlagen zu können. Wichtig ist

das Vorliegen einer Dokumentation, die sich an Aufgaben bzw. Prozessen und deren firmenspezifischer Realisierung orientiert und nicht, wie leider noch häufig festzustellen, in der aufzählenden Beschreibung aller Menüpunkte und deren Funktionen erschöpft. Die gewünschte Verfügbarkeit (gedruckt oder elektronisch) hängt von den Präferenzen der Anwender ab. Elektronische Dokumente bieten durch einen Index, kontextsensitive Hilfen, das Vorführen von Beispielen und die unmittelbare Verknüpfung mit dem Programm selbst zahlreiche Vorteile. Gedruckte Dokumente können hingegen auch genutzt werden, wenn auf dem Bildschirm kein Platz mehr vorhanden ist oder kein Rechner zur Verfügung steht.

- Die *Kompetenz des Beratungspersonals* ist ein wesentlicher Einflußfaktor sowohl für die Schnelligkeit der Einführung als auch für die Zufriedenheit mit den erzielten Ergebnissen. Praxiserfahrungen zeigen, daß es gerade hier die größten Probleme gibt /vgl. u.a. Knolmayer 1997, Gronau 1999, S. 300/. Qualifizierte Berater bereiten ihren Besuch sorgfältig vor, legen Zeitpläne und Tagesordnungen vor und dokumentieren ihre Tätigkeit.
- *Qualität der vom Anbieter durchgeführten Schulungen.* Die vom Anbieter durchgeführten Schulungen sollten gut vorbereitet sein, sich an die Vorkenntnisse der Teilnehmer schnell anpassen und aussagefähiges Lernmaterial in gedruckter Form enthalten. Eine Durchführung am Sitz des Unternehmens spart zwar die Reisekosten der Teilnehmer, kann aber oftmals bei der Ausstattung der Schulungsräume nicht mit dem Anbieter mithalten. Zudem besteht bei sog. inhouse-Schulungen die Gefahr, daß Mitarbeiter aus der Schulung heraus zu dringenden Tagesproblemen abgerufen werden.
- *Effizienz der Softwareeinführung bei den Referenzkunden,* insbesondere der Beitrag des Anbieters dazu. Es ist nicht Schuld des Anbieters, wenn das Anwenderunternehmen aufgrund immer neuer Wünsche den Einführungstermin für die Standardsoftware verzögert. Allerdings sollte der Softwareanbieter seinen Teil dazu beitragen, das Projekt voranzubringen und z.B. zugesagte Liefertermine stets pünktlich einhalten. Die Berater des Anbieters sollten auch Projektmanagementaufgaben abdecken und den Anwender z.B. auf projektverlängernde Ereignisse hinweisen und Vorschläge zur Abhilfe unterbreiten.
- *Erfahrungen mit Rechnungstellung und Kulanz.* Eine heikle Fragestellung liegt in der Beurteilung der kaufmännischen Seriosität des Anbieters. So sollte bei den Referenzkunden erfragt werden, ob es Gründe für die Reklamation von Rechnungen gab, etwa weil die Mengenansätze der erbrachten Leistungen nicht mit den Aufzeichnungen beim Anwender übereinstimmten. Gelegentlich kommt es auch vor, daß prozentuale Abschläge auf die Lizenzkosten oder auf Sonderprogrammierung falsch berechnet werden, so daß die Summe der einzelnen in Rechnung gestellten Abschläge mehr als 100% ergibt. Selbstverständlich soll-

ten der Preis der in Rechnung gestellten Leistung auch mit den Angaben des Angebotes übereinstimmen.

- *Verläßlichkeit bei der Erfüllung nicht exakt spezifizierter Aufgaben.* Der Anbieter sollte z.B. auch Zusagen einhalten, die mündlich oder am Telefon gegeben wurden. Er sollte stets ein Interesse erkennen lassen, die Einführung der Standardsoftware zügig und reibungsarm durchzuführen.
- Schließlich ist die Bereitschaft des Anbieters zu *Kompromissen im Streitfall* zu erfragen. Dabei ist relevant, ob und in welchem Umfang in Streitfällen Kompromisse angeboten und eingegangen wurden.

Es ist sicherlich nicht einfach, in einer telefonischen oder persönlichen Befragung von Referenzkunden alle oben beschriebenen Informationen in Erfahrung zu bringen. Dennoch sollte die Gelegenheit, sich auf den Softwareanbieter einstellen zu können, in jedem Fall genutzt werden, um nicht später gezwungen zu werden, im laufenden Projekt aus den Versäumnissen der Vorbereitungsphase zu lernen.

3.9 Vertragsverhandlungen

Verträge über Softwareprojekte sind juristische Abbildungen des Projektgeschehens /vgl. auch im folgenden Bartsch 2000, S. 3ff./. Im Vertrag sind sowohl das zukünftige abgestimmte Verhalten beider Vertragsparteien als auch die korrekte Strukturierung und Abbildung der aktuellen Willensübereinkunft zu regeln,

Die von den Softwareanbietern erstellten Allgemeinen Vertragsbedingungen sind als Grundlage eines Vertrags über ein Softwareprojekt nur bedingt geeignet. Sie enthalten zumeist Klauseln, die einseitig den Interessen des Anbieters dienen und teilweise rechtlich unwirksam sind, so daß dann in diesem Punkt keine vertragliche Regelung besteht.

Ein Werkvertrag kann über Software nur abgeschlossen werden, wenn die Sollbeschaffenheit des Werkes bei Vertragsabschluß vollumfänglich beschrieben werden kann. Dies ist auch bei Standardsoftware häufig nicht der Fall, da die Sollbeschaffenheit auch von der Ausgestaltung und Organisation der betrieblichen Prozesse abhängt. Daher ist es empfehlenswert, einen Vertrag mit einer gewissen Offenheit zur detaillierten Ausgestaltung der Leistung abzuschließen. Solche Verträge werden als Projektverträge bezeichnet. Sie enthalten zumeist vier Gruppen von vertraglichen Regelungen:

- die Leistungsbeschreibung und alle hier einzuordnenden Regelungen
- die Vergütung
- die Organisations- und Verfahrensregeln während des Projektes sowie

- die rechtlichen Regeln, die Situationen außerhalb des Projektes oder des korrekten Projektablaufs enthalten.

Nach Ansicht von Bartsch zeichnet sich ein guter Projektvertrag dadurch aus, daß Regelungsdefizite in einer der oben genannten Gruppen durch Regelungen in anderen Gruppen zumindest reduziert werden.

3.9.1 Leistungsbeschreibungen

Ein Projektvertrag kann erst dann abgeschlossen werden, wenn das Leistungsziel in Umrissen feststeht. Solange dies nicht der Fall ist, ist es sinnvoll, zuvor einen Vertrag über die Erstellung einer Projektstudie, eines Pflichtenheftes oder einer Anforderungsspezifkation abzuschließen. Einzelheiten dazu sind im Exkurs: "Die Notwendigkeit einer Vorstudie" enthalten.

Exkurs: Die Notwendigkeit der Vorstudie

Bei Standardsoftwareprojekten ist der Softwareanbieter zumeist bestrebt, vor Beginn der Installations- und Customizingleistungen eine Projektstudie anfertigen zu lassen. Insbesondere bei Unternehmen, die selten neue Standardsoftware einführen, stößt dies regelmäßig auf Unwillen, zumal der Anbieter für diese Projektstudie auch eine Vergütung erlangen will. Daher erscheint es sinnvoll, die Intention des Softwareanbieters an dieser Stelle zu erhellen.

Der Anbieter bzw. die ihn repräsentierenden Beratungsmitarbeiter müssen im Rahmen der Einführung von Standardsoftware in kurzer Zeit möglichst viele Charakteristika, Abläufe und Objekte des Unternehmens kennenlernen, um die Paßgenauigkeit der Standardsoftware bezogen auf die betrieblichen Abläufe zu erhöhen. Auch wenn durch Eigenarbeiten oder Dritte bereits eine Vorstudie angefertigt wurde, besteht für den Softwareanbieter immer noch das Problem, sein Wissen über den konkreten Einsatzfall zu vertiefen. Daher ist es zumeist sinnvoll, einen gewissen Aufwand für eine Untersuchung durch den Softwareanbieter zu investieren, wenn dieser nach Abschluß der Vorarbeiten einen ausreichenden Überblick über die betrieblichen Abläufe und Objekte gewinnen konnte. Der Umfang der Vorstudie sollte vorab begrenzt werden. Typische Größenordnungen für kleine und mittlere Unternehmen sind fünf Manntage bzw. ein Fixum von ca. 5000 EUR. Vertraglich sollte festgelegt werden, daß der Softwareanbieter nach Abschluß der Vorstudie die zur erfolgreichen Durchführung des Projektes erforderlichen Kenntnisse über das Unternehmen und die von der Standardsoftwareeinführung betroffenen Abläufe aufweist.

Grundsätzlich besteht der Unterschied zwischen Pflichtenheft und Leistungsbeschreibung darin, daß in einem Pflichtenheft die Anforderungen des Auftraggebers, in einer Leistungsbeschreibung hingegen die Zusicherungen des Auftragnehmers enthalten sind /vgl. Groh 2000, S. 7/.

Grundsätzlich bestehen zur Beschreibung der zu erbringenden Leistung unterschiedliche Möglichkeiten /vgl. Bartsch 2000, S. 5/, wie eine Aufzählung aller zu erbringenden Leistungen, eine Darstellung des wirtschaftlichen oder organisatorischen Zieles oder der Verweis auf ein Referenzprojekt. In der Praxis werden diese Möglichkeiten kombiniert wahrgenommen. Diese konkreten Elemente der Leistungsbeschreibung werden durch abstrakte Elemente wie den zugesicherten Stand der Technik, die Einhaltung von Normen oder branchenüblichen Standards zu Ergonomie, Antwortzeitverhalten oder Dokumentation ergänzt.

Groh schlägt als Bestandteile einer Leistungsbeschreibung die in Abb. 3-19 dargestellte Gliederung vor.

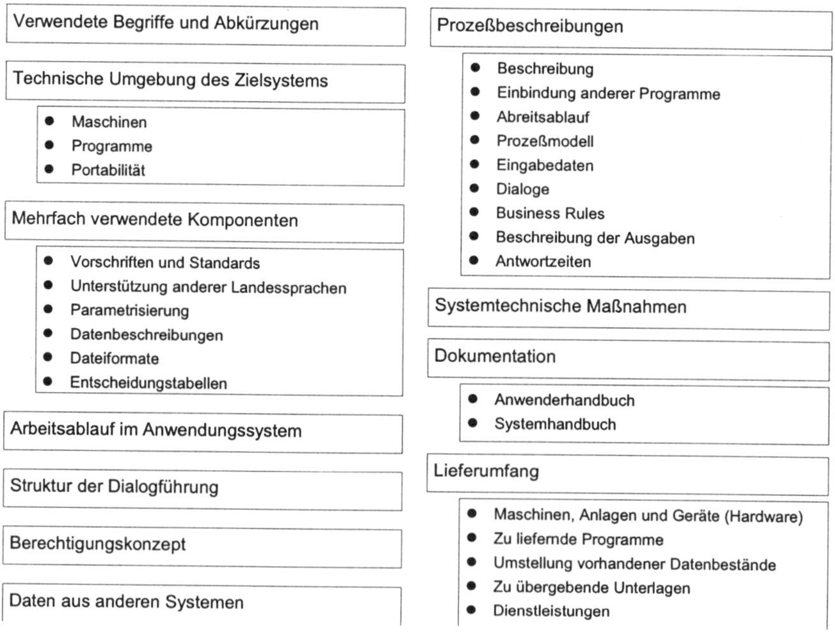

Abb. 3-19: Bestandteile einer Leistungsbeschreibung /vgl. Groh 2000, S. 27ff./

3.9.2 Regelung der Vergütung

Prinzipiell stehen folgende Vergütungsalternativen zur Auswahl:

- Festpreis
- Preis nach Aufwand sowie
- Listenpreis, ggf. mit Gewährung von Rabatten.

In Einzelfällen kann auch ein Teil der Bezahlung nach Erfolgskriterien vorgenommen werden, also z.B. nach erfolgter Kosteneinsparung durch die Einführung eines Dokumentenmanagementsystems. Je nach Art der zu erbringenden Leistung differieren die vom Softwareanbieter in seinem Angebot gemachten Preisangaben. Für Lizenzen werden in der Regel Listenpreise genannt, für Customizing, Schnittstellenprogrammierung, Berichts- und Formularanpassungen sowie Schulungen zumeist Preise nach Aufwand.

Das Unternehmen, das eine Standardsoftware einsetzen will, ist zumeist an Festpreisregelungen interessiert. Der Softwareanbieter, der den jeweils erforderlichen Aufwand nur schwer vorhersagen kann, möchte einen wesentlichen Teil seiner Leistungen nach Aufwand abrechnen, um den Deckungsbeitrag des Projektes nicht zu gefährden. Um diesen Interessenkonflikt zu lösen, haben sich unterschiedliche Regelungen herausgebildet.

Häufig wird mit Budgets gearbeitet, deren Inanspruchnahme einzeln nachgewiesen wird. Ist das zu Projektbeginn kalkulierte Budget erschöpft, muß der Softwareanbieter den Grund dafür nachweisen. Denkbar ist, daß Leistungen nach Überschreitung des Budgets mit einem geringeren Satz vergütet werden.

Bei Anpassungsprogrammierungen, z.B. für Schnittstellen, empfiehlt sich ebenfalls das vorherige Anfertigen einer Spezifikation, die es dem Softwareanbieter ermöglicht, einen Festpreis zu nennen. Die Kosten für die firmenspezifische Anpassung von Berichten, Ausdrucken, Formularen, Briefmustern etc. wird häufig stark unterschätzt. Für die Einführung der Standardsoftware SAP R/3 liegen beispielsweise Angaben vor, die einen Anteil von 38% der gesamten Customizingaufwendungen für die Anpassung von Ausdrucken aller Art nennen. In diesem Punkt ist daher eine Begrenzung des möglichen Aufwands dringend erforderlich. Ratsam ist es, sich pro Bericht/Report/Formular den voraussichtlichen Aufwand vom Softwareanbieter bestätigen zu lassen. Mehraufwand geht dann zulasten des Anbieters, wenn er nicht durch zusätzliche Anforderungen des Anwenderunternehmens bedingt ist.

Werden funktionale Erweiterungen der Standardsoftware für den Auftraggeber programmiert, sollte auf eine Aufnahme dieser funktionalen Erweiterung in den

Standard gedrungen werden. Nur so ist sichergestellt, daß bei neuen Programmständen kein Anpassungsaufwand für die vorgenommenen Erweiterungen anfällt. Zudem kann bei der Verhandlung über den Preis für die funktionale Erweiterung auf den zusätzlichen Nutzen für die anderen Kunden des Softwareanbieters verwiesen werden.

3.9.3 Organisationsregeln

Zu den im Vertrag zu regelnden Zuständigkeiten und Verfahren gehört ein Zeitplan sowie die Definition von Meilensteinen (vgl. Abschnitt 2.5.3). Änderungen aufgrund von Kundenwünschen sind Vertragsänderungen. Sie sollten möglich sein, müssen aber zugunsten des Softwareanbieters eine Anpassung der Vergütung und des Zeitplanes ermöglichen. Sinnvoller ist es, zunächst eine produktive Grundausbaustufe fertigzustellen und dann in einem zweiten Projekt Erweiterungen in Angriff zu nehmen. An die Festlegung eines Meilensteines müssen beide Projektpartner gebunden werden, also auch der Auftraggeber, wenn er zu diesem Zeitpunkt Vorleistungen zu erbringen hat.

Eine Aufteilung des Projektes in einzeln zu beurteilende Teilprojekte ist sinnvoll, wenn Teilabnahmen möglich sind. Falls die Teilprojekte mit später fertigzustellenden bzw. einzuführenden Teilprojekten interagieren, sollte die Gewährleistung erst mit dem Zeitpunkt des Zusammenarbeitens der Teilprojekte beginnen /vgl. Bartsch 2000, S. 7/.

Zu den Regelungen gehört auch die Benennung von verantwortlichen Personen (Ansprechpartner) auf beiden Seiten. Befugnisse und Pflichten dieser Personen sind zu regeln. Schließlich sind im Vertrag auch Projektbesprechungen und Projektdokumentation festzulegen.

3.9.4 Abnahmeregelung

Die Abnahme ist Teil der Verfahrensregeln. Bartsch /vgl. Bartsch 2000, S. 8/ empfiehlt folgende Vorgehensweise:

- Der Softwareanbieter meldet die Abnahmebereitschaft.
- Der Auftraggeber hat nun einen vorgegebenen Zeitraum zur Prüfung zur Verfügung.
- Findet er abnahmeverhindernde Mängel, kann er sie rügen. Die Abnahmefrist beginnt dann erneut, wenn der Softwareanbieter die Beseitigung der Mängel angezeigt hat.

- Ist die zuvor vereinbarte Frist ohne Fehlermeldungen des Auftraggebers abgelaufen, so gilt das System als abgenommen.

Weitere Regelungen in diesem Bereich des Vertragswerkes sind zu den Punkten Nachbesserung und Gewährleistung zu vereinbaren (z.B. Fristen, Mitwirkungspflicht des Auftraggebers etc.).

3.9.5 Rechtliche Regeln

Zu den rechtlichen Regel, die im Projektvertrag festzulegen sind, gehören Auffangregeln für Projektabbruch, dessen finanzielle Kompensation sowie formelle Regeln, etwa für Gerichtsstand oder anzuwendendes Recht. Die Frage der Rechte am Projektergebnis ist bei Standardsoftware eindeutig geregelt. Zumeist erwirbt der Auftraggeber ein Nutzungsrecht, das differenziert gestaltet werden kann. Weitergehende Rechte müssen individuell vereinbart werden /vgl. Bartsch 1998, S. 45/.

3.9.6 Service- und Wartungsverträge

Wartungs- und Serviceverträge sollten zumindest folgende Leistungen beinhalten:

- Fehlerbeseitigung in definierten Reaktionszeiten
- Auslieferung neuer Programmstände zur Anpassung an geänderte Außenbedingungen (z.B. neue Software, Hardware, geänderte Einsatzbedingungen). Durch einen Wartungsvertrag erhält der Kunde neue Programmstände und erwirbt das Recht, daß das Softwarehaus in angemessenen Abständen solche Programmstände erstellt.
- Beratung für Anwender wie eine Hotline zur Bedienung des Programms
- weitere Serviceleistungen wie geschützte Downloadbereiche, Kundenforen etc.

4. Einführung von Standardsoftware

Dieses Kapitel beschreibt die einzelnen Aufgaben, die im Verlauf des Einführungsprozesses zu erfüllen sind. Dabei wird das in Abb. 4-1 dargestellte Vorgehensmodell verfolgt.

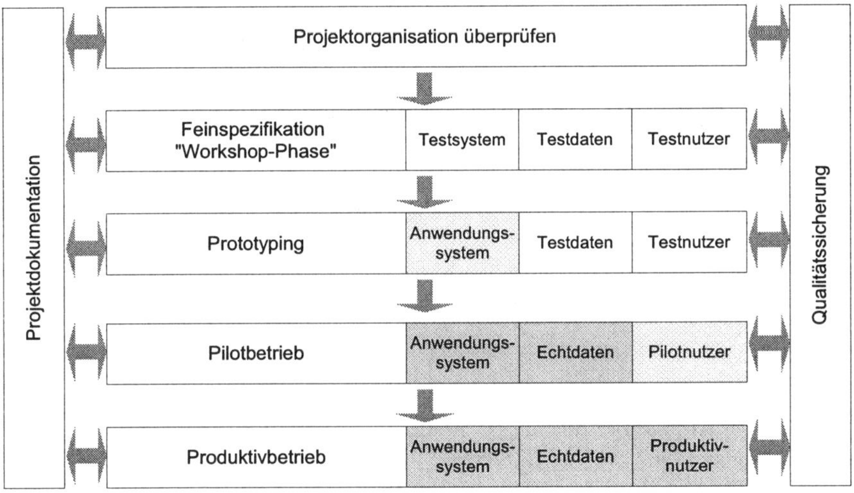

Abb. 4-1: Vorgehensmodell der Einführung von Standardsoftware

Das generelle Vorgehen kann wie folgt charakterisiert werden:

Zunächst wird die Projektorganisation überprüft, da nunmehr auch der Softwareanbieter sowie möglicherweise weitere Dienstleister (z.B. Consultants) in die Projektarbeit eingebunden werden müssen.

Die sich anschließende Phase der Feinspezifikation wird als Workshopphase bezeichnet, da dies die typische Arbeitsform zur gemeinsamen Erarbeitung von Detaillösungen für die zu unterstützenden Geschäftsprozesse darstellt. Je nach Umfang des Einführungsprojektes kann diese Phase auch erheblich umfangreicher sein als "nur" die Zeitdauer einiger Workshops.

In der dann folgenden Prototyp-Phase wird ein weitgehend an die Festlegungen der Feinspezifikation angepaßtes Standardsoftwaresystem beim Anwender installiert. Ziel dieses Arbeitsschrittes ist der Test der vorgenommenen Einstellungen.

Anschließend wird ein Probebetrieb aufgenommen, der sich durch die Integration von Echtdaten von der vorhergehenden Phase unterscheidet. Verläuft der Pilotbetrieb erfolgreich, so wird anschließend der Produktivbetrieb aufgenommen, bei dem erstmals alle Mitarbeiter, die an den durch die Standardsoftware abgebildeten Prozessen beteiligt sind, mit dem neuen System arbeiten.

Vorgehen, Methoden und Probleme der einzelnen Phasenschritte werden in den folgenden Abschnitten ausführlich erläutert.

4.1 Überprüfung der Projektorganisation

Während in der Auswahlphase eine nebenamtliche Betreuung des Standardsoftware-Projektes ausreichte, muß nun die Projektorganisation professionalisiert werden. Je nach Größe des Unternehmens sind dazu mehrere Mitarbeiter hauptamtlich für die Mitarbeit im Projektteam abzustellen. Ein insbesondere in kleinen und mittleren Unternehmen häufig gemachter Fehler besteht darin, den zu erwartenden Umfang des Projektes falsch einzuschätzen. Die mit der Einführung der Standardsoftware verbundenen organisatorischen Umstellungen lassen sich nicht quasi „nebenbei" erledigen, ohne daß sich die Projektlaufzeit erheblich verlängert.

Ein weiterer Fehler liegt in der Auswahl des Projektleiters bzw. der Projektleiterin. Im Bereich der Akzeptanz des neuen Systems hängt vieles von der Überzeugungskraft des Projektleiters ab. Ein unsicherer Projektleiter, der zögert, seine Festlegungen gegenüber den Fachabteilungen durchzusetzen, trägt nicht dazu bei, eine vertrauensvolle Haltung zum Einführungsprojekt zu entwickeln, sondern bestärkt skeptische Mitarbeiter noch in ihrer abwartenden Haltung. Auch dies verzögert der Beginn des Produktivbetriebs und erhöht damit die Einführungskosten.

Einsatz externer Dienstleister

Der Einsatz externer Dienstleister bietet sich an, wenn im Unternehmen selbst die notwendigen Kompetenzen oder Kapazitäten nicht verfügbar sind. Externe Dienstleister können als Berater, Projektleiter oder Projektsteuerer eingesetzt werden. Als Projektleiter vertreten sie das Unternehmen nach innen (gegenüber den Mitarbeitern) und nach außen (gegenüber dem Software-Lieferanten und ggf. weiteren Zulieferern). Problematisch ist daher der Einsatz eines externen Projektleiters, der vom Softwareanbieter gestellt wird. Dieser wird bei Interessenkonflikten im Zweifel die Meinung seines Arbeitgebers und nicht unbedingt seines Auftraggebers vertreten. Kann nicht auf einen Projektleiter aus dem Unternehmen zurückgegriffen werden, sollte daher ein fachkundiger Dritter, etwa ein Unternehmensberater oder ein kompetenter Mitarbeiter eines Forschungsinstituts mit der Projektleitung beauftragt werden. Wichtig ist bei der Vertragsgestaltung mit dem externen Projektleiter, daß der vom Projektleiter zu leistende zeitliche Aufwand (in

Manntagen oder Stunden) und die vereinbarten Meilensteintermine verbindlich vereinbart werden.

Beim Einsatz von externen Dienstleistern als Berater ist deren Kompetenz sowie das zur vollständigen Zielerreichung erforderliche Zeitbudget vertraglich zu vereinbaren.

Schließlich besteht in Anlehnung an die Baubranche noch die Möglichkeit, externe Dienstleister als Projektsteuerer einzusetzen. Deren Aufgabenumfang kann wie folgt beschrieben werden:

- Organisations-, Informations-, Dokumentations-, Koordinationsaufgaben sowie Überwachung der Qualität, Quantität, Kosten und Termine im Zusammenhang mit der Einführung der Standardsoftware
- Mitwirkung bei der Vertretung der Kundeninteressen gegenüber dem Auftragnehmer, also dem Softwareanbieter und den Beratern
- Klärung von Aufgabenstellungen und Projektdefinitionen
- Verantwortliche Projektsteuerung und Kontrolle aller unmittelbar am Projekt Beteiligten
- Mitwirkung und Abstimmung der mit den Auftragnehmern erforderlichen Vereinbarungen
- Etablierung eines einheitlichen rechnergestützten Projektberichtswesens für alle Projektbeteiligten
- Aufbau einer Projektorganisation
- Vorbereitung und Durchführung von regelmäßigen Projektbesprechungen zur Klärung offener Fragen und zur Terminsteuerung
- Berichterstattung an die Geschäftsführung über den Projektstatus.

Die Projektsteuerung kann pauschal oder nach Aufwand abgerechnet werden.

Mindestbeteiligung bei Standardsoftware-Einführungsprojekten

Unabhängig von der zeitlichen Freistellung von Mitarbeitern ist in jedem Fall ein internes Projektteam zu bilden, das mindestens aus folgenden Mitgliedern besteht:

- Vertreter der von der Systemeinführung betroffenen Fachabteilungen
- Vertreter der IT-Abteilung
- Vertreter der Unternehmensleitung.

Zur Organisation des Projektes bei größeren und unternehmensweiten Einführungsprojekten wird auf die Ausführungen in Abschnitt 2.4 verwiesen.

4.2 Feinspezifikation

Aufgabe dieser Phase ist es, die Parameter des einzuführenden Standardsoftwaresystems und die organisatorischen Abläufe so weit aneinander anzugleichen, daß ein effizienter Produktivbetrieb aufgenommen werden kann. Die Aufgabe unterteilt sich dabei in folgende Bereiche:

- Abbildung der Organisationsstruktur im System
- Einstellen der Geschäftsprozeßparameter
- Prototyping.

Getestet werden die in dieser Phase vorgenommenen Einstellungen im Projektabschnitt Prototyping. Das so gegliederte Vorgehen ist weniger als sequentiell, sondern eher als iterativ, heuristisch und mit weitgehenden Rückkopplungsschleifen versehen zu charakterisieren. Fehler bei der Parametereinstellung können zumeist nur durch Neuspezifikation und neues Prototyping beseitigt werden.

4.2.1 Einführung neuer Nummernsysteme

Eng verbunden mit der Übertragung der Stammdaten ist die zumeist erforderliche Umstellung oder Neueinführung von Nummernsystemen für Kunden, Artikel oder Teile. Während Kundennummern aufsteigend vergeben werden können, sind bei der Numerierung von Produkten, Baugruppen oder Teilen weitergehende Überlegungen notwendig, da die Sachnummernsysteme in praktisch jeder Abteilung des Unternehmens benötigt werden.

Als weiteres Ziel ist im Bereich der Materialwirtschaft durch eine geschickte Numerierung die Erkennbarkeit von Teilen zu einer Teilefamilie anzustreben.

Die in den sechziger und siebziger Jahren entwickelten Systeme zur Einzelteilklassifikation von Opitz /vgl. Opitz 1966/ oder Wiendahl /vgl. Wiendahl 1973/ haben in der Praxis die hohen in sie gesetzten Erwartungen jedoch nicht erfüllt. Vielfach wurden ausbleibende Rationalisierungseffekte bei hohen Pflegekosten beobachtet/vgl. Hesser 1992, S. 43/.

Gründe dafür liegen in der Nutzung monohierarchischer Klassifikationen und der daraus abgeleiteten Baumstrukturen, die nur eine Informationsstruktur abbildeten und dabei überschneidungsfrei sein mussten. In der Praxis existieren jedoch unterschiedliche Sichtweisen und daher auch polyhierarchische Teileeinordnungen.

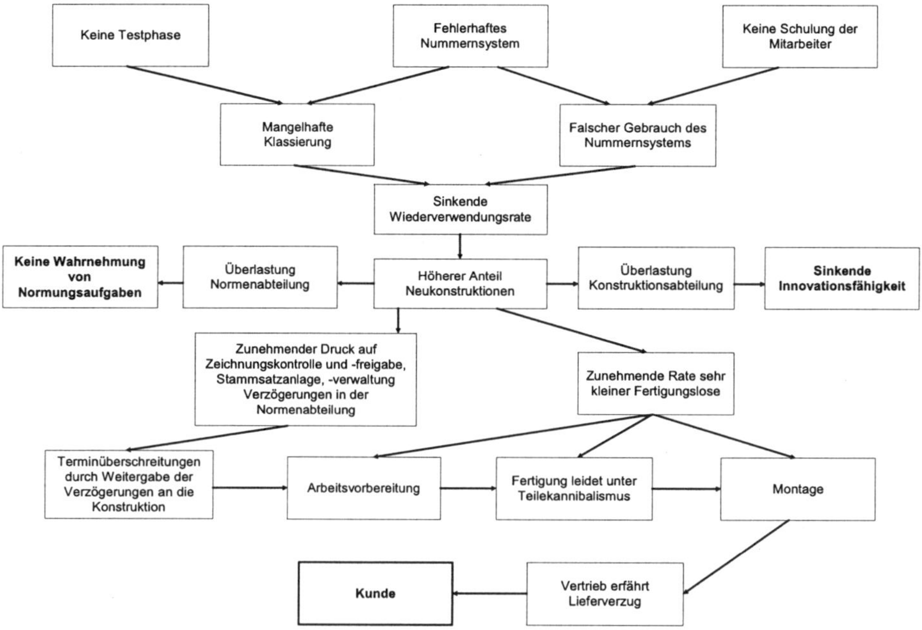

Abb. 4-2: Auswirkungen ungeeigneter Nummernsysteme /vgl. Hesser 1992, S. 45/

Weitere Fehler unzureichender Nummernsysteme zeigt Abb. 4-2. /vgl. Hesser 1992, S. 45/.

Es wird daher empfohlen, Klassifikationen und Merkmale nicht mehr in der Artikelnummer, sondern in eigens dafür vorzusehenden Datenfeldern des Artikels und dann weitgehend natürlichsprachlich vorzunehmen. Ein Ansatz dazu ist bei /Hesser 1992/ beschrieben.

4.2.2 Einstellen der Geschäftsprozeßparameter

Zu den in diesem Arbeitsschritt notwendigen Einstellungen gehören u.a. /vgl. Appelrath 2000, S. 100/:

- Währungen, Betriebskalender mit Feiertagen, landesspezifische Einstellungen,
- Festlegung der von den einzelnen Unternehmensbereichen genutzten oder geplanten Nummernkreise für Artikel, Kunden, Lieferanten, Organisationseinheiten, Belege etc.
- Festlegungen zum Aufbau und zur Pflege von Stammdatenstrukturen

- Eingabe der im System verwendeten Maßeinheiten und der Umrechnungsvorschriften zwischen Maßeinheiten. So wird bei der Blechbearbeitung Stahlblech nach Tonnen eingekauft, aber in der Fertigung nach Millimetern angefordert und verarbeitet.
- Festlegung der einzusetzenden Kontenrahmen für Kostenrechnung, Controlling und Buchhaltung sowie die Zuordnung der Konten zu den Positionen der Bilanz bzw. der Gewinn- und Verlustrechnung.

Ebenfalls in den Aufgabenbereich gehören die Festlegung von Schnittstellenspezifikationen zu anderen Anwendungssystemen und die organisatorische Einbettung dieser Schnittstellen (z.B. wer überspielt die Rechnungsdaten in das Baucontrollingsystem?).

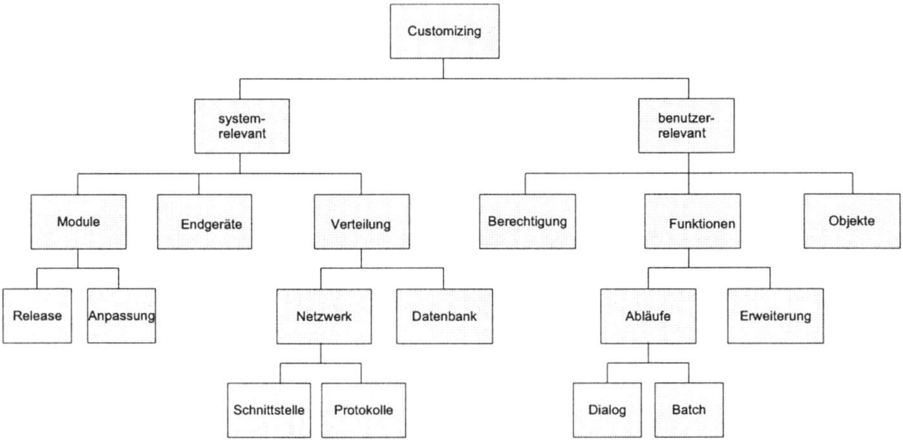

Abb. 4-3: Customizing-Faktoren im Überblick /vgl. Arnold 1996, S. 22/

Abb. 4-3 zeigt die Systematik der einzustellenden Parameter einer Standardsoftware /vgl. Arnold 1996, S. 22/. Der Umfang der einzustellenden Parameter bewegt sich zwischen einigen Dutzend bei funktionsspezifischer Software über einige 100 bei kleineren ERP-Systemen bis hin zu mehreren 1000 bei unternehmensweit eingesetzten Systemen wie SAP R/3.

Dittrich und andere stellten bei der Parameterfestlegung folgende Gattungen von Konfigurationsfehlern fest /vgl. Dittrich 1999, S. 9ff./:

- Eine aufgabenwidrige Parameterverwendung liegt vor, wenn ein bestimmtes Konfigurationsziel mit der falschen Stellgröße verfolgt wird. So ist z.B. bei der Einstellung von Dispositionsparametern zwischen dem nur auf die Mindestbestellgröße wirkenden Parameter minimale Losgröße und dem auf alle Bestellmengen wirkenden Rundungswert zu unterscheiden, der alle Bestellmengen auf ein Vielfaches seines Betrages aufrundet.

- Nichtbeachtung wirksamer Parameter, z.B. Verzicht auf das Setzen eines Sicherheitsbestandes.
- Zwangsweises Außerkraftsetzen von Parameterwirkungen, etwa durch Wahl des Losgrößenverfahrens feste Bestellmenge mit der Folge, daß der oben beschriebene Rundungswert durch das Losgrößenverfahren ignoriert wird und stattdessen ein oder mehrere Lose mit der „festen" Menge erzeugt werden.

Während des Projektablaufs sind über die inhaltlichen Fehler bei der Parametereinstellung hinaus folgende Probleme zu erkennen:

- Hoher Termindruck insbesondere bei „Big-Bang-Projekten", die alle Module gleichzeitig in Betrieb nehmen, führt zu Zeitmangel bei der Parametereinstellung und damit auch zu mangelnder Sorgfalt. Statt individuell ermittelter passender Parameterwerte werden Initialwerte oder Defaultwerte belassen, deren Auswirkungen nicht überprüft werden.
- Fehlendes Controlling des betriebswirtschaftlichen Erfolges des neuen Systems, insbesondere des Einflusses auf wirtschaftliche Größen wie Kapitalbuchung oder Dispositionsmängel und deren Auswirkungen.
- Die ungeprüfte Parameterübernahme aus Altsystemen kann dann zu Problemen führen, wenn unterschiedliche, auf diesen Parametern basierte Verfahren genutzt werden. In diesem Fall ist die Parameterübernahme nicht sinnvoll.
- Auch bei der Parameterübernahme aus ähnlichen Unternehmen ist zu berücksichtigen, ob der mit der jeweiligen Parametereinstellung intendierte Zweck nicht ein anderer ist. So wird ein Druckereimaschinenhersteller, der pro Jahr nur ein Dutzend Druckmaschinen fertigt und dabei Stahlbleche disponiert, andere Parametereinstellungen verwenden als ein Blechverarbeiter, der Losgrößen > 200 produziert und ebenfalls Bleche disponiert. Zudem besteht keine Gewähr, daß die übernommenen Parameter im anderen Unternehmen befriedigende Ergebnisse erzielten.

Über die Parametereinstellungen bei PPS-Systemen, insbesondere am Beispiel des PP-Moduls von SAP R/3 informiert /Dittrich 1999/.

4.3 Prototyp-Phase

Ziel dieser Phase ist es, die zuvor eingestellten Parameter des Standardsoftwaresystems unter realitätsnahen Bedingungen zu testen. Dazu ist als vorbereitender Schritt die Übernahme der Stammdaten aus den Altsystemen erforderlich.

4.3.1 Übernahme der Stammdaten

Je nach Vorliegen der bisher genutzten Stammdaten sind unterschiedliche Möglichkeiten einer Altdatenübernahme zu unterscheiden (vgl. Abb. 4-4). Liegen die Daten in Form von proprietären Datenstrukturen vor, ist es zumeist nicht möglich eine entsprechende Exportroutine zur Verfügung zu stellen, die alle Daten unter Beachtung der vorgesehenen Relationen des in der neuen Standardsoftware verwendeten Datenmodells exportiert. Daher besteht nur die Möglichkeit, Stammdatenlisten in ASCII-Dateien zu übertragen.

Wenn auch diese Möglichkeit nicht zur Verfügung steht, müssen die Daten einzeln ausgedruckt und manuell in das neue System übertragen werden. Der Nachteil des großen Aufwandes ist jedoch mit zwei erheblichen Vorteilen verbunden:

Zum einen kann bei der Neuerfassung zwischen zu übertragenden und nicht zu übertragenden Daten entschieden werden. Artikel, die nicht mehr im Programm sind oder Kunden, die seit mehreren Jahren nichts mehr bestellt haben oder deren Firma nicht mehr existiert, werden nur so identifiziert.

Zum anderen sind bei der manuellen Neueingabe alle Gültigkeitsüberprüfungen des neuen Systems aktiv. Ungültige inländische Postleitzahlen (weil vierstellig) oder falsche Verknüpfungen zwischen Firma und Ansprechpartner werden unter Umständen bei einem automatischen Import in die entsprechende Tabelle nicht erkannt.

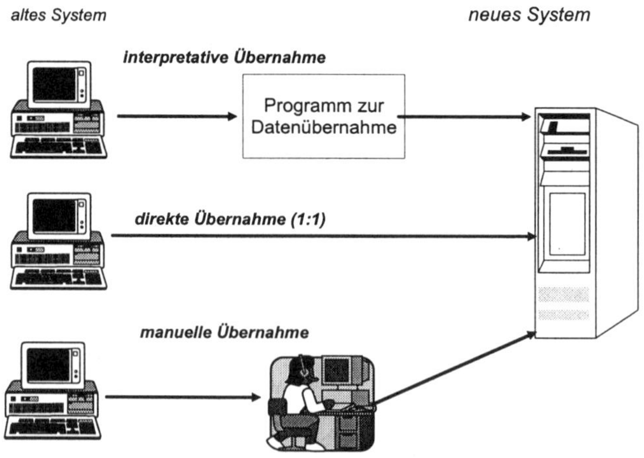

Abb. 4-4: Arten der Datenübernahme /in Anlehnung an Schmitz 1999, S. 357/

4.3.2 Parametertest

Zur Prototypphase gehört die Überprüfung, ob die eingestellten Berechtigungen korrekt die gewollte organisatorische Aufgabenverteilung wiedergibt. Alle Ausdrucke des Systems, als sowohl die intern verwendeten Belege und Berichte als auch die im Geschäftsverkehr verwendeten Briefe müssen auf formale und inhaltliche Richtigkeit überprüft werden.

Zumeist ergibt sich in der Prototyp-Phase auch die Notwendigkeit weiterer Berichte. Über deren Realisierung sollte zügig entschieden werden, um einen geplanten Produktivstarttermin nicht zu gefährden.

Ein weiteres Ziel der Prototyp-Phase liegt darin, weitere Mitarbeiter an die Bedienung des Systems heranzuführen. Hierzu sind entsprechende Schulungen vorzubereiten und durchzuführen.

Wichtig ist, daß die Schulungen nicht nur aus Folienvorträgen bestehen, sondern den Schwerpunkt auf die direkte Vermittlung von Kenntnissen am neuen Standardsoftwaresystem legen. Dies kann erreicht werden, indem einzelne Abschnitte der Geschäftsprozesse, die das neue System unterstützen sollen, mit Beispieldaten direkt am System geübt werden. Daher sollte jedem Teilnehmer der Schulung ein eigener Rechner mit installierter Standardsoftware zur Verfügung stehen. Die Schulungen sind zeitnah zum Produktivstart durchzuführen, damit der erreichte Kenntnisstand nicht wieder in Vergessenheit gerät. Regelmäßige Wiederholungen unter allmählicher Erweiterung des Stoffs sind empfehlenswert.

Spätestens in der Prototyp-Phase sind auch Lasttests der Software durchzuführen, um zu erkennen, ob die zu Beginn gewählte Dimension der Hardware ausreichend war. In großen ERP-Programmen wie etwa SAP R/3 stellen sich Performance-Probleme häufig erst bei Lastbetrieb heraus. Daher ist es außerordentlich empfehlenswert, diese Lasttests bereits in der Prototyp-Phase durchzuführen. Im Produktivbetrieb des neuen Systems gefährdet eine unzureichende Performance unter Umständen die mit der Einführung der neuen Standardsoftware verbundenen Ziele. Wenn z.B. Änderungen des Auftragsnetzwerks (Net Change) nicht schnell genug durchgeführt werden können, ist eine genaue Lieferfähigkeitszusage nicht mehr möglich. Wenn nicht alle pro Tag eintreffenden Bestellungen am selben Tag bearbeitet werden können, ist ebenfalls die Konkurrenzfähigkeit des Unternehmens nicht mehr sichergestellt, da sich die Auslieferung bestellter Aufträge verzögert.

4.3.3 Fehlerbehebung in der Prototyp-Phase

Bei der Implementierung komplexer Standardsoftware-Pakete treten, bedingt durch die umfassende Funktionalität der Anwendungen, Softwarefehler auf. Deren Beseitigung kostet Zeit und kann unter Umständen den Produktivstart verzögern. Am Beispiel einer ERP-Systemeinführung für ca. 700 Benutzer stellte Urbanek fest, daß die Fehlerbeseitigung durch lokale Korrekturen an kundenspezifischen Anpassungen bei sorgfältiger Planung und Durchführung die Wahrscheinlichkeit des Auftretens von Fehlern reduziert /vgl. Urbanek 1999, S. 73ff/. Bei Fehlern, die in der Standardfunktionalität des Systems auftraten, konnte dieser Effekt jedoch nur in abgeschwächter Form beobachtet werden. Die traditionelle Vorgehensweise einer Fehlermeldung an den Softwarelieferanten, dessen Übermittlung einer Korrektur aus seiner Wissensbasis und deren Einspielung in das kundenspezifische System führte zu einer Fehlerbeseitigung von ca. 60-70% in den funktionalen Randbereichen und kundenspezifischen Anpassungen, aber nur zu einer wesentlich niedrigeren Erfolgsquote in den Kernbereichen der Software.

Erklärt werden kann dies durch die Komplexität der Standardsoftware, die mit Hinzunahme weiterer Module überproportional steigt. Als pragmatischen Lösungsansatz für die Fehlerbeseitigung in den Kernbereichen der Standardsoftware schlägt Urbanek daher vor, Fehlerkorrekturen nach zweimaligem Verfolgen des üblichen, oben geschilderten Weges nunmehr durch den Systemanbieter per Ferndiagnose und Einwahl in das Kundensystem vornehmen zu lassen. Der Leiter des Implementierungsprojektes muß zudem darauf drängen, daß die Fehlerkorrektur so allgemein abgefaßt wird, daß sie in den Umfang der Standardsoftware aufgenommen werden kann. So wird vermieden, daß beim nächsten Releasewechsel der schon beseitigt geglaubte Fehler erneut auftritt /vgl. Urbanek 1999, S. 75/.

4.4 Umstellungsstrategien

Nachdem in der vorangegangenen Phase die für den reibungslosen Betrieb der Standardsoftware erforderlichen Parameter eingestellt wurden, muss sich das neue System nun in einem begrenzten Probebetrieb in der Praxis bewähren.

Je nach Umstellungsstrategie stehen für diesen begrenzten Probebetrieb verschiedene Optionen zur Auswahl /vgl. auch Stein 1996, S. 49 und Grobbel 1998, S. 140/:

- Aufteilung nach Geschäftsobjekten

  Bei der Aufteilung nach Geschäftsobjekten wird ein ausgewählter Teil der Kunden, Artikel, Projekte etc. mit dem neuen System bearbeitet, während die übrigen Geschäftsobjekte weiterhin mit dem alten System bearbeitet werden. Vorteil dieser Aufteilung ist die Möglichkeit, die vorgenommenen Einstellungen am realen Geschäftsobjekt testen zu können. Nachteilig bei dieser Variante ist jedoch, daß zur Sicherstellung der Datenintegrität im bisher verwendeten System Doppeleingaben erfolgen müssen. Daher kann der Zeitraum einer Aufteilung nach Geschäftsobjekten mit einer parallelen Bedienung beider Systeme wegen der daraus resultierenden höheren Belastung der Mitarbeiter nur kurz, d.h. im Wochenbereich sein. Das in dieser kurzen Zeit durchzuführende Testprogramm muss daher sorgfältig geplant werden.

- Aufteilung nach Funktionen

  Bei der Aufteilung nach Funktionen oder Programmodulen werden nach und nach fertig angepaßte Module des neuen Systems in den Produktivbetrieb überführt. Für jedes Modul oder jeden Funktionsblock findet somit eine stichtagsbezogene Ablösung der alten Systemfunktionalität durch ein Modul des neuen Standardsoftwaresystems statt. Dieses Vorgehen setzt die Aufteilbarkeit des Funktionsumfangs zwischen alten und neuen Systemen voraus. Je nach Integrationsgrad sind aber unter Umständen zahlreiche Schnittstellen des abgelösten alten Systems zu anderen Altsystemen für das neue System zu schaffen, solange die verbliebenen Altsysteme noch weiter betrieben werden. Zudem ist angesichts der hohen Integrationsdichte umfassender Standardsoftwarelösungen eine Herauslösung einzelner Module zumindest schwierig.

  Nachteilig ist darüber hinaus, daß der Zeitraum der Umstellung sehr lang wird und die betroffenen Funktionen mit beiden Systemen arbeiten müssen. Auch der zweifache Ressourcenbedarf wird meist als nachteilig an dieser Lösung angesehen. In der Praxis kommt als Problem hinzu, daß bestimmte betriebswirtschaftliche Aufgaben, etwa das Anlegen eines neuen Projektes, Auftrages oder Kunden wahlweise im alten oder im neuen System vorgenommen werden können, wenn diese Möglichkeit nicht im alten System ausdrücklich gesperrt werden kann (und dies auch tatsächlich durchgeführt wurde).

  Durch Fehlbedienungen dieser Art entsteht zusätzlicher Aufwand bei der Datenintegration und -konsolidierung im neuen System.

- Vollständige Ablösung des alten Systems

  Bei der als „Big Bang" bezeichneten vollständigen Ablösung eines oder mehrerer Altsysteme durch das neue Standardsoftwaresystem werden zu einem Stichtag alle Geschäftsprozesse auf das neue System umgestellt. Diese Lösung vermeidet die Implementierung nur vorübergehender Schnittstellen zu Altsystemen und verkürzt den Zeitraum der Umstellung erheblich. Sie eröffnet jedoch ein hohes Risiko, weil u. U. bei Problemen kein mit aktuellsten Daten versehenes Altsystem mehr zur Verfügung steht und die betroffenen Geschäftsprozesse unmittelbar beeinträchtigt werden. Der „Big Bang“ stellt daher höchste Anforderungen an die Qualität der vorbereitenden Maßnahmen.

4.5 Werkzeuge zur Unterstützung der Einführung

Die Einführung von Standardsoftware kann durch eine Reihe von rechnerunterstützten Werkzeugen begleitet werden, über deren Funktionsumfang in diesem Abschnitt ein Überblick gegeben wird. Nach der Spezifität lassen sich zunächst spezielle und allgemeine Einführungswerkzeuge unterscheiden. Während allgemeine Einführungswerkzeuge unabhängig von der konkret einzuführenden Standardsoftware eingesetzt werden können, werden spezielle Werkzeuge zumeist mit der Software zusammen ausgeliefert und sind nur für die Einführung dieser Software geeignet. Eine weitere Möglichkeit der Einteilung, der in diesem Abschnitt gefolgt wird, besteht in der Zuordnung von Aufgabengruppen zu Werkzeugen. Es können die Aufgabengruppen

- Nachschlagewerke und Hilfestellungen,
- Projektmanagementsysteme,
- Systeme zur Unterstützung der Spezifikation und
- Modellierungswerkzeuge

unterschieden werden. Die Aufgaben und ausgewählte Vertreter dieser Gattungen werden im folgenden beschrieben.

4.5.1 Nachschlagewerke und Hilfestellungen

Aufgabe dieser Klasse von unterstützenden Werkzeugen ist es, relevante Informationen über das einzuführende Standardsoftwaresystem oder über wesentliche Entscheidungen und ihre Auswirkungen zu vermitteln. Suchmöglichkeiten und Stichwortverzeichnisse erleichtern den Zugang zu relevanten Informationen.

Ein Beispiel für ein Nachschlagewerk über die Prozesse, Datenstrukturen und Objekte einer betriebswirtschaftlichen Standardsoftware ist das Referenzmodell von SAP R/3, das über eine Navigationsoberfläche verfügt, mit der auf die zumeist grafischen Darstellungen zugegriffen werden kann.

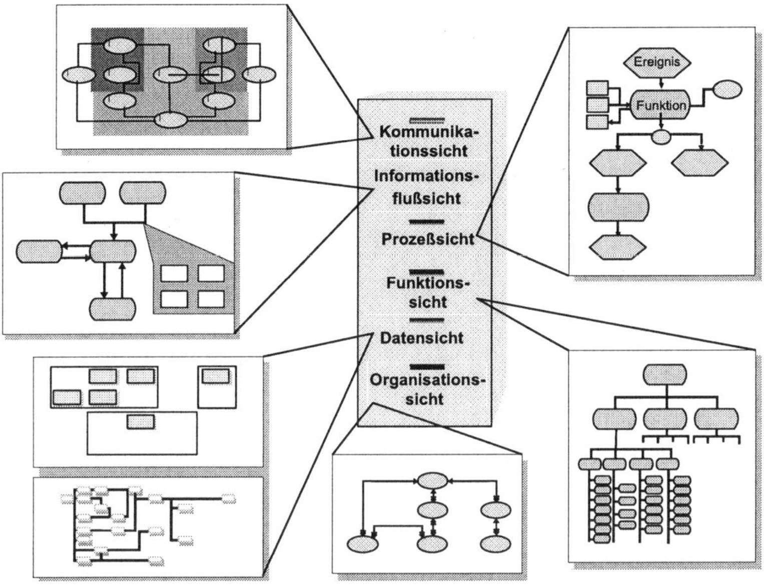

Abb. 4-5: R/3-Referenzmodell: Modellsichten /vgl. Gronau 1999, S. 287/

Modellierung mit dem R/3-Referenzmodell

Das R/3-Referenzmodell /vgl. auch im folgenden Gronau 1999, S. 285ff./ stellt die gesamte Funktionalität von R/3 und deren Umsetzung in konkrete Kernprozesse in Form von grafischen Modellen zur Verfügung. Durch Werkzeuge wie den R/3-Analyzer kann das Referenzmodell in mehreren Detaillierungsebenen und aus den verschiedenen Unternehmenssichten betrachtet und analysiert werden

Das Referenzmodell (Abb. 4-5) dient dazu, die Geschäftsprozesse aus einer evtl. bestehenden Dokumentation des Istzustandes den potentiellen Sollprozessen zuzuordnen und somit eine Auswahl aus dem Gesamtleistungsspektrum des R/3-Systems vorzunehmen. Neue, im R/3-Standardsystem nicht enthaltene Prozesse können in eine sogenannte Prozeßauswahlmatrix aufgenommen, bestehende nach Bedarf modifiziert werden.

Die ausgewählten Prozesse des R/3-Referenzmodells werden analysiert und in Sollprozesse umgewandelt. Untersucht wird, ob der R/3-Referenzprozeß mindestens die Funktionalität besitzt, die der entsprechende Geschäftsprozeß des Unternehmens benötigt. Fehlen Funktionen, können diese im Sollprozeß als zusätzliche funktionale Anforderung ergänzt werden.

Ferner wird festgestellt, ob der Prozeß Funktionen besitzt, die im Ist-Zustand bisher nicht vorhanden waren, aber zur Verbesserung des Geschäftsprozesses beitragen und somit zukünftig genutzt werden sollen.

Sollten bestimmte Funktionen nicht benötigt werden, dann können sie in der Dokumentation des Sollprozesses entfernt werden. Außerdem werden die zur Bearbeitung eines Prozesses notwendigen Input-Informationsobjekte und die nach der Bearbeitung des Prozesses erzeugten Output-Informationsobjekte betrachtet, ob sie alle relevanten Daten enthalten.

Die Abbildung von Organisationseinheiten gibt Aufschluß darüber, ob ein Prozeß z. B. auf Werks- oder Buchungskreisebene durchführbar ist. Des weiteren ist erkennbar, welche SAP-Organisationseinheit (z.B. Vertriebsbereich) für den Prozeß zuständig ist. Diese Information wird vor allem für die Abbildung der Unternehmensstruktur im R/3-System benötigt. Während der Analyse kann jederzeit auf die CD-ROM-Dokumentation von R/3 zugegriffen werden. So können auch Detailfragen nachgelesen und geklärt werden, die aus dem grafischen Prozeßablauf nicht ersichtlich sind. Die zur Verfügung stehenden Attribute der Funktionen und Ereignisse können im Rahmen der Sollkonzeptentwicklung genutzt werden, um Detailinformationen des Prozesses aufzunehmen. Dabei handelt es sich z.B. um.

- Mengendaten,
- Zeit- und Aufwandsdaten,
- Kostendaten,
- die Bearbeitungsart (online, automatisch etc.) und den
- qualitativen Funktionserfüllungsgrad (gut, mittel, schlecht).

Im nächsten Schritt wird überprüft, ob die Informationsflußbeziehungen des R/3-Referenzmodells alle wesentlichen Informationsobjekte zwischen den Funktionsbereichen übergeben. Sollten Informationsobjekte fehlen, die nicht im Referenzmodell hinterlegt sind oder evtl. zusätzlich manuell ausgetauscht werden, können diese ergänzt werden.

Die optimierte modellhafte Gestaltung der Soll-Geschäftsprozesse sowie der Informationsflüsse des Unternehmens auf Basis des R/3-Systems bilden die Grundlage der zukünftigen Ablauforganisation.

Zur Komplettierung des Sollkonzepts muß schließlich die Aufbauorganisation des Unternehmens überprüft und gegebenenfalls an die verbesserten bzw. neu gestalteten Geschäftsprozesse angepaßt werden. Hierbei gilt es in erster Linie, den Wechsel von Organisationseinheiten innerhalb eines Geschäftsprozesses möglichst zu vermeiden. Hilfestellung bei der Anpassung der Organisationsstruktur bieten auch die Auswertungen über die Zuordnung der Funktions-/Organisationseinheit. Das Ergebnis gibt Aufschluß über die funktionalen Zuständigkeiten einer Organisationseinheit über das Gesamtmodell aller Prozesse hinweg. Auf dieser Basis kann eine sinnvolle Um- bzw. Neugruppierung der Prozesse zu den Organisationseinheiten vorgenommen werden /vgl. Meinhardt 1995/.

R/3-Analyzer

Der R/3-Analyzer ist ein PC-Werkzeug, das bei der Anforderungsanalyse (als Teilschritt in der Analyse- und Konzeptionsphase) und bei der Auswahl der betriebswirtschaftlichen Lösungen des Systems R/3 hilft /vgl. Buck-Emden 1995, S. 183/. Bestandteile des R/3-Analyzers sind neben dem oben beschriebenen R/3-Referenzmodell die vom Hersteller vorgeschlagenen Methoden zur Systemeinführung /vgl. Spiller 1995/.

Die Navigationskomponente des R/3-Analyzers basiert auf dem ARIS-Toolset /vgl. Scheer 1997/. Der Analyzer ermöglicht eine konsistente Vorgehensweise im Vorfeld der Installation des Systems und in der Unterstützung des Einführungsprojektes.

Die während der Anforderungsanalyse gewonnenen Daten stehen für spätere Phasen der Einführung wie Customizing, Anwenderschulung und Integrationstests zur Verfügung.

Mit dem im R/3-Analyzer enthaltenen R/3-Referenzmodell werden alle im System R/3 abbildbaren Geschäftsprozesse grafisch dargestellt. Um für die relevanten Geschäftsprozesse die geeigneten Komponenten und Funktionen auszuwählen, stellt der R/3-Analyzer Informationen über Funktionen und Prozesse des Systems R/3 zur Verfügung, ohne daß das System installiert ist.

Präsentations- und Analysewerkzeuge helfen bei Diskussion und Dokumentation der Lösungsalternativen bei der Geschäftsprozeßoptimierung, die im direkten Abgleich mit den im System vorhandenen Datenstrukturen und Funktionen erfolgt. Dokumentationswerkzeuge dienen der Beschreibung von Entscheidungsprozessen bei der Komponenten- und Funktionsauswahl.

Die Vorbereitungsarbeiten mit dem R/3-Analyzer unterstützen die späteren Customizing-Aktivitäten, in dem die Ergebnisse aus der Unternehmensmodellbildung zur Feineinstellung der Systemfunktionen für das R/3-Customizing verwendet werden.

Sichten auf das betriebswirtschaftliche Gesamtmodell

Der R/3-Analyzer unterstützt unterschiedliche Sichten auf das betriebswirtschaftliche Gesamtmodell des Systems R/3. Diese sind an den für die Beschreibung eines Unternehmens relevanten Fragestellungen orientiert.

In der *Prozeßsicht* werden dynamische Aspekte des betrieblichen Informationssystems dargestellt. Ziel ist es, die zeitlich-logischen Abhängigkeiten von Funktionen zu beschreiben. In der *Informationsflußsicht* werden die zu- sowie abfließenden Informationsströme der einzelnen Funktionen dargestellt. Ein Beispiel aus dem Bereich der Leitteileplanung ist in Abb. 4-6 dargestellt.

Das Datenmodell der SAP stellt die unternehmensrelevanten Informationsobjekte und deren Beziehungen zueinander in Form eines strukturierten Entity-Relationship-Modells, der *Datensicht*, dar. Das SAP-Datenmodell enthält verschiedene Detaillierungsstufen.

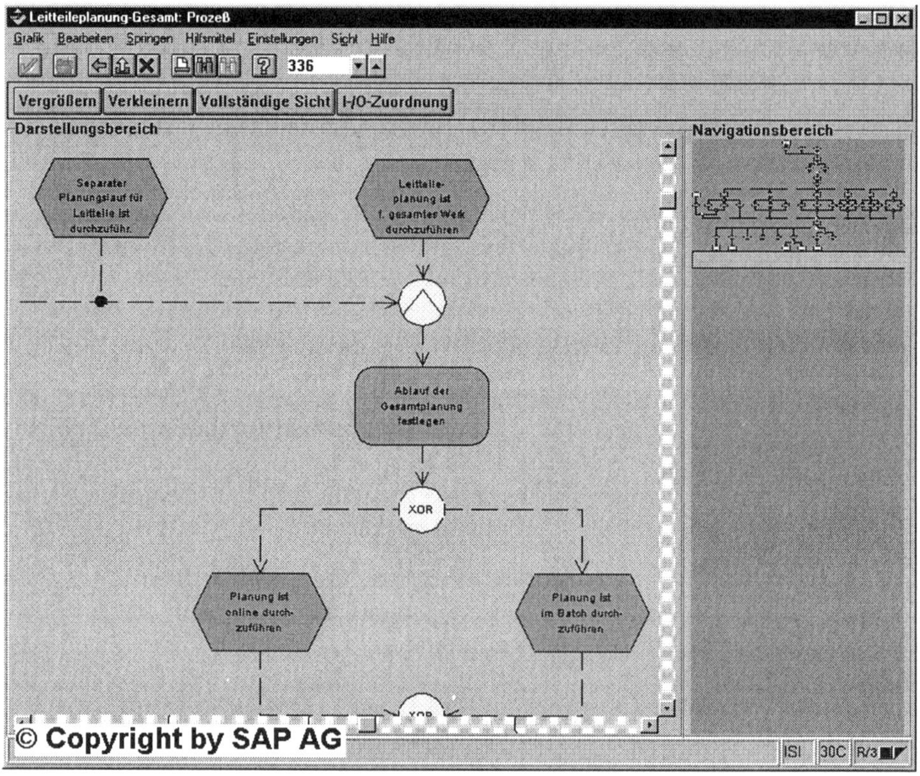

Abb. 4-6: Modellierung der Informationsflußsicht am Beispiel der Leitteileplanung /vgl. Gronau 1999, S. 288/

In der *Funktionssicht* werden betriebswirtschaftliche Funktionen in einer statischen, hierarchischen Struktur dargestellt. Diese Sichtweise soll Funktionsgruppen und den wechselseitigen Zugriff auf die betriebswirtschaftlichen Funktionen des Systems transparent erscheinen lassen.

Die *Organisationssicht* beinhaltet Beispiele für typische Strukturen von betriebswirtschaftlichen Organisationen, die dann mit der unternehmensspezifischen Organisation verglichen werden. Notwendige Anpassungen des Systems SAP R/3 erfolgen im Rahmen des Customizing.

Ein weiteres Hilfesystem stellt der mit den R/3-ASAP-Unterlagen zur Verfügung gestellte Implementation Assistant dar /vgl. Appelrath 2000, S. 127 ff./.

Bei R/3-ASAP handelt es sich um eine Methode zur beschleunigten Einführung des ERP-Systems R/3. Die ASAP-Hilfsmittel sind nur für die R/3-Einführung geeignet.

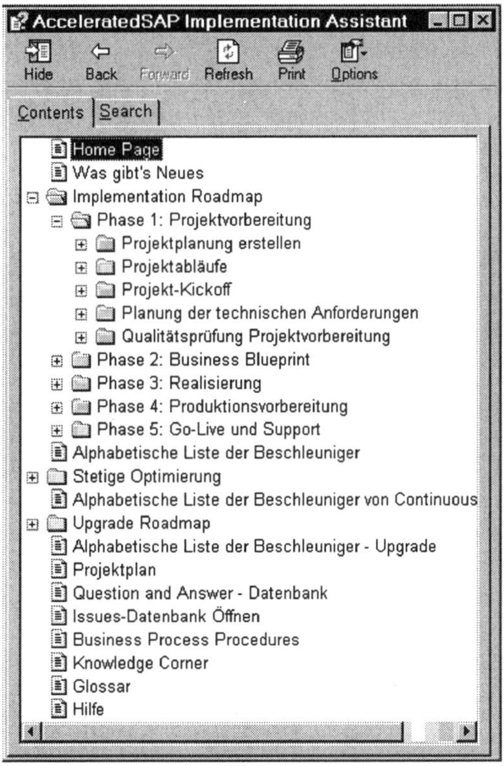

Abb. 4-7: Zentrale Navigationsstruktur des Implementation Assistant

Der Implementation Assistant ist ein auf dem Windows-Hilfesystem basierendes Hypertextsystem, das eine Navigation über Dokumente zu den einzelnen Einführungsaufgaben gestattet (Abb. 4-7).

Eine direkte Verknüpfung der Dokumente zu den vorzunehmenden Systemeinstellungen besteht nicht.

4.5.2 Projektmanagementsoftware

Projektmanagementsysteme ermöglichen eine rechnerbasierte Abbildung der Projektstruktur (Teilprojekte, Arbeitspakete und Aufgaben), eine Zuordnung der Aufgaben zu Ressourcen und gestatten eine Termin- und Kapazitätsplanung für die Aufgaben eines Projektes /vgl. Noack 1999, S. 49 ff./. Weiter wird bei Eingabe der entsprechenden Kostenposition eine Kosten- und Finanzplanung mit diesen Systemen ermöglicht. Durch Einstellen von Sollvorgaben für Termine und Kosten und durch Vergleich der tatsächlichen Termine und Kosten mit den Zielvorgaben wird das Projekt-Controlling unterstützt. Der gegenwärtige Projektfortschritt und die gegenwärtige Ressourcenbelastung bzw. Budgetverfügbarkeit werden durch Projektmanagementsysteme transparent gemacht. Eine Übersicht über marktverfügbare rechnerunterstützte Projektmanagementsysteme findet sich bei /Noack 1999, S. 49 ff./.

Manche Standardsoftwaresysteme enthalten im Lieferumfang vordefinierte Terminpläne für Projektmanagementsysteme, die bereits alle durchzuführenden Aufgaben enthalten /vgl. Appelrath 2000, S. 129/. Unter der Voraussetzung, daß die in diesen Terminplänen angenommenen Ressourcen zur Verfügung stehen, kann die Terminplanung für ein Standardsoftwareprojekt durch diese Schablonen erleichtert werden.

4.5.3 Systeme zur Unterstützung der Spezifikation

Im oben bereits erwähnten Lieferumfang des Einführungspakets ASAP zu SAP R/3 sind auch Hilfsmittel zur Unterstützung der Spezifikationsphase enthalten. Dazu gehören eine Frage- und Antwort-Datenbank sowie ein Prüfwerkzeug zur Überprüfung der geplanten Systemeinstellungen /vgl. auch im folgenden Appelrath 2000, S. 132 ff./.

Die Q & A-DB genannte Frage- und Antwort-Datenbank erfaßt und verwaltet Anforderungen und Entwurfsentscheidungen bei der R/3-Einführung. Der mitgelieferte Fragenkatalog ist in die Bereiche

- Allgemeine Fragen zum Unternehmen
- Prozeßherarchie sowie
- Problemdatenbank

gegliedert.

Die allgemeinen Fragen zum Unternehmen fordern Angaben zur bestehenden Informationssystemarchitektur (Hardware, Software, Benutzer) sowie zu zukünftig vorgesehenen Änderungen. Eine Weiterverarbeitung kann durch Nutzung dieser Angaben in Spezifikationsdokumenten erfolgen. Über die Prozeßhierarchie wird der Umfang der Einführung durch Auswahl benötigter Prozeßbereiche, Prozeßgruppen oder Prozesse festgelegt. In einem anschließenden Schritt können die zu einem Prozeß gehörenden Transaktionen ausgewählt werden.

Aus den Auswahlentscheidungen wird im Rahmen dieses Werkzeugs eine „blueprint" genannte Vorlage zur Systemkonfiguration erzeugt.

Die Problemdatenbank gestattet die Verwaltung offener Fragen und Probleme, die im Projektverlauf auftauchen. Ihr Funktionsumfang kann auch durch andere Systeme, etwa intranetbasierte Gruppendiskussionsdatenbanken, ersetzt werden.

In zukünftigen Versionen dieser Frage- und Antwort-Datenbank soll das Zusammenspiel mit für SAP R/3 verfügbaren Customizing-Werkzeugen weiter verbessert werden.

4.5.4 Modellierungswerkzeuge

Es gibt eine Reihe von Softwarewerkzeugen, die die Umgestaltung oder Schaffung von Geschäftsprozessen unterstützen. Sie werden im folgenden kurz dargestellt.

Software zur Unterstützung der Geschäftsprozeßmodellierung kann nach ihrer Eignung für die Geschäftsprozeßgestaltung in mehrere Kategorien eingeteilt werden:

- Grafisch orientierte Zeichenprogramme mit umfangreichen Symbolbibliotheken bilden die Klasse der Business Charting Software. In diese Kategorie gehören Werkzeuge wie Visio oder ABC-Flow-Charter /vgl. Huber 1996, S. 88, Roos 1996, S. 673/.
- Statische Modellierungswerkzeuge beschreiben Daten, Funktionen, Aufgaben, Organisation und Ressourcen und stellen Ablaufdiagramme für die Verfolgung der Daten- und Kontrollflusses zur Verfügung. Wesentlicher Vertreter dieser statischen Softwarewerkzeuge ist z.B. das ARIS-Toolset der IDS Prof. Scheer GmbH.

- Dynamische Modellierungswerkzeuge erlauben schließlich die Generierung von Prozeßdiagrammen und eine zeitdynamische Simulation der Abläufe. Unter diese Rubrik sind Softwarewerkzeuge wie Bonapart der ProUBIS GmbH Berlin, Aeneis der Ipro Tool GmbH Stuttgart sowie Proplan der GPS GmbH Würselen anzusehen. Die Simulationskomponente ermöglicht experimentelle Problemlösungen, wenn komplexe Geschäftsprozeßstrukturen auf analytischem Wege nicht mehr sinnvoll bearbeitet werden können /vgl. Huber 1996, S. 90/. Anhand der Simulationsergebnisse ist es möglich, Optimierungspotentiale von Geschäftsprozessen zu beziffern und die Schwachstellen von vorhandenen Geschäftsprozeßsystemen zu identifizieren. Durch Simulation können Kapazitätsengpässe identifiziert sowie Liege- und Transportzeiten reduziert werden.

Als Anforderungen für die auch als Process Mapping Software bezeichneten Werkzeuge können genannt werden /vgl. Huber 1996, S. 90/:

- Unabhängigkeit von der Anwendungssoftware
- einfache und transparente Bedienungsoberfläche
- Möglichkeit der graphischen Modellierung
- Integration von Prozeßorganisationsstruktur und Informationssicht auf Basis einer einheitlichen Modellierungssprache
- flexible Methodenunterstützung
- Erfassung von Kosten, Zeiten und Qualitäten
- Prozeßsimulation zur Erkennung von Schwachstellen und gedanklichen Vorwegnahme von Reorganisationsmaßnahmen
- flexible leistungsfähige Berichtsgenerierung
- komfortable Suchfunktionen
- Standardschnittstellen für Im- und Export von Grafiken und Daten
- gute Dokumentation
- Generierung von Pseudo-Code-Fragmenten.

Übersichten über Geschäftsprozeßgestaltungssoftware finden sich z.B. in Bach 1995, Scholz-Reiter 1996, S. 15ff, Heeg 1997, S. 46ff, Fritzsche 1998, S. 50 ff.

4.6 Customizingwerkzeuge

Insbesondere große Standardsoftwarepakete mit einer Vielzahl von einzustellenden Parametern verfügen über mitgelieferte Customizing-Werkzeuge. Stellvertretend werden im folgenden die Funktionen bei SAP R/3 und Baan IV beschrieben

4.6.1 Customizing von SAP R/3

SAP R/3 ist ein Standardsystem, das vor der Nutzung durch ein Unternehmen an branchen- und unternehmensspezifische Anforderungen angepaßt werden muß /vgl. Gronau 1999, S. 295ff./. Auch aus der Umgestaltung von Unternehmensprozessen, Änderungen der rechtlichen Rahmenbedingungen oder Unternehmensfusionen ergeben sich neue Sachverhalte, die in einem bereits produktiven R/3-System abgebildet werden müssen /vgl. Arnold 1996, S. 23/. Zudem müssen im Rahmen von Funktionserweiterungen oder beim Wechsel des Releasestandes des R/3-Systems Anpassungen der Software vorgenommen werden /vgl. Bürkle 1998, S. 13/. In der Regel geschehen diese Anpassungen und Erweiterungen durch Eintragen von Parametern in vorgegebene Tabellen. In einem R/3-System existieren ca. 8000 solcher Customizing-Tabellen. Die Parametrisierung wird als Customizing bezeichnet /vgl. Arnold 1996, S. 20/.

Das Customizing im R/3 beinhaltet sowohl Werkzeuge, die den Kunden bei der Einführung eines R/3-Systems unterstützen, als auch Hilfsmittel für die Durchführung einzelner Systemeinstellungen und deren Dokumentation. Über das Customizing wird in einem R/3-System zum Beispiel der Kontenplan ausgeprägt oder individuelle Prüfungen bei der Datenerfassung eingestellt /vgl. Wenzel 1996/. Auch die automatische Verarbeitung von Schnittstellen kann nur über die Customizing-Funktionalitäten realisiert werden. Das Konzept des Customizing soll die Transparenz der Software erhöhen und zur Wiederverwendbarkeit bzw. universelleren Einsetzbarkeit der Programme beitragen.

Vorgehen beim Customizing

Nach der Installation steht ein voreingestelltes R/3-System zur Verfügung /vgl. im folgenden Gronau 1999, S. 295ff./. Es beinhaltet zwei Mandanten, die als Basis für die Systemeinstellungen dienen. Der Mandant bildet eine logische Einheit für die Customizing-Einstellungen, er beinhaltet alle in den Tabellen abgelegten Parameter und Stammdaten.

Die Installation umfaßt den Mandanten 000 und einen identischen Mandanten 001. Beide sind komplett voreingestellt. Der Mandant 000 ist nicht veränderbar und dient als Referenz. Dagegen soll der Mandant 001 als Ausgangspunkt für den Produktivmandanten dienen. Im Rahmen der unternehmensspezifischen Anpassung können weitere Mandanten durch Kopieren generiert werden.

Das Customizing unterscheidet zwischen mandantenübergreifenden und mandantenabhängigen Einstellungen. Bei der Pflege der Customizing-Tabellen muß also darauf geachtet werden, welche Auswirkungen die bearbeiteten Einstellungen haben.

Einführungsleitfaden

Das Customizing des R/3-System erfolgt interaktiv am Bildschirm mittels eines elektronischen Einführungsleitfadens. Das grundsätzliche Funktionsprinzip dieses Einführungsleitfadens (Implementation Guide, IMG) ist in Abb. 4-8 dargestellt.

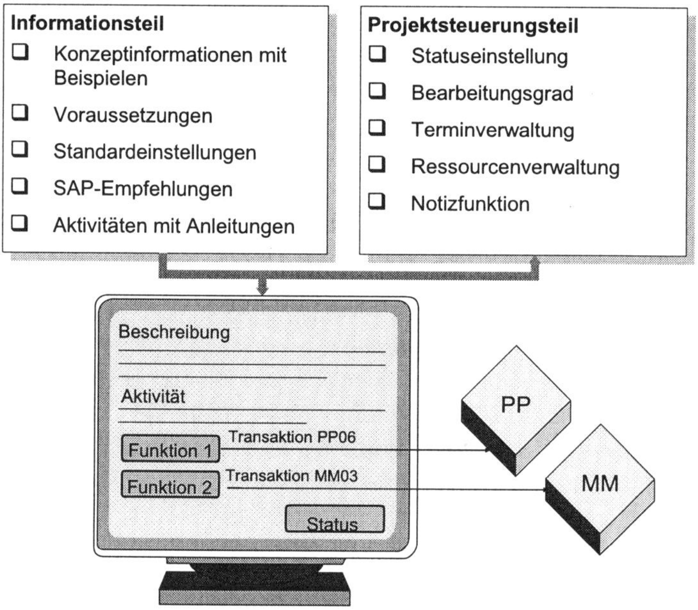

Abb. 4-8: Funktionsprinzip des Einführungsleitfadens /vgl. Gronau 1999, S. 290/

In einem mandantenunabhängigen und jeweils modulbezogenen Hypertext werden die einzelnen Schritte der firmenspezifischen Anpassung von R/3 erläutert. Aufgrund der Hypertexteigenschaften des Textes kann sich der Customizing-Nutzer die Definition der benutzen Begriffe (Glossar) ebenso ansehen wie die Benutzerdokumentation. Durch Wahl entsprechender Symbole ist ein Sprung aus dem Einführungsleitfaden direkt in die zur Parametereinstellung benötigte Bildschirmmaske möglich. Nach Eingabe bzw. Anpassung der Parameter wird im Einführungsleitfaden weitergelesen und die nächste Bildschirmmaske aufgerufen. Eine Protokollfunktion ermittelt jeweils den aktuellen Stand der Parametereinstellung, falls die Arbeit unterbrochen werden muß.

Aus dem Referenzmodell werden unternehmensspezifische Teilmodelle, die Implementation Guides (IMG, deutsch Einführungsleitfaden), generiert. Ein IMG ist eine hierarchisch aufgebaute Liste aller Einstellungsaktivitäten, die sich in konkrete Arbeitsschritte unterteilt. Die Aktivitäten sind nach Anwendungskomponenten (Modulen) gegliedert. Zu jeder Einzelaktivität kann

- die R/3-Dokumentation gelesen
- eine Projektdokumentation hinterlegt
- Statusinformation gespeichert und
- die dazugehörige Customizing-Transaktion aufgerufen werden.

In den IMGs existiert ein Projektsteuerungsteil, der die Projektplanung durch die oben genannte Statuserfassung sowie eine Termin- und Ressourcenverwaltung unterstützt.

Den IMGs können eigene Arbeitsschritte hinzugefügt werden. Aus der Gesamtmenge der Aktivitäten werden Teilmengen nach verschiedenen Gesichtspunkten gebildet: Es werden zunächst alle Funktionen, die für ein Unternehmen relevant sind, selektiert. Anschließend werden daraus einzelne Projekte gebildet. Abb. 4-9 veranschaulicht den Zusammenhang zwischen den verschiedenen IMGs.

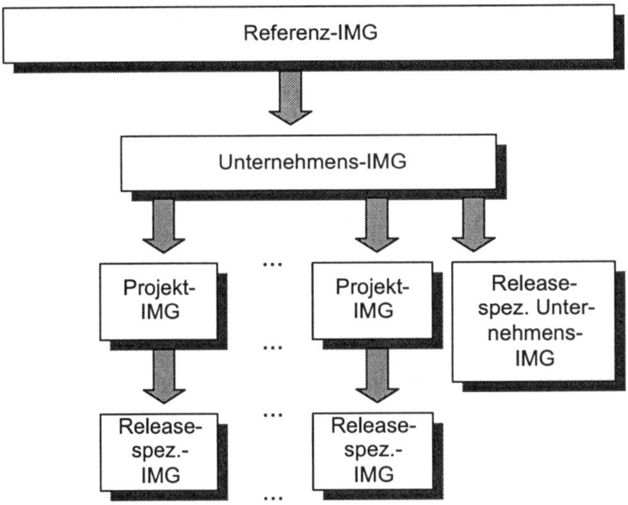

Abb. 4-9: Zusammenhang zwischen Einführungsleitfäden

SAP-Referenz-IMG

Der SAP-Referenz-IMG wird mit dem R/3-System ausgeliefert. Er enthält eine Aktivitätenliste aller Anwendungskomponenten und Funktionen aller Länder und aller Module. Der SAP-Referenz-IMG ist nach Modulen gegliedert und enthält Einträge für übergreifende Themen wie

- Systeminstallation,
- globale Einstellungen,
- Unternehmensstruktur,
- Basis und
- anwendungsübergreifende Funktionen.

Der SAP-Referenz-IMG kann nicht geändert werden und wird nur zur Generierung des Unternehmens-IMGs und der Projekt-IMGs genutzt.

Unternehmens-IMG

Eine R/3-Einführung beinhaltet in der Regel nicht den vollen Umfang des SAP-Referenz-IMG. Der Unternehmens-IMG enthält alle Funktionen, die von einem Unternehmen eingeführt werden sollen bzw. genutzt werden. Hier werden insbesondere die Länder, in denen mit dem R/3-System gearbeitet werden soll, sowie die Module, die genutzt werden sollen, festgelegt.

Der Unternehmens-IMG dient als Basis aller darüber hinaus zu erstellenden IMGs. Je R/3-System gibt es genau einen Unternehmens-IMG, er ist somit mandantenübergreifend.

Projekt-IMG

Ein Projekt-IMG enthält alle Funktionen, die in einem Projekt eingeführt oder modifiziert werden sollen. Zu einem Projekt-IMG können verschiedene Sichten definiert werden, die jeweils nur einen Ausschnitt der Aktivitätenliste darstellen. Dabei wird nach Attributen wie "Muß-Aktivität", "Kann-Aktivität" oder selbstdefinierten Attributen selektiert. So ist es zum Beispiel möglich, je Projektmitarbeiter eine Sicht zu definieren.

Release-spezifische IMGs

Zu jeder Aktivität, für die eine Änderung von einem Release auf das nächste existiert, erstellt die SAP AG eine Anmerkung. Ein release-spezifischer IMG enthält alle Aktivitäten, für die eine solche Anmerkung existiert. Dabei basiert ein release-spezifischer IMG immer auf einem Unternehmens- oder Projekt-IMG. Release-spezifische IMGs lassen sich für verschiedene Releasestände (und Release-Abstände) erzeugen.

In einem IMG kann eine Dokumentation angelegt werden. Dabei können zum Beispiel Sollkonzepte oder Probleme und Fehlermeldungen erfaßt werden. Zu den einzelnen Arbeitspaketen eines Projekt-IMGs können Status- und Aufwandsinformationen eingetragen werden. Mit Hilfe von Auswertungsfunktionen können zu den einzelnen IMGs, basierend auf den gepflegten Statusangaben, Übersichten nach bestimmten Kriterien erstellt werden. So können zum Beispiel alle angefangenen oder alle abgeschlossenen Aktivitäten selektiert werden. Es können auch eigene Selektionskriterien definiert werden und so unabhängig von den im Standard angebotenen Auswertung komplexe Abfragen formuliert werden. Schließlich ist mit Hilfe des IMG-Infosystems eine Vollständigkeitskontrolle möglich. Es kann geprüft werden, ob

- die Summe aller Projekt-IMGs dem Unternehmens-IMG entspricht und
- ob die Summe aller definierten Sichten in einem Projekt-IMG das vollständige Projekt-IMG widerspiegelt.

So kann sichergestellt werden, daß trotz der Unterteilung des Unternehmens-IMGs in verschiedene Projekt-IMGs alle festgelegten Funktionalitäten erreicht werden.

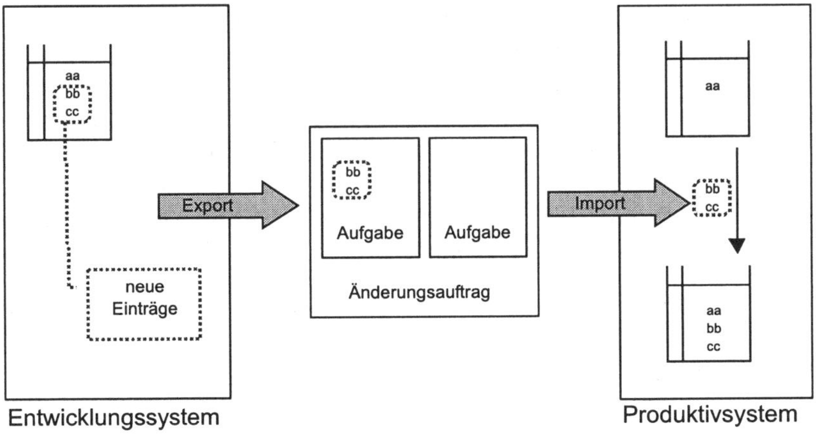

Abb. 4-10: Transport von Customizing-Einstellungen

Transportwesen

Zur Durchführung und Prüfung von Systemeinstellungen sowie Programmen wird entweder ein Testmandant oder - bei größeren Installationen - ein vom Produktivumfeld unabhängiges Testsystem genutzt.

Die Systemeinstellungen werden nach erfolgter Prüfung vom Testsystem in das Produktivsystem oder vom Customizing-Mandant in den Produktivmandanten übernommen. Dies geschieht mit Hilfe des Transportwesens: Tabellenänderungen sowie Entwicklungen (Programme), Korrekturen oder auch Oberflächendefinitionen werden in Aufgaben erfaßt und mit Änderungsaufträgen transportiert.

Für den Transport von Customizing-Einstellungen wird für jede geänderte Tabelle eine Aufgabe zu dem jeweiligen Auftrag erstellt. Beim Transport werden zunächst die einzelnen Aufgaben an den Änderungsauftrag freigegeben. Der Änderungsauftrag wird dann ebenfalls freigegeben und exportiert. Nach erfolgtem Export werden die Daten von dem Zielsystem importiert. Dabei werden Konsistenzprüfungen durchgeführt. Zu jedem Transport wird ein Protokoll angelegt, so daß im Fehlerfall eine Rückverfolgung der Aktivitäten und die Ermittlung des Verursachers möglich ist. Abb. 4-10 zeigt den Transport von Customizing-Einstellungen.

4.6.2 Dynamic Enterprise Modelling von Baan-Systemen

Zur Lösung der Konfigurations- bzw. Anpassungsproblematik für ERP-Lösungen entwickelte der niederländische Anbieter von Unternehmensgesamtlösungen, die Baan Company, ein Verfahren zur dynamischen Modellierung von Unternehmen und der darauf aufbauenden Gestaltung von Softwarefunktionen. Im Gegensatz zu rein statisch angelegten Referenzmodellen wie dem R/3-Referenzmodell der SAP AG /vgl. Gronau 1999, S.284/ weist das Baan-Modell eine eindeutigen dynamischen Anspruch auf. Dieser Anspruch wird mit der Notwendigkeit zu ständiger Innovation, Anpassung und Wandel zur Erhaltung der Wettbewerbsfähigkeit des Unternehmens begründet /vgl. auch im folgenden zur Beschreibung des Dynamic Enterprise Modellers (DEM) Knowles 1998/.

Baan bezeichnet die Nutzung des Dynamic Enterprise Modellers als Katalysator für den erforderlichen Wandel einer Organisation, der sich in folgenden Entwicklungen ausdrückt /vgl. Knowles 1998, S. 2-5/:

- Wachstum des internationalen Wettbewerbs,
- technologischer Druck auf die Arbeitsprozesse,
- Restrukturierung von Organisationen und

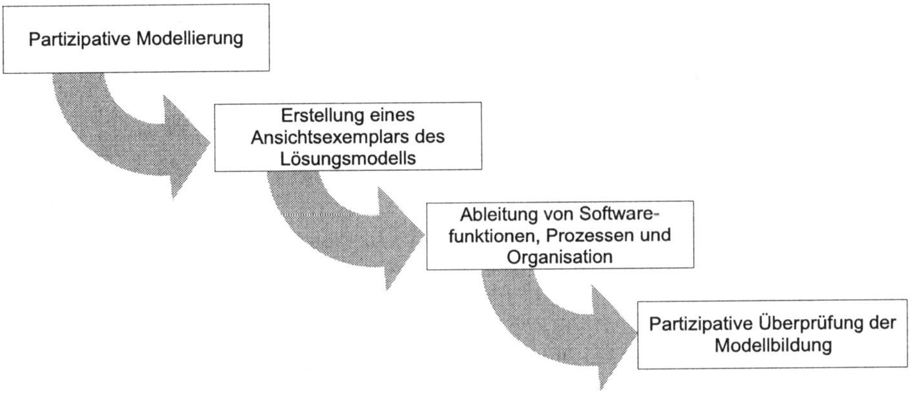

Abb. 4-11: Vorgehen des Dynamic Enterprise Modelling

- strukturelle Änderungen der Belegschaft hin zu einem höheren Anteil an Wissensverarbeitern.

Die traditionelle Vorgehensweise bei der Softwareeinführung kann bei großen ERP-Anwendungen zwei Jahre und mehr umfassen /vgl. Knolmayer 1997, S. 39/. Kommen in dieser Zeit wesentliche organisatorische Änderungen wie der Aufbau neuer Fertigungsstätten oder der Zusammenschluß von Entwicklungsaktivitäten hinzu, kann es vorkommen, daß die Phase der Implementierung erneut begonnen werden muß.

Vorgehensmodell des Dynamic Enterprise Modelling

Das Konzept des Dynamic Enterprise Modelling verfolgt die in Abb. 4-11 dargestellte Vorgehensweise.

In der ersten Phase werden die wesentlichen Geschäftsprozesse sowie der Fluß von Material und Informationen im gegenwärtigen und im angestrebten Zustand diskutiert. Dieser Schritt wird als partizipative Modellierung /Knowles 1998, S. 2-15/ bezeichnet, weil er gemeinsam mit dem Unternehmen erfolgt, in dem die Software eingesetzt werden soll. Ergebnis dieses Schrittes ist ein einfaches Geschäftssteuerungsmodell (Business Control Model). Um dieses aufzubauen, werden Umwelteinflüsse auf das Unternehmen identifiziert, als beeinflußbar bzw. nicht beeinflußbar gekennzeichnet und Kunden bzw. Lieferanten zugeordnet. Anschließend werden die jeweiligen Auslöser der den Kunden bzw. Lieferanten zugeordneten Funktionen ermittelt und dokumentiert. Nach der Festlegung der Prozesse wird ein Abgleich mit den vordefinierten Geschäftssteuerungsmodellen vorgenommen, die unternehmensspezifisch angepaßt werden müssen.

Die nächste Phase besteht in der Erstellung einer neuen Version des bisher erarbeiteten Modells. Es hat die Funktion eines Ansichtsexemplars und bildet die Grundlage des Lösungsmodells (Prospect Proof of Solution Model), das aus den im Repository vorhandenen Modellen abgeleitet wird. Diejenigen vordefinierten Funktionen, die den Unternehmensanforderungen an besten genügen, werden ausgewählt.

In der dritten Phase werden aus dem Unternehmensstrukturmodell und dem Geschäftssteuerungsmodell Funktionsmodelle, wesentliche Prozeßflüsse und ein Organisationsmodell abgeleitet.

In der abschließenden vierten Phase werden gemeinsam mit dem Anwenderunternehmen die detaillierten Prozesse erneut besprochen. Durch die Verknüpfung mit den Funktionsmodellen sind die Prozesse bereits mit Softwarefunktionen verbunden. Nach der Diskussion der Prozesse werden Rollen definiert, Benutzer einzelner Funktionen identifiziert und Oberflächen generiert. Die bis zu diesem Zeitpunkt getroffenen Festlegungen werden als Version 0 des Lösungsmodells archiviert. Alle weiteren Workshops und Prozeßbetrachtungen basieren auf dieser Version des Modells.

Als Teil des Orgware Moduls der BAAN IV Standardsoftware verbindet der Dynamic Enterprise Modeler (DEM) die betrieblichen Geschäftsprozesse mit den softwarespezifischen Applikationen in BAAN IV. Der DEM gibt dem Unternehmen aufgrund seiner flexibel einsetzbaren Funktionalität die Möglichkeit, eine Dokumentationsgrundlage der betriebswirtschaftlichen Rahmenbedingungen mit direkter Zugriffsmöglichkeit und Verbindung zu den Applikationen und Sessions in BAAN IV zu schaffen. Modellierte Geschäftsprozesse können sofort mit den hinterlegten Programmen simuliert werden.

Die integrierte Prozeßmodellierung ist damit Basis für schnelle und fundierte Entscheidungen und liefert automatisch individuelle sowie akzeptanzerhöhende End-User Konfigurationen.

Im Business Function Model werden die Geschäftsfunktionen eines Unternehmens dargestellt. Als Geschäftsfunktionen werden alle Mittel zum Erreichen des Geschäftszieles verstanden. Das Modell ist die Basis für die Definition eines gesamtheitlichen Unternehmensmodelles und Medium zum Erkennen und Dokumentieren von Entwicklungspfaden und Alternativen /vgl. hierzu auch Verbeek 1998, S. 5-2ff./.

Im Business Process Model werden die Geschäftsprozesse definiert und modelliert. Ausgehend von Mega- bzw. Hauptprozessen des Unternehmens werden die Prozesse über Subprozesse bis auf Aktivitätenebene verfeinert. Des weiteren wird ein Abgleich und eine Integration der BAAN IV Funktionalitäten mit den definierten Prozessen herbeigeführt.

Im Business Organization Model wird die organisatorische und personelle Struktur eines Unternehmens dargestellt. Durch eine Zuordnung von Mitarbeiter zu Rollen und deren Zuordnung zu einzelnen Aktivitäten und Baan-Applikationen im Prozeßmodell wird die Basis geschaffen, um später die automatische Erstellung der Anwender-Menüs und der Systemberechtigungen zu ermöglichen. Abb. 4-12 zeigt die Darstellung eines Subprozesses und den Zusammenhang zwischen Referenzmodell und Software-Anwendungsfunktionen.

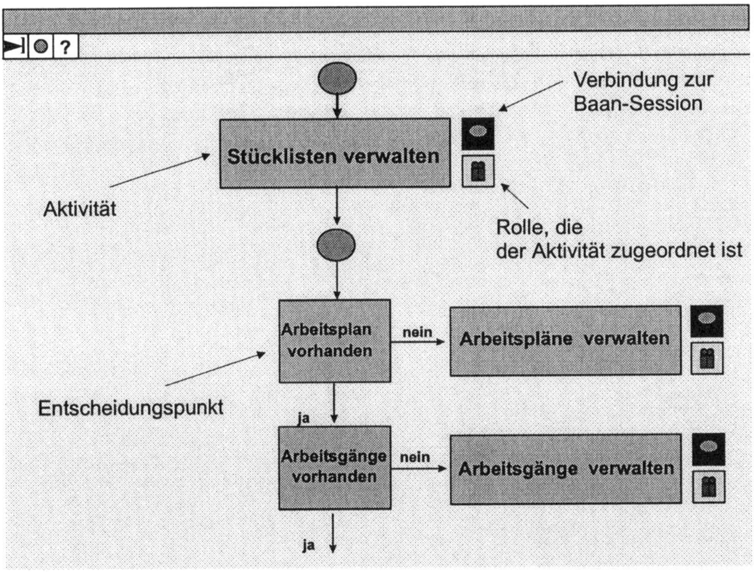

Abb. 4-12: Darstellung eines Subprozesses im Dynamic Enterprise Modeler

5. Stetige Optimierung

Bereits am Anfang dieses Buches wurde darauf hingewiesen, daß Standardsoftware einem Lebenszyklus unterliegt, der bei der Auswahlentscheidung berücksichtigt werden muß. Dieser Lebenszyklus kann in die Phasen

- Evaluation
- Implementierung und
- stetige Optimierung

gegliedert werden /vgl. Gabriel 2000, S. 186ff/. Die Phase der Evaluation beginnt, nachdem sich das Unternehmen grundsätzlich für den Einsatz von Standardsoftware entschieden hat und ist in diesem Buch in Kapitel 3 beschrieben worden. Die Implementierung umfaßt die Einführung der Standardsoftware nach Einstellung der notwendige Parameter und Anpassung der betrieblichen Abläufe.

Zumeist unberücksichtigt bleibt in den meisten Darstellungen die sich anschließende Phase der stetigen Optimierung. Diese längste Phase des Lebenszyklus von Standardsoftware weist folgende Arbeitsschritte auf, die jedoch nicht sequentiell, sondern je nach Erkenntnisstand und Problemsituation situativ durchgeführt werden:

- erneute Veränderung der eingestellten Parameter
- erneute Umstellung der betrieblichen Abläufe
- funktionale Erweiterung der Standardsoftware
  - durch weitere Module oder
  - durch individuell erstellte Add-Ons
- Entscheidung zum Ersatz der Standardsoftware durch ein neues bzw. anderes System.

Weitgehend unbestritten ist in der einschlägigen Literatur, daß in der Phase der stetigen Optimierung die größten Kostenanteile liegen /vgl. Curth 1989, S. 7, Klösch 1995, S. 4, Müller 1997, S. 1/. Die Hauptursachen dafür liegen im ständigen Wandel des internen und externen Umfeldes. Äußere Einflüsse bedingen innere Anpassungen und selbstinitiierte Verbesserungsmaßnahmen beeinflussen die Unternehmensorganisation. Folglich besteht ständig eine Lücke zwischen Anforderungen und Zustand der Informationssystemarchitektur /vgl. Hufgard 1999, S. 425/.

Aus diesem Grund ist die wichtigste Maßnahme in der Phase der stetigen Optimierung das Management des Wissens über die Standardsoftware und die tangierten Geschäftsprozesse. Dieses Wissen läßt sich differenzieren in

- Wissen über Software, z.B. Dokumentation, Ziele zum Einsatzzeitpunkt, Controllingergebnisse
- Wissen über Organisationsstrukturen sowie organisatorische Abläufe. Diesess Wissen macht den wichtigsten Teil aus und kann doch mit herkömmlichen Vorgehensweisen nur ansatzweise dokumentiert werden. Abzubilden bzw. zu formalisieren sind insbesondere die Gründe für die Durchführung der einzelnen Prozeßschritte. Während die Abbildung der Prozeßschritte in der Standardsoftware die Frage "wie" beantwortet, bleibt die Antwort auf die Frage "warum" meist offen. Nur eine Kenntnis dieser Sachverhalte ermöglicht es jedoch, über ide adäquate Rechnerunterstützung im Prozeß und die Verwendung möglicher alternativer Vorgehensweisen zu entscheiden.
- Wissen über Märkte und deren Veränderungen, denn die Veränderungen gehen meist nicht von den Unternehmen aus, sondern werden durch Markterfordernisse zumindest vorangetrieben.

Die betriebliche Führungsaufgabe Wissensmanagement kann nur erfolgreich bewältigt werden, wenn die Gewinnung und Verteilung von Wissen bereits in den vorgelagerten Phasen Auswahl und Einführung vorbereitet wurde. Aus diesem Grund erfolgt in den folgenden Abschnitten eine kurze Einführung in die Ziele und Aufgaben des Wissensmanagements, bezogen auf Standardsoftware und Geschäftsprozesse. Dabei wird zunächst auf die Begriffsbildung zu Wissen und Wissensmanagement eingegangen, bevor verschiedene Arten des Wissens differenziert werden. Schließlich wird auf funktionale Aspekte des Wissensmanagements eingegangen.

5.1 Wissen über Standardsoftware

Wissen bezeichnet die Gesamtheit der Kenntnisse und Fähigkeiten, die Individuen zur Lösung von Problemen einsetzen. Dies umfaßt sowohl theoretische Erkenntnisse als auch praktische Alltagsregeln und Handlungsanweisungen. Wissen stützt sich auf Daten und Informationen, ist im Gegensatz zu diesen jedoch immer an Personen gebunden. Es wird von Individuen konstruiert und repräsentiert deren Erwartungen über Ursache-Wirkungs-Zusammenhänge /vgl. Probst 1998, S. 44/.

In Abb. 5-1 ist der Zusammenhang zwischen Zeichen, Daten, Informationen und Wissen aus Sicht der Semiotik dargestellt.

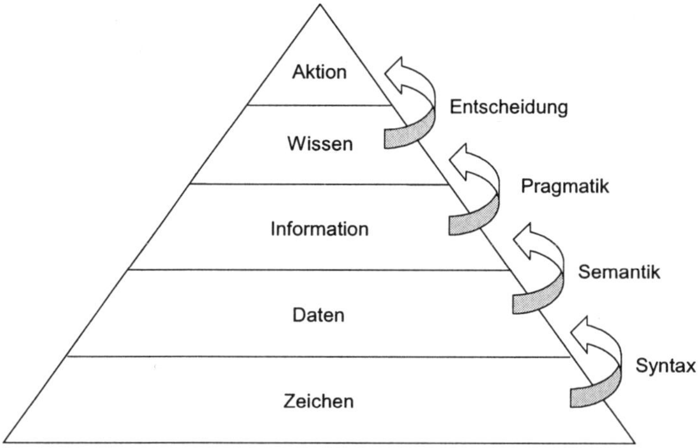

Abb. 5-1: Wissenspyramide /vgl. Aamodt 1995, S. 195/

Dimensionen der Semiotik sind Syntax, Semantik und Pragmatik. Daten, Informationen und Wissen werden durch Zeichen repräsentiert. Sowohl die über Sprache als auch die über Informationssysteme dargestellte Vermittlung von Informationen und Wissen basiert auf Zeichen.

So unterscheiden sich Daten von Zeichen durch eine Syntax, die u.a. festlegt, daß Zahlen aus Ziffern bestehen und Worte aus Buchstaben, die den Regeln des jeweiligen Zahlensystems bzw. der Sprache (dt., engl. ...) gehorchen.

Daten als Aneinanderreihung einer bestimmten Anzahl von Zeichen unter Berücksichtigung einer festgelegten Syntax haben keine Bedeutung. Erst das Hinzufügen von Semantik (Wortbedeutungslehre) führt zu einer Beziehung zur Realität, einem Sinn, einer Information.

Wissen hingegen entsteht, wenn Kenntnisse über Zusammenhänge mehrerer Informationen und deren Verwendung im relevanten Umfeld vorhanden sind. Nur dann wird es möglich, die zur Verfügung stehenden Informationen so zu vernetzen, daß ein bestimmter Zweck unter spezifischen Kontextbedingungen effizient verfolgt werden kann /vgl. Steinmüller 1993, S. 236/.

Diese Anwendbarkeit von Informationen wird als Pragmatik bezeichnet. Erst durch Vernetzung, Kontextbezug und Zweckorientierung entsteht aus Information Wissen. Vor allem bei der Betrachtung von Wissen als knappe Ressource im unternehmerischen Sinne wird die tatsächlich durch Wissen initiierte Aktion im Rahmen der betrieblichen Wertschöpfung in den Mittelpunkt gesetzt.

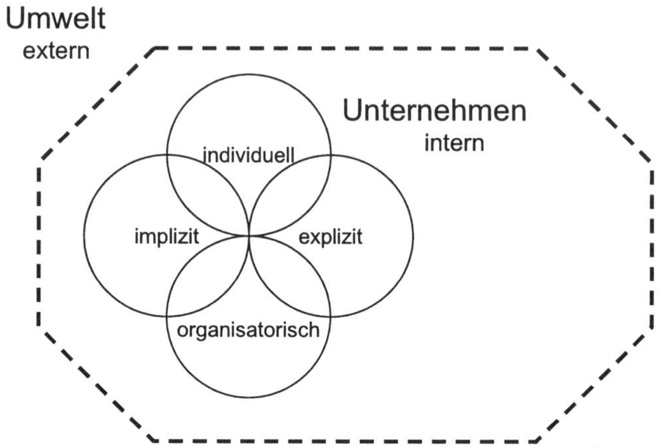

Abb. 5-2: Wissensarten /vgl. Schönherr 1998, S. 32/

Für eine weitergehende Betrachtung von Wissen im unternehmerischen Umfeld erscheint es sinnvoll, neben der oben dargestellten Sicht der Semiotik eine Klassifizierung verschiedener Arten von Wissen vorzunehmen. Einen Überblick über die Wissensarten stellt Abb. 5-2 dar.

In der Regel wird Wissen in jeweils komplementäre Begriffspaare eingeteilt. Diese Begriffspaare können in der Realität in Kombination auftreten.

5.1.1 Implizites und explizites Wissen

Diese Wissensarten unterscheiden sich durch ihre Übertragbarkeit auf andere Wissensträger.

Explizites Wissen zeichnet sich durch relativ einfache Übertragbarkeit auf andere Personen aus, d.h. es kann gut verbalisiert bzw. visualisiert werden /vgl. Rüegg-Stürm 1994, S. 371/.

Explizites Wissen ist nicht an Individuen gebunden. Es kann unabhängig von einzelnen Mitarbeitern auf entsprechenden Medien gespeichert und vor allem durch Informations- und Kommunikationssysteme verarbeitet und übertragen werden /vgl. Rehäuser 1996, S. 7/.

Eine weitere Unterscheidung expliziter organisatorischer Wissenselemente gliedert in Regelwissen und Faktenwissen. Fakten spiegeln interne und externe Sachverhalte und Entwicklungen wieder, während zum Regelwissen Lernroutinen, Rezepte und standardisierte Fähigkeiten ebenso gehören wie Ursache-Wirkungs-Ketten, die Vorkommnisse und Sachverhalte kausal klären /vgl. Schreyögg 1997, S. 70/. Dem Regelwissen wurde zunächst eine sehr hohe Bedeutung zugemessen, da das Vorhandensein breiter Kenntnisse über Ursache-Wirkungs-Zusammenhänge als Voraussetzung für erfolgreiches Handeln verstanden wurde. So entstanden im Rahmen der Forschungsrichtung "Künstliche Intelligenz" regelbasierte Expertensysteme /vgl. u.a. Puppe 1987, Bullinger 1989/.

Heute ist deutlich geworden, daß die enge Verknüpfung von Regelwissen und tatsächlichem Unternehmenserfolg zu kurz greift. Andere wesentliche Wissensarten werden bei dieser Perspektive vernachlässigt, obwohl diese für Organisationen notwendig sind, auch wenn sie keinen unmittelbaren Erfolgsbezug haben (z.B. Normen, Standards, Klassifikationen). Zudem, so argumentiert Schreyögg, ist Regelwissen explizit, was bedeuten würde, daß implizitem Wissen von vornherein der Wissenscharakter aberkannt würde /vgl. Schreyögg 1997, S. 70/.

Die Codierung von Geschäftsprozessen in Standardsoftware konzentriert sich zum weitaus überwiegenden Teil auf die Abbildung expliziten Regelwissens.

Im Gegensatz zum expliziten läßt sich *implizites Wissen* schlecht oder gar nicht übertragen. Es ist nur schwer formalisierbar, kommunizierbar und teilbar. Oft ist es sehr individuell und somit stark abhängig von den Personen, die es in sich tragen. Es beinhaltet sowohl kognitive Elemente als auch subjektive Einstellungen, Gefühle, Werte, Erfahrungen, Intuition und evtl. auch Religion.

Implizites Wissen begründet sich aus dem Sachverhalt, daß zahlreiche Aspekte des Wissens und Könnens von Organisationen nicht in Worte gefaßt werden können, weil dies möglicherweise aus der Art des Wissens her nicht möglich ist. Dieses Wissen wird auch als analoges Wissen bezeichnet und von den Organisationsmitgliedern parallel zum expliziten Wissen verarbeitet /vgl. Schreyögg 1997, S. 71/. Implizites Wissen liegt dem Handeln latent, möglicherweise auch unbewußt, zugrunde. Es kann als Erfahrungsschatz oder Orientierungsmuster bezeichnet werden, auf die zurückgegriffen werden kann, obwohl sie nicht bewußt abrufbar sind.

Implizites Wissen läßt sich in praktisches und Kontextwissen unterteilen /vgl. Nonaka 1992, S. 98/. Praktisches Wissen sind beispielsweise handwerkliche Fähigkeiten und Erfahrungen, die über lange Zeiträume erworben wurden. Dieses Wissen ist innerhalb kurzer Zeit schwer an andere Personen weiterzugeben.

Als Kontextwissen werden die von einer Person oder Gruppe von Personen getragenen Ansichten, Wertvorstellungen und kulturellen Normen bezeichnet, die, teilweise unbewußt, alle Entscheidungen und Handlungen beeinflussen. Kontextwissen existiert in Gruppen durch Unternehmenskulturen. Personen tragen es u.a. durch individuelle Ansichten und mentale Bilder /vgl. Müller-Stewens 1996, S. 18/.

Implizites Wissens stellt eine nicht zu vernachlässigende Größe in Unternehmen dar, u.U. sogar den bedeutendsten Wissensfaktor. Bisher wurde in vielen Ansätzen vor allem das explizite Wissen betrachtet. Diese Tendenz liegt fest verwurzelt in der westlichen Kultur, die sich seit langer Zeit mit Bildung bzw. Weiterbildung im Sinne der Vermittlung expliziten Wissens beschäftigt.

5.1.2 Mechanismen der Wissenskonversion

Aus der Gegenüberstellung der beiden Wissensarten aus Abschnitt 5.1.1 können Mechanismen der Wissenskonversion abgeleitet werden, die in Abb. 5-3 dargestellt sind /vgl. Schreyögg 1997, S. 72, Nonaka 1994/.

		nach	
		implizites Wissen	explizites Wissen
von	implizites Wissen	Sozialisierung	Externalisierung
	explizites Wissen	Internalisierung	Kombination

Abb. 5-3: Typen der Wissenskonversion nach Nonaka 1994

Sozialisierung

Die Sozialisierung beschreibt die Weitergabe und Verbreitung von implizitem Wissen auf der Ebene des impliziten Wissens. Durch Beobachtung, Imitation und Übung wird Wissen, z.B. vom Handwerksmeister an seine Gesellen, übergeben. Neues Wissen entsteht dann, wenn die Vorgaben des Meisters im Zuges des Konvertierungsprozesses variiert und kultiviert werden. Der Transfer impliziten Wissens geschieht über einen Prozeß des Beobachtungs- und Modellernens sowie über gemeinsame Erfahrungsbildung.

Als sekundäre Sozialisierung lassen sich diejenigen Lernprozesse bezeichnen, die implizites Wissen entstehen lassen und als Beobachtungs- oder Modellernen bezeichnet werden. Sie beschreibt einerseits die Internalisierung semantischer Felder (betriebsinternes oder fachspezifisches Vokabular), die die Grundlage für eine Regulierung der Aufnahme von Routineauffassungen und -verhalten darstellen. Andererseits werden so Werte, Nuancen und Erfahrungen im Unternehmen diffundiert /vgl. Schüppel 1996, S 262 ff./.

Im Gegensatz zum Modellernen bezeichnet die kollektive Erfahrungsbildung einen Prozeß, indem eine bereits existierende Gruppe mit bekannten semantischen und mentalen Strukturen sich Prozesse, Verfahren und Innovationen erschließt. Nicht mehr die Weitergabe von impliziten Wissen vom "Meister" auf den "Lehrling" sind Hintergrund, vielmehr die gemeinsame Bewältigung komplexer Probleme in Arbeitsgruppen. Dabei entstehen vor allem durch Interaktionen zwischen den Gruppenteilnehmern Möglichkeiten zur Übertragung impliziten Wissens.

Somit wird deutlich, daß bei der Gruppenarbeit in den Phasen der Auswahl und Einführung von Standardsoftware auch Wissen im Sinne der Sozialisierung ausgetauscht wird.

Externalisierung

Ein oft in den Vordergrund gestelltes Verlangen im Wissensmanagement ist die Überführung von impliziten in explizite Wissensbestände. Unternehmen sind stark abhängig von Schlüsselpersonen, die große Teile des Know-how in sich tragen. Durch Fluktuation verliert jedes Unternehmen regelmäßig z.T. teuer bezahlte Kapazitäten, wie das implizite Wissen der ausscheidenden Mitarbeiter. Die Konservierung intellektueller Bestände und die kollektive Bereitstellung existierender Wissensquellen sind Gründe für die Externalisierung impliziten Wissens. Ziel ist es, bisher nicht artikuliertes Wissen in verbalisierte Form zu übertragen. Dieses explizierte Wissen kann gespeichert und weitergegeben werden.

Implizites Wissen kann vor allem durch Verwendung von Metaphern, Analogien und Modellen sowie durch kollektive Begriffsbildung externalisiert werden /vgl. Schüppel 1996, S. 263/.

Wenn Wissen, das als schwer verbalisierbar definiert ist, artikuliert werden soll, stellt sich das Problem, sich mit Sprache nicht genau ausdrücken zu können. Metaphorische Redewendungen, Symbole und bildhafte Beschreibungen werden zur Externalisierung benutzt /vgl. Nonaka 1992, S. 99/.

Eine weiterer Schritt in Richtung expliziten Wissens stellt die Modellbildung dar. Bisher nur implizit vorhandenes Wissen wird in Modelle überführt, die durch ihren Modellcharakter stärker strukturiertes und materialisiertes Wissen darstellen /vgl. Schüppel 1996, S. 264/. Bei der Abbildung von Geschäftsprozessen anhand von Modellierungstools oder mit Gruppenarbeitstechniken wie Brainstorming wird implizites Wissen der Mitarbeiter bezüglich der Geschäftsprozesse frei und somit explizit.

Die kollektive Begriffsbildung in einem Unternehmen entsteht vor allem durch Dialog und kollektive Reflexion. Bei der Erstellung von Konzepten einigen sich Teams häufig fließend auf eine Begriffswelt, um gemeinsame Problemlösungen formulieren zu können. Deduktion (Schließen aus dem Allgemeinen) und Induktion (Rückschluß aus dem Speziellen) sind miteinander verknüpft /vgl. Nonaka 1997, S. 77/.

Wichtig ist es, externe Beteiligte an Standardsoftwareprojekten zu einer sorgfältigen Dokumentation ihres Vorgehens, ihrer Empfehlungen und ihrer Ergebnisse zu veranlassen, um zumindest einen Teil des Wissens dieser Personen zu externalisieren und für das Unternehmen, das die Standardsoftware benutzt, gewinnen zu können.

Internalisierung

Die Internalisierung beschreibt die Übernahme dokumentierten Wissens in die täglichen Handlungen der Organisationsmitglieder. Die Schaffung neuen Wissens erfolgt durch Interpretation und modifizierte Umsetzung des kodifizierten Wissens und die daraus folgende Verknüpfung mit dem vorhandenen impliziten Wissensstand einer Organisation.

Die Internalisierung ist eng mit der Umsetzung organisatorischer Vorgaben bei der Einführung von Standardsoftware verbunden, da die Mitarbeiter neue oder veränderte Arbeitsabläufe verinnerlichen sollen.

Kombination

Die Kombination von explizitem Wissen mit anderem expliziten Wissen führt zu neuem Wissen, wenn z.B. bestimmte Technologien auf neue Anwendungsgebiete erfolgreich übertragen werden oder wenn es gelingt, spezifisches Know-how auf einen neuen Kontext bezogen anzuwenden. Als Beispiel für eine Kombination kann z.B. die gelungene Übertragung des Executive Information System-Ansatzes auf das Produktionsmanagement /vgl. Gronau 1994/ genannt werden.

Die Kombination expliziten Wissens vollzieht sich auf allen Wegen des Austausches von Informationen über Kommunikation, Dokumente und sonstige Medien, die in der Lage sind, explizites Wissen zu speichern. Bildung und Weiterbildung beschränkt sich in der Regel auf die Vermittlung und Verbindung expliziten Wissens, damit sind alle aus diesen Bereichen bekannten Methoden einsetzbar.

5.1.3 Individuelles und organisatorisches Wissen

Das persönliche Wissen eines Mitarbeiters stellt individuelles Wissen dar, das wiederum in expliziter oder impliziter Form vorliegen kann.

Im Gegensatz dazu drückt sich organisatorisches Wissen u.a. durch Prozesse in Unternehmen, kulturelle Aspekte, Organisationsstruktur und die Art und Weise der Interaktion zwischen Mitarbeitern aus /vgl. Kogut 1992, S. 384/. Prozesse, die durch jahrelange Veränderung des ursprünglichen Ablaufes entstanden, stellen das Wissen einer Organisation dar. Viele Mitarbeiter bzw. extern Beauftragte haben die diese Art von Wissen geschaffen.

Unternehmenskultur entsteht schrittweise über Jahre hinweg. Es gibt in der Regel nicht nur eine oder wenige Personen, die dieses Potential des Unternehmens in sich tragen. Ebenso wird die Reputation eines Unternehmens durch konstante Leistung bzw. Qualität aufgebaut. Sie geht durch Personalwandel nicht zwangsweise verloren.

5.1.4 Internes und Externes Wissen

Diese Differenzierungsebene unterscheidet nach der Herkunft des Wissens. Internes Wissen stellt jegliche Art von Wissen dar, das im Unternehmen existiert, selbst wenn dieses von den Mitarbeitern nicht als solches erkannt wird. Externes Wissen befindet sich außerhalb des Unternehmens und muß, falls notwendig, bezogen werden /vgl. Schüppel 1996, S. 197 ff./.

5.1.5 Wissen über Informationssysteme

Mit Nutzung einer Software in einer Organisation findet sich auch das Wissen einer Organisation zum Teil in der Software wieder /vgl. Rolf 1998, S. 8/. Allerdings sind zumeist keine Möglichkeiten verfügbar, das in der Software enthaltene organisationale Wissen wieder allgemein verfügbar zu machen. Eine Ausnahme stellen lediglich Geschäftsprozeßmodelle in Standardsoftware dar, die zumindest generelles im Informationssystem abgebildetes Wissen, wenn auch nicht seine unternehmensspezifische Parametrisierung oder die Gründe für Einstellungsentscheidungen darstellen.

Im Zusammenhang mit der Entwicklung und organisatorischen Integration von Informationssystemen läßt sich zwischen Verfügungswissen und Orientierungswissen unterscheiden. *Verfügungswissen* beinhaltet dabei das konstruktive und handwerkliche Wissen, um funktionsfähige Algorithmen, Programme oder Infor-

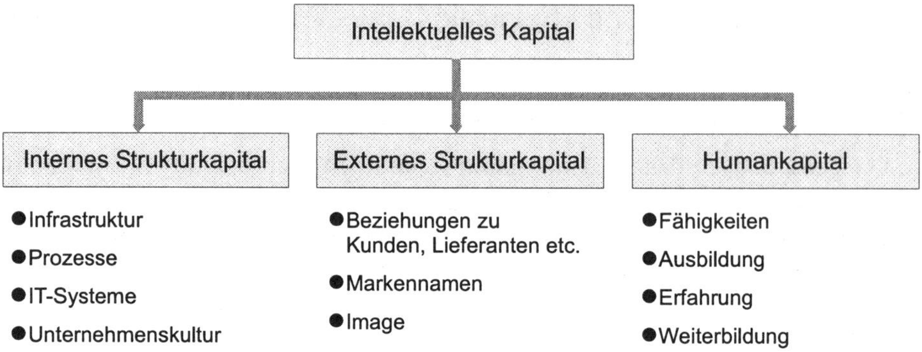

Abb. 5-4: Strukturierung des intellektuellen Kapitals /vgl. Bullinger 1998, S. 6/

mationssysteme zu entwickeln. *Orientierungswissen* besteht z.B. aus der Erkenntnis, wie Technik in menschliche Kooperationszusammenhänge einzubinden ist, Kenntnissen über Unternehmenskulturen und Machtverhältnissen in Unternehmen /vgl. u.a. Rolf 1998, S. 10/.

Das Orientierungswissen hat Auswirkungen auf das Verfügungswissen, da es die zur Anwendung geeigneten Verfahren und Methoden unmittelbar beeinflußt.

Der zur Wertschöpfung beitragende Teil des Wissens wird als Intellektuelles Kapital betrachtet. Nur es ist für den Erfolg des Unternehmens von Bedeutung /vgl. Bullinger 1998, S. 6/. Das intellektuelle Kapital umfaßt dabei all jene Wissensarten im Unternehmen, mit denen ein Mehrwert bzw. ein Wettbewerbsvorteil erzielt werden kann. Entsprechend den inhaltlichen Bezugspunkten kann intellektuelles Kapital in Humankapital, Strukturkapital oder juristisches Kapital gegliedert werden /vgl. Sveiby 1997/ (Abb. 5-4).

Für die Diskussion in diesem Kapitel ist insbesondere die Aussage wichtig, daß Wissen über Strukturen, also auch über DV-Strukturen und IT-Systeme, zu den Aktiva eines Unternehmens gehören.

5.2 Wissensmanagement bei Standardsoftware

PROBST versteht unter Wissensmanagement die pragmatische Weiterentwicklung von Ideen des organisationalen Lernens. Das Wissensmanagement konzentriert sich auf die Lernprozesse, die als gestaltbar angesehen werden. Es setzt nicht beim Endprodukt, der organisationalen Wissensbasis an, sondern berücksichtigt das ge-

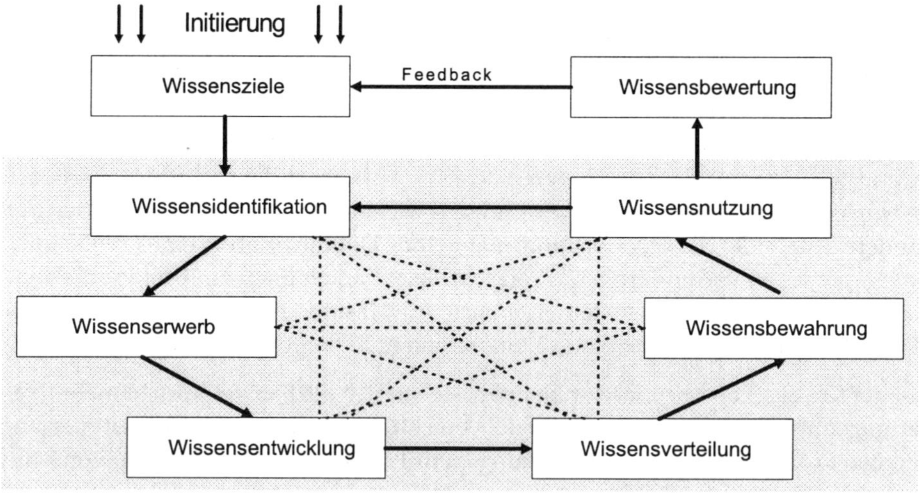

Abb. 5-5: Bausteine des Wissensmanagements /vgl. Probst 1997, S. 132/

samte Daten- und Informationsumfeld des Unternehmens /vgl. Probst 1997, S. 130/.

Fokussierend auf den Prozeß des Managements von Wissen und die daraus resultierende verbesserte Wertschöpfung im Unternehmen, definierte Davenport den Begriff als formale, strukturierte Vorgehensweise zur Verbesserung der Generierung, Verteilung und Nutzung von Wissen in einer Organisation. Es ist ein formaler Prozeß, in dem das Wissen eines Unternehmens den Wert des Unternehmens vergrößert /vgl. Davenport 1998, S. 16/.

Wissensmanagement betrachtet Wissen als strategische Ressource und führt Abläufe ein, die Organisationen in die Lage versetzen, ihr Wissen zu visualisieren, zu planen und weiterzuentwickeln. Der Ansatz stellt hohe Ansprüche an die Integration unterschiedlicher Disziplinen wie Psychologie, Wirtschaftswissenschaften und Informatik.

Klassische Probleme der Unternehmen können in Form von Wissensmanagementproblemen formuliert werden /vgl. Probst 1997, S. 133/. Aus den unmittelbar wissensbezogenen Aktivitäten ergeben sich Bausteine des Wissensmanagements, die in Abb. 5-5 dargestellt sind /vgl. Probst 1997, S. 132/.

Die Anordnung der Bausteine bildet zwei Kreisläufe. Der äußere Kreislauf umfaßt die Elemente Zielsetzung, Umsetzung und Messung und bildet so das traditionelle Managementprinzip "Management by objectives" ab /vgl. Bühner 1996, S. 78/.

Dieser Kreislauf verdeutlicht die strategische Bedeutung des Wissensmanagements sowie die Wichtigkeit eindeutiger und konkreter Zielsetzungen. Weiterhin stellt er auch an das Wissensmanagement die Anforderung der Meßbarkeit und somit der Erfolgskontrolle. Der innere Kreislauf beschreibt die Bausteine einer Wissensorganisation im Unternehmen. Erfolgreich ist Wissensmanagement dann, wenn allen Bausteinen des inneren Kreises ausreichend Beachtung geschenkt wird. Mangelnde Transparenz verhindert etwa eine Übertragung von Wissen auf andere Mitglieder der Organisation; mangelnde Dokumentation eines Problemlösungsprozesses verhindert dessen Nachvollziehbarkeit und somit seine erfolgreiche Wiederholung. Der bausteinorientierte Ansatz ermöglicht es, Instrumente des Wissensmanagements einzelnen Komponenten der Regelkreise zuzuordnen.

Ist der Kreislauf erst einmal durchlaufen, stehen sich die Bausteine nicht mehr linear gegenüber, sie sind vielmehr gleichberechtigte Maßnahmen in einem permanenten Prozeß der Wissensgenerierung, dem Transfer und der Nutzung von Wissen /vgl. Schönherr 1999/.

Bezogen auf die Auswahl und Einführung von Standardsoftware steht der äußere Kreislauf für die Zielsetzung, Wissen während des Projektes zu gewinnen, während der innere Kreislauf die dazu erforderlichen Maßnahmen beschreibt.

5.2.1 Wissensziele

Wissensziele legen die Richtung der Aktivitäten des Wissensmanagements fest. Normative Wissensziele beschreiben die Schaffung einer wissensbewußten Unternehmenskultur, während strategische Wissensziele den zukünftigen Kompetenzbedarf eines Unternehmens durch organisationales Kernwissen definieren. Somit werden Wissensziele in den Katalog der Unternehmensziele aufgenommen.

Es ist nicht ausreichend, lediglich auf der strategischen Ebene Ziele zu formulieren. Daher werden aus den strategischen operative Wissensziele abgeleitet, die die notwendige Konkretisierung der Oberziele darstellen. Typische operative Wissensziele sind etwa das Herstellen der Verfügbarkeit aller intern erstellten Dokumente im Intranet oder der Anspruch an alle Mitglieder der Organisation, über ein Mindestmaß an Englischkenntnissen zu verfügen /vgl. Probst 1997, S. 134/.

Bezogen auf die Auswahl und den Einsatz von Standardsoftware liegt ein mögliches Wissensziel in der Dokumentation aller Fakten, deren Kenntnis erforderlich ist, um eine Anpassung der Standardsoftware an organisatorische Änderungen vornehmen zu können (strategisches Ziel) bzw. in einer Dokumentation aller Gründe für Parametereinstellungen (operatives Ziel).

5.2.2 Wissensidentifikation

Im Rahmen der Wissensidentifikation werden die im Unternehmen vorhandenen Wissensquellen dokumentiert. Vor allem größere Unternehmen verlieren oft den Überblick über ihre Kernkompetenzen und Fähigkeiten. Interne Intransparenz und externe Informationsflut führen dazu, daß weder internes noch externes Wissen für das Unternehmen im ausreichenden Maße zur Verfügung steht. Dadurch kommt es u.a. zu Parallelarbeit. Einer der wichtigsten Bausteine des Wissensmanagements ist deshalb die Schaffung einer angemessenen Wissenstransparenz:

Interne Wissenstransparenz umfaßt die Feststellung des Status Quo, d.h. die Schaffung eines Bewußtseins der Organisation über ihre eigenen Fähigkeiten. Dabei geht es einerseits um eine personelle Transparenz, also darum, offenzulegen, wo sich im Unternehmen welche Experten befinden und welche Wissensträger über besonders kritisches Wissen zur Erreichung der Wissensziele verfügen. Andererseits ist auch eine Transparenz über kollektives Wissen, vorhandene Wissensteilungsprozesse und interne Netzwerke von Bedeutung /vgl. Schönherr 1999, S. 341/.

Die externe Wissenstransparenz wird durch die systematische Erhellung des relevanten Wissensumfeldes einer Organisation erreicht. Dazu gehört die Sichtbarmachung externer Experten oder wichtiger Netzwerke außerhalb der Organisationsgrenzen mit dem Ziel eines möglichen Wissensimports.

Eine mögliche Methode zur Erhöhung der inneren Transparenz sind Expertenverzeichnisse oder Personalhandbücher. Die Visualisierung von Wissen wird in sogenannten Wissenslandkarten /vgl. Preissler 1997/ realisiert. Der Zugriff auf Experten über die Suche in Yellow Pages, die kompetenzorientierte Personenprofile enthalten, ist ebenfalls eine bereits bekannte Technik /vgl. Gronau 2000a/.

Diese Mechanismen sind auch in Standardsoftwareprojekten anzuwenden.

5.2.3 Wissenserwerb

In der Auswahlphase besteht im Unternehmen Bedarf nach Wissen, welches nicht oder nur sehr aufwendig eigenständig entwickelt werden kann. Daher ist der Erwerb von externem Wissen eine Alternative. Dazu gibt es verschiedene Möglichkeiten.

Der Erwerb von Wissen anderer Firmen kann entweder durch gezielte Kooperationen oder in der radikalen Variante durch den Aufkauf kleiner innovativer Firmen erfolgen. Dadurch erhoffen sich größere Firmen, Wissens- und Kompetenzlücken zu schließen. Eine weitere Möglichkeit ist der gezielte Einkauf von Experten. Temporäre Anstellungen wie "Management auf Zeit" oder die projektweise Einstellung von Beratern können eine Alternative zur Festanstellung sein, wenn bestimmtes Wissen nur kurzfristig knapp ist. Die Beschaffung externer Wissensträger zum Aufbau von Kompetenzen im Unternehmen sollte in jedem Fall gut mit den strategischen Wissenszielen abgestimmt sein.

Grundsätzlich gibt es zwei auf MARCH zurückgehende Wege zur organisatorischen Anpassung an neue Herausforderungen. MARCH unterscheidet zwischen der Ausschöpfung vorhandenen Wissens, nennt dies Exploitation, und der Erschließung neuartigen Wissens, Exploration.

Exploitation heißt Nutzung vorhandener Ressourcen und die Verbesserung bekannter Lösungen im Einklang mit der herrschenden Managementphilosophie. Die Lösungssuche findet im Bereich erprobter Managementmethoden statt. Exploitation ist typischerweise eine häufige Reaktion von Managern auf Probleme in Unternehmen. Viele Manager ändern ihre grundlegenden Auffassungen über effizientes Management nicht so schnell. Dieser Weg ist sinnvoll, da das Risiko bei einer Exploitation begrenzt ist und die Wahrscheinlichkeit relativ hoch ist, bei Verfolgung dieser Strategie das bisherige Erfolgsniveau beizubehalten oder, wenn auch nur geringfügig, zu verbessern.

Im Gegensatz dazu bedeutet *Exploration* das Experimentieren mit Ideen und Ressourcen in der Hoffnung, neue Alternativen zu finden, die grundlegend besser sind als die bisherigen. Explorative Veränderungen sind das Ergebnis einer Bereitschaft der Manager, etablierte Handlungsmuster aufzugeben und sich dem Risiko des Neuen zu stellen. Frese betont, daß es nicht einfach ist, zu beurteilen, ob eine organisatorische Innovation tatsächlich neu ist. Radikal neue Alternativen sind nur ganz selten zu erwarten. Das für soziotechnische Systeme gültige Hierarchieprinzip als "Architecture of complexity" setzt der Suche nach vollkommen neuen Lösungen enge Grenzen /vgl. Frese 1997, S. 30f/.

Eine weitere Art der Wissensbeschaffung ist der Erwerb von Wissensprodukten. Das können Speichermedien wie Bücher, Zeitschriften oder CD-Roms, jedoch auch Lizenzen und Patente sowie Software sein.

5.2.4 Wissensentwicklung

Die Wissensentwicklung umfaßt alle Aktivitäten eines Unternehmens, als deren Ergebnis bislang nicht vorhandenes, internes Wissen entsteht. Im Mittelpunkt stehen dabei die Gewinnung neuer Fähigkeiten sowie die Entwicklung neuer Produkte, besserer Ideen und leistungsfähigerer Prozesse. Neues Wissen wird u.a. durch Kombination des intern vorhandenen Wissens generiert.

Die Unterstützung der Wissensentwicklung sollte sowohl auf der individuellen als auch auf der kollektiven Ebene stattfinden. Dazu zählen auf individueller Ebene die Schaffung von Freiräumen (zeitlich und örtlich) und einer generellen Fehlerfreundlichkeit. Auf kollektiver Ebene sind vor allem Interaktion, Kommunikation und Transparenz durch geeignete Maßnahmen zu unterstützen.

Die Aufgabe der Wissensentwicklung ist insbesondere in den ersten Monaten des Produktivbetriebs besonders wichtig, wiel in dieser Zeit die Nachfrage nach Informationen am größten ist.

5.2.5 Wissensverteilung

Die Verteilung von Wissen bzw. Erfahrungen in der Organisation ist eine zwingende Voraussetzung zur Umwandlung individuellen Wissens in kollektives Wissen /vgl. Probst 1997, S. 138/. Sie ermöglicht dabei die Multiplikation von Wissen, den Zugriff auf Erfahrungen und den zeitgleichen Zugriff auf organisationale Wissensbestände und deren Transformation.

Dabei kann die Distribution von Wissen unterschiedlich stattfinden. Es besteht sowohl die Möglichkeit des Wissenstransfers zwischen Individuen als auch des Erfahrungsaustausch zwischen mehreren Arbeitsgruppen.

Die Verbreitung von Ankündigungen der Geschäftsleitung oder die Durchführung von Schulungen stellen Formen der Wissensverteilung dar. Weiterhin kann man die Job-Rotation als eine Art der Diffusion von Wissen interpretieren.

Die Verteilung expliziten Wissens erfolgt unter Verwendung von Push- und Pull-Strategien. Bei Anwendung von Push-Verteilungsstrategien wird im Vorfeld entschieden, welches Wissen für wen wichtig sein könnte. Beispiele sind gezielte Schulungen oder Workshops. Push-Strategien haben den Vorteil, daß der Wissenssuchende die Antworten schon vor der Stellung einer Frage erhält. Die aufgewendete Zeit beschränkt sich auf eine Selektion des erhaltenen Wissens. Der Nachteil einer Push-Strategie ist die Gefahr einer Informationsflut.

Pull-Strategien verfolgen deshalb den entgegengesetzten Weg. Bei diesem Konzept wird Wissen angefordert und dann im Idealfall "just-in-time" geliefert. Ein Beispiel ist die Einrichtung eines Unternehmensinformationsdienstes. Im Gegensatz zum Push-Prinzip muß der Wissenssuchende das benötigte Wissen selbst finden oder zumindest eine Frage formulieren können. Das stellt besonders hohe Ansprüche an eingesetzte technische Suchmaschinen. Ein gut durchdachtes System der Verschlagwortung und Kategorisierung von Dokumenten im Rahmen eines "controlled vocabulary" ist ein möglicher Ansatz.

Implizites Wissen läßt sich entweder durch Explizierung oder durch Sozialisation weitergeben /vgl. Nonaka 1992, S. 97/. Dabei kann der Einsatz von Informations- und Kommunikationstechnologien eine katalytische Wirkung haben. Für den Wissensaustausch notwendige Prozesse wie Kooperation, Kommunikation und Koordination müssen jedoch insbesondere durch die Schaffung einer Wissensteilungskultur sowie adäquater (paralleler) organisatorischer Strukturen im Unternehmen unterstützt werden, um individuell und kulturell verankerte Teilungsbarrieren abzubauen.

Bei Standardsoftwareprojekten entspricht die Wissensverteilung dem Aufbau des Projektinformationswesens (vgl. Abschnitt 2.7).

5.2.6 Wissensbewahrung

Aufwendig erworbenes internes und externes Wissen muß langfristig im Unternehmen gebunden werden. Deshalb ist eine angemessene Sicherung und Speicherung des erlangten Wissens für einen späteren Gebrauch notwendig. Nicht alles muß vollständig und ohne zeitliche Begrenzung festgehalten werden. Vielmehr sollte der eigentlichen Speicherung ein Selektionsprozeß des Bewahrungswürdigen vorausgehen und eine ständige Aktualisierung der Wissensbestände nachfolgen.

Hauptaufgabe der Wissensbewahrung ist die Selektion zwischen aufbewahrungswürdigen und nichtaufbewahrungswürdigen Wissensbestandteilen. Somit erfor-

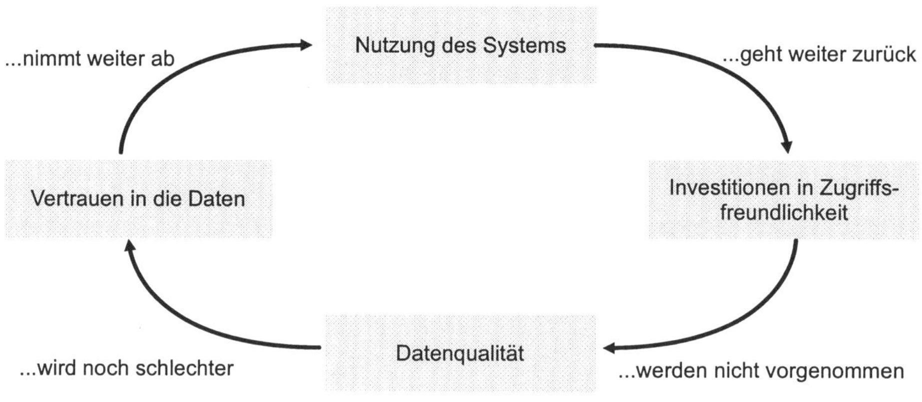

Abb. 5-6: Nichtnutzungsspirale organisationalen Wissens /in Anlehnung an Probst 1997, S. 139/

dert die Wissensbewahrung dauerhafte Aktualisierungsbemühungen, um nicht veraltetes und damit unbrauchbares Wissen aufzuheben /vgl. Probst 1997, S. 141/.

5.2.7 Wissensnutzung

Der produktive Einsatz organisationalen Wissens zum Nutzen des Unternehmens wird als Wissensnutzung bezeichnet. Die Nutzung ist in der Praxis durch eine Reihe von Schwierigkeiten eingeschränkt. So konnte für eine rechnergestützte Wissensbasis eine "Nichtnutzungsspirale" festgestellt werden (Abb. 5-6) /vgl. Manago 1996, S. 38/).

Diese Darstellung dokumentiert auch die Notwendigkeit einer permanenten Systempflege, um Fehlinvestitionen zu vermeiden.

5.2.8 Wissensbewertung

Im Sinne des traditionellen Managementansatzes sollder Erfolg einer Maßnahme eindeutig meßbar sein. Die Definition von Wissenszielen muß mit der Überprüfung ihrer Erfüllung einhergehen. Im Gegensatz zu Bereichen wie dem Finanzcontrolling ist der Erfolg des Wissensmanagement bis heute jedoch nur schwer quantifizierbar /vgl. Probst 1997, S. 317/.

Wissensziele	Bewertungsmethoden
normativ	
- schaffen Voraussetzungen für strategische und operative wissensorientierte Ziele - zielen auf wissensbewußte Unternehmenskultur - erfordern aktive Zustimmung des Managements	- Kulturanalysen - Beobachtung des Top-Management-Verhaltens - Glaubwürdigkeitsanalysen
strategisch	
- inhaltliche Bestimmung organisationalen Kernwissens - Definition des angestrebten Kompetenzportfolios - Wesentliche Mittel des Kompetenzaufbaus werden festgelegt	- Erstellen von Wissensbilanzen, Wissens-G+V, Wissensflußrechnung in Kernkompetenzen - Analyse des Kompetenzportfolios - Controlling wichtiger Wissensprojekte
operativ	
- Konkrete Übersetzung normativer und strategischer Wissensziele - Sicherung der Angemessenheit der Intervention bezogen auf die jeweilige Interventionsebene	- Ausbildungscontrolling mit klaren Lerntransferzielen - Messung der Systemnutzung (z.B. Intranet) - Erstellung individueller Fähigkeitenprofile

Abb. 5-7: Ansätze zur Bewertung von Wissenszielen /vgl. Probst 1997, S. 141/

Die Wissensbewertung unternimmt den Versuch, organisationales Wissen zu messen und zu bewerten. Die Bewertung zeigt die Qualität der Zielformulierung auf, wenn die Erreichbarkeit des Zieles nicht meßbar ist. Probst und Romhardt nennen Ansätze zur Bewertung von Wissenszielen (Abb. 5-7, /vgl. Probst 1997, S. 141/).

Als Alternative zur direkten Messung des Erfolges der Aktivitäten des Wissensmanagements bietet sich die Aufstellung sogenannter "weicher" Indikatoren an. Ihre Auswertung schafft in Verbindung mit der Betrachtung "harter" Indikatoren (z.B. Kundenanzahl, Umsatzentwicklung etc.) eine Grundlage für die Bewertung des Wissensmanagements. In Analogie zu den Wissenszielen lassen sich Bewertungsmethoden für die Realisierung normativer, strategischer und operativer Wissensziele angeben.

Erfolge auf normativer Ebene lassen sich am besten durch Unternehmenskulturanalysen messen. Hierbei stehen einerseits die Mitarbeiter im Mittelpunkt der Untersuchung, andererseits spielt das Verhalten des Managements eine wichtige Rolle. Durch Interviews oder Fragebögen läßt sich der Status Quo der Unternehmenskultur feststellen. Wichtige Fragestellungen sind beispielsweise, inwieweit man auf der Führungsebene vom Sinn des Wissensmanagement überzeugt ist, ob sich die Mitarbeiter dazu angeregt fühlen, Wissen zu teilen und fremdes Wissen anzuwenden und ob die Anreizsysteme zu einer gewissenhaften Dokumentation von erzeugtem Wissen führen.

Anhand der definierten strategischen Wissensziele läßt sich der Erfolg von Maßnahmen des Wissensmanagements qualitativ und quantitativ messen. Aussagefähige Indikatoren sind beispielsweise Neuentwicklungszeiten, Neuentwicklungskosten, die Anzahl der Reklamationen und Rückläufe, die Anzahl technischer Änderungen in verschiedenen Entwicklungsphasen und die Kosten technischer Änderungen /vgl. Schönherr 1999, S. 345/. Überdies besteht die Möglichkeit von Pilotprojekten in isolierten Bereichen und der anschließende Vergleich mit den nicht betroffenen Bereichen.

Da die Zielvorgabe auf operativer Ebene in konkreten Teilmaßnahmen besteht, läßt sich der Erfolg leichter messen. Beispiele dafür sind die Messung von Systemnutzung bzw. Datenverkehr im Intranet und Internet, Ausbildungscontrolling und Kontrolle der Erreichung von Lernzielen.

Literatur

Aamodt 1995
Aamodt, A., Nygård, M.: Different Roles and Mutual Dependencies of Data, Information, and Knowledge - An AI Perspective on their Integration. Data & Knowledge Engineering 16 (1995) 3, S. 191-222

Antes 1996
Antes, R.: Präventiver Umweltschutz und seine Organisation in Unternehmen. Wiesbaden 1996

Appelrath 2000
Appelrath, H.-J., Ritter, J.: R/3-Einführung. Methoden und Werkzeuge. Berlin Heidelberg New York 2000

Arnold 1996
Arnold, B.: Customizing - Erfolgsfaktor für PPS. Standardsoftware-Lösungen der Marktführer. München 1996

Barbitsch 1996
Barbitsch, C.: Einführung integrierter Standardsoftware. Handbuch für eine leistungsfähige Unternehmensorganisation. München Wien 1996

Bartsch 1998
Bartsch, M.: Software und das Jahr 2000. Baden Baden 1998

Bartsch 2000
Bartsch, M.: Qualitätssicherung für Software durch Vertragsgestaltung und Vertragsmanagement. Informatik Spektrum 23 (2000) 1, S. 3-10

Bartsch-Beuerlein 2000
Bartsch-Beuerlein, B.: Qualitätsmanagement in IT-Projekten. Planung, Organisation, Umsetzung. München 2000

Betzl 1996
Betzl, K.: Entwicklungsansätze in der Arbeitsorganisation und aktuelle Unternehmenskonzepte - Visionen und Leitbilder, In: Bullinger, H.J., Warnecke, H.J. (Hrsg.): Neue Organisationsformen im Unternehmen. Ein Handbuch für das moderne Management. Berlin Heidelberg New York 1996, S. 29-64

Boekhoff 1999
Boekhoff, H., Gronau, N.: Was kommt nach der Reorganisation? Führungskultur als Erfolgsfaktor. Zeitschrift für wirtschaftlichen Fabrikbetrieb 94 (1999) 5, S. 256 - 259

Bolte 1993
Bolte, A., Martin, H.: Flexibilität durch Erfahrung. Computergestützte erfahrungsgeleitete Arbeit in der Produktion. Institut für Arbeitswissenschaften der Gh Kassel, 1993

Borghoff 1998
Borghoff, U., Schlichter, J.: Rechnergestützte Gruppenarbeit. Eine Einführung in Verteilte Anwendungen. 2. Auflage Berlin Heidelberg New York 1998

Buck-Emden 1995
Buck-Emden, R.; Galimow, J.: Die Client/Server-Technologie des SAP-Systems R/3. Basis für betriebliche Standardanwendungen. 2. Auflage Bonn 1995

Bürkle 1998
Bürkle, U.: Rascher Return On Investment, SAP Info Nr. 57, 7/98

Bullinger 1989
Bullinger, H.-J. u.a.: Künstliche Intelligenz in Konstruktion und Arbeitsplanung. Landsberg/Lech 1989

Bullinger 1998
Bullinger, H.-J. u.a.: Intellektuelles Kapital als wesentlicher Bestandteil des Wissensmanagements. Beitrag zum 11. HAB-Forschungsseminar Wissensmanagement, 16./17.10.1998 Berlin. In: Krallmann, H., Gronau, N. (Hrsg.): Wettbewerbsvorteile durch Wissensmanagement - Methodik und Anwendungen des Knowledge Management. Stuttgart 1999

Bühner 1996
Bühner, R.: Betriebswirtschaftliche Organisationslehre. 8. Auflage München Wien 1996

Clausen 1998
Clausen, J.: Ziele für das nachhaltige Unternehmen. In: Fichter, K., Clausen, J.: Schritte zum nachhaltigen Unternehmen. Zukunftsweisende Praxiskonzepte des Umweltmanagements. Berlin Heidelberg New York 1998, S. 27-44

Corsten 1988
Corsten, H.: Komponenten und Instrumente der produktionswirtschaftlichen Flexibilität. WISU 17 (1988) 10

Curth 1989
Curth, M., Giebel, M.: Management der Software-Wartung. Stuttgart 1989

Davenport 1998
Davenport, T., De Long, D., Beers, M.: Successful Knowledge Management Projects. Sloan Management Review 39 (1998) 2

Deifel 1999
Deifel, B. u.a.: Die Praxis der Softwareentwicklung: Eine Erhebung. Informatik Spektrum 22 (1999) , S. 24-36

Dittrich 1999
Dittrich, J., Mertens, P., Hau, M.: Dispositionsparameter von SAP R/3 PP. Einstellungshinweise, Wirkungen, Nebenwirkungen. Braunschweig Wiesbaden 1999

Fandel 1997
Fandel, G, Francois, P., Gubitz, K.-M.: PPS- und integrierte betriebliche Softwaresysteme. Grundlagen, Methoden, Marktanalyse. 2. Auflage Berlin Heidelberg New York 1997

Finger 1996
Finger, J.: Managementaufgabe PPS-Einführung. Düsseldorf 1996

Frank 1999
Frank, H.: Das Projektmanagement als Problemlösungsprozeß. In: Krallmann, H., Frank, H., Gronau, N.: Systemanalyse im Unternehmen. 3. Auflage München Wien 1999, S. 105-138

Frank 1999a
Frank, H., Gronau, N.: Vorgehensmodell der Systemanalyse. In: Krallmann, H., Frank, H., Gronau, N.: Systemanalyse im Unternehmen. 3. Auflage München Wien 1999

Frese 1997
Frese, E.: Produktion: Herausforderung für das Management In: Schuh, G., Wiendahl, H.-P. (Hrsg.): Komplexität und Agilität - steckt die Produktion in der Sackgasse?, Berlin Heidelberg New York 1997

Fritzsche 1998
Fritzsche, H. u.a.: Werkzeugauswahl in der Geschäftsprozeßoptimierung. Eine phasenbasierte Entscheidungshilfe. Industrie Management 14 (1998) 3, S. 50-56

Gabriel 2000
Gabriel, H., Lohnert, S.: Implementierung von Standardsoftware-Lösungen- In: Scheer, A.-W., Köppen, A. (Hrsg.): Consulting. Wissen für die Strategie-, Prozeß- und IT-Beratung. Berlin Heidelberg New York 2000

Gelinas 1998
Gelinas, M. u.a.: Implementierungsqualität gestalten durch Collaborative Organizational Design. In: Spalink, H.: Werkzeuge für das Change-Management. Frankfurt/Main 1998, S. 65-94

Gerhard 1996
Gerhard, A., Schmied, H.: Externes Simultaneous Engineering. Der neue Dialog zwischen Kunde und Lieferant. Berlin Heidelberg New York 1996.

Griffel 1998
Griffel, F.: Componentware. Konzepte und Techniken eines Softwareparadigmas. Heidelberg 1998

Grobbel 1998
Grobbel, R., Langemann, T.: Leitfaden PPS-Systeme. Auswahl und Einführung in der Möbelindustrie, Heinz-Nixdorf-Institut-Verlagsschriftenreihe, Bd. 39, Paderborn 1998

Groh 2000
Groh, K.: Leistungsbeschreibung und Abnahme von IT-Anwendungssystemen. München 2000

Gronau 1994
Gronau, N.: Führungsinformationssysteme für das Management der Produktion. München Wien 1994

Gronau 1999
Gronau, N.: Management von Produktion und Logistik mit SAP R/3. 3. Auflage München Wien 1999

Gronau 2000
Gronau, N.: Nachhaltige Architekturen industrieller Informationssysteme bei organisatorischem Wandel. Habilitationsschrift, Fachbereich Informatik der Technischen Universität Berlin, 2000

Gronau 2000a
Gronau, N.: Knowledge Management mit dem Knowledge Café. Tagungsunterlagen der 23. Kongreßmesse ONLINE, Velbert 2000

Gutenberg 1962
Gutenberg, E.: Unternehmensführung. Wiesbaden 1962

Haber 1995
Haber, W.: Das Nachhaltigkeitsprinzip als ökologisches Konzept. In: Fritz, P., Huber, J., Levi, H.W. (Hrsg.): Nachhaltigkeit in naturwissenschaftlicher und sozialwissenschaftlicher Perspektive. Stuttgart 1995, S. 17-30

Hamacher 1991
Hamacher, W., Pape, D.: Effiziente PPS-Einführung - Voraussetzung für zukunftssichere Mittelbetriebe. Anforderungen - Praxisbeispiele - Checklisten. Köln 1991

Hansen 1998
Hansen, H.R.: Wirtschaftsinformatik I. 7. Auflage, durchgesehener Nachdruck Stuttgart Jena 1992

Heeg 1997
Heeg, F.-J. u.a.: Eignung von Modellierungswerkzeugen zur partizipativen Unternehmensmodellierung. Industrie Management 13 (1997) 5, S. 46-50

Heilmann 1981
Heilmann, H.: Modelle und Methoden der Benutzermitwirkung in Mensch-Computer-Systemen. Stuttgart Wiesbaden 1981

Hesser 1992
Hesser, W.; Düsterbeck, B.: Perspektiven für eine CiM-orientierte Schlüsselung und Identifizierung, CiM Management 8 (1992) 6, S. 42-49

Huber 1996
Huber, H., Poestges, A.: Geschäftsprozeßmanagement: Prinzipien und Werkzeuge für ein erfolgreiches Gestalten von Geschäftsprozessen; in Corsten, H. (Hrsg.): Management von Geschäftsprozessen. Theoretische Ansätze - Praktische Beispiele. Stuttgart 1997, S. 75 - 93

Hubig 1995
Hubig, Ch.: Technikbewertung in Unternehmen. In: Deutsches Institut für Fernstudienforschung (Hrsg): Funkkolleg Technik einschätzen - beurteilen - bewerten, Studienbrief 6, Studieneinheit 19, DIFF Tübingen 1995

Hufgard 1999
Hufgard, A., Wenzel-Däfler, H.: Reverse Business Engineering - Modelle aus produktiven R/3-Systemen ableiten. In: Scheer, A.-W., Nüttgens, M.: Electronic Business Engineering. Berlin Heidelberg New York 1999, S. 425-441

Irmscher 1993
Irmscher, W., Koropp, J.; Durch die richtige Projektstrategie zum PPS-Erfolg: PPS-Einführung parallel in vier Werken in 17 Monaten. In: Nedeß, C. (Hrsg.): Produktion und EDV; PPS: Umbruch und Fortentwicklung. 16. Europäische Kongreßmesse für Technische Kommunikation Hamburg 1993, S. C844.01 bis C844.20

Jost 1993
Jost, W.; EDV-gestützte CIM-Rahmenplanung. Wiesbaden 1993

Karl 1994
Karl, R., Deiters, W.: Studie Workflow Management - Groupware Computing. dsk Beratung GmbH Pfaffenhofen 1994

Klösch 1995
Klösch, R., Gall, H.: Objektorientiertes Reverse Engineering - von klassischer zu objektorientierter Software. Berlin Heidelberg New York 1995

Knof 1992
Knof, H.-L.: CIM und organisatorische Flexibilität. München 1992

Knolmayer 1997
Knolmayer, G. u.a.: Erfahrungen mit der Einführung von SAP R/3 in Schweizer Unternehmungen. Studie der Abteilung Information Engineering des Instituts für Wirtschaftsinformatik der Universität Bern. 2. Auflage Bern 1997

Knowles 1998
Knowles, G.: DEM: an Agent of Change. In: van Es, R.: Dynamic Enterprise Innovation. Establishing Continuous Improvement in Business. Baan Business Innovation B.V. 1998, S. 2-1-2-21

Kogut 1992
Kogut, B., Zander, U.: Knowledge of the Firm, Combinative Capabilities, and the Replication of Technology. Organization Science, 3 (1992)

Koldau 1973
Koldau, M.: Ergebnisorientiertes Besprechungsmanagement. ZfO (1973) 2

Krcmar 1992
Krcmar, H.: Computerunterstützung für die Gruppenarbeit - Zum Stand der Computer Supported Cooperative Work Forschung. Wirtschaftsinformatik 34 (1992) 2, S. 425-437

Krcmar 1995
Krcmar, H. Lewe, H., Schabe, G.: Teamarbeit im Büro - Stand und Perspektiven. Office Management 43 (1995) 4, S. 18-21

Krotschek 1998
Krotschek, C.: Prozeßbewertung in der nachhaltigen Wirtschaft. Dissertation am Institut für Verfahrenstechnik der Technischen Universität Graz, Fakultät für Maschinenbau, Graz 1998

Krystek 1993
Krystek, U., Müller-Stewens, M.: Frühaufklärung für Unternehmen: Identifikation und Handhabung zukünftiger Chancen und Bedrohungen. Stuttgart 1993

Krystek 1997
Krystek, U., Redel, W., Reppegather, S.: Grundzüge virtueller Organisationen. Elemente und Erfolgsfaktoren, Chancen und Risiken. Wiesbaden 1997

Kuark 1996
Kuark, J.K.: Factors in the Organizational and Technical Development of CIM Strategies and CIM Systems. Dissertation ETH Zürich 1996

Kummer 1986
Kummer, W. u.a.: Projekt-Management. Leitfaden zu Methode und Teamführung in der Praxis. 2. Auflage Zürich 1986

Kunerth 1995
Kunerth, W.L.: Infrastruktur für neue Unternehmensmodelle: Desktop-Videokommunikation. Office Management 43 (1995) 4, S. 28-31

Laakmann 1993
Laakmann, J.: Das 3-Phasen-Konzept für die Einführung von Standard-PPS-Systemen. FIR-Sonderdruck 2/93. 2. Auflage Aachen 1993

Lang 1989
Lang, G.: Auswahl von Standard-Applikations-Software - Organisation und Instrumentarien. Berlin Heidelberg New York 1989

Lehner 1991
Lehner, F. u.a.: Organisationslehre für Wirtschaftsinformatiker. München Wien 1991

Lehner 1995
Lehner, F. u.a.: Wirtschaftsinformatik. Theoretische Grundlagen. München Wien 1995

Litke 1993
Litke, H.: Projektmanagement. Methoden, Techniken, Verhaltensweisen. 2. Auflage Carl Hanser Verlag München Wien 1993

Litke 1995
Litke, H.: Projektmanagement. Methoden, Techniken, Verhaltensweisen. 3. Auflage Carl Hanser Verlag München Wien 1995

Madauss 2000
Madauss, Bernd J.: Handbuch Projektmanagement. 6. Auflage Stuttgart 2000

Maier 1990
Maier, H.-H.: Softwareprojekte erfolgreich managen. Planung, Steuerung, Kontrolle. Planegg 1990

Manago 1996
Manago, M., Auriol, E.: Mining for OR. OR/MS today (1996) 2, S. 28-32

Maturana 1987
Maturana, H., Varela, F.: The Tree of Knowledge. Boston 1987

Meinhardt 1995
Meinhardt, S.; Teufel, T.: Business Reengineering im Rahmen einer Prozeßorientierten Einführung der SAP-Standardsoftware R/3. In: Brenner, W.; Keller, G. (Hrsg.): Business Reengineering mit Standardsoftware. Frankfurt 1995.

Meissner 1999
Meissner, G.: SAP- die heimliche Software-Macht. Wie ein mittelständisches Unternehmen den Weltmarkt eroberte. München 1999

Morgan 1997
Morgan, G.: Bilder der Organisation, Stuttgart 1997

Müller 1997
Müller, B.: Reengineering - eine Einführung. Stuttgart 1997

Müller-Stewens 1996
Müller-Stewens, G., Osterloh, M.: Kooperationsinvestitionen besser nutzen: Interorganisationales Lernen als Know-how Transfer oder Kontext-Transfer. Zeitschrift für Organisation 65 (1996)

Mumford 1984
Mumford, E., Welter, G.: Benutezrbeteiligung bei der Entwicklung von Computersystemen. Berlin Bielefeld München 1984

Nedeß 1992
Nedeß, C.: Wissensbasierte FMEA-Erstellung zur Unterstützung der Simultanen Produktentwicklung. In: Scheer, A.-W. (Hrsg.): Simultane Produktentwicklung. München 1992, S. 277-334

Noack 1999:
Noack, A.: Projektmanagement-Systeme. Industrie Management 15 (1999) 4, S. 49 - 59

Nonaka 1992
Nonaka, I.: How Japanese Companies Create Knowledge. Harvard Manager, 14.(1992) 2, S. 95-103

Nonaka 1994
Nonaka, I: A dynamic theory of organizational knowledge creation. Organization Science 5 (1994), S. 14-37

Nonaka 1997
Nonaka, I., Takeuchi, H.: Die Organisation des Wissens. Frankfurt 1997

Noth 1986
Noth, T., Kretschmar, M.: Aufwandsschätzung von DV-Projekten. Darstellung und Praxisvergleich der wichtigsten Verfahren. 2. Auflage Berlin Heidelberg 1986

O'Hara-Devereaux 1994
O'Hara-Devereaux, M., Johansen, R.: Global Work. Bridging Distance, Culture and Time. San Francisco 1994

Opitz 1966
Opitz, H.: Verschlüsselungsrichtlinien und Definitionen zum Werkstück-beschreibenden Klassifizierungssystem, Essen 1966

Österle 1997
Österle, H.: Standard-Software - Auswahl und Einführung. In: Mertens, P. u.a. (Hrsg.:) Lexikon der Wirtschaftsinformatik. 3. Auflage Berlin Heidelberg New York 1997, S. 379-381

Paegert 1996
Paegert, C. u.a.: Bapsy4: Prozeßorientierte Bewertung und Auswahl von Standard-PPS-Systemen. Sonderdruck 2/96 des Forschungsinstituts für Rationalisierung

e.V. an der RWTH Aachen 1996 http://www.fir.rwth-aachen.de/pm/veroeff/so-dru/bapsy/bapsy4.html

Paegert 1997
Paegert, C. u.a.: PPS 2000. Standard-EDV-Systeme für die Produktionsplanung und -steuerung auf dem Prüfstand. CD-ROM-Datenbank. Hrsg. von H. Luczak und W. Eversheim. Köln 1997

Peschke 1986
Peschke, H.: Betroffenenorientierte Systementwicklung. Frankfurt a.M. 1986

Platz 1986
Platz, J.; Schmelzer, H.-J.: Projektmanagement in der industriellen Forschung und Entwicklung. Einführung anhand von Beispielen aus der Informationstechnik. Berlin Heidelberg New York 1986

PMI 2000
http://www.pmi.org/publictn/pmboktoc.htm (6.9.2000)

Potthof 1998
Potthoff I.: Kosten und Nutzen der Informationsverarbeitung. Wiesbaden 1998

Preissler 1997
Preissler, H., Roehl, H., Seemann, P.: Haken, Helm und Seil. Organisationsentwicklung (1997) 2

Probst 1997
Probst, G., Romhardt, K.: Bausteine des Wissensmanagements - ein praxisorientierter Ansatz. In: Wieselhuber 1997, S. 129-143

Probst 1998
Probst, G.; Raub, S.; Romhardt, K.: Wissen managen. 2. Aufl. 1998 Frankfurt Wiesbaden 1998

Puppe 1987
Puppe, F.: Diagnostisches Problemlösen mit Expertensystemen. Berlin Heidelberg New York 1987

Rehäuser 1996
Rehäuser, J.; Krcmar, H.: Wissensmanagement im Unternehmen. In: Schreyögg, G.; Conrad, H. (Hrsg.): Managementforschung 6 – Wissenmanagement. Berlin 1996

Reichwald 1998
Reichwald, R. u.a.: Telekooperation. Verteilte Arbeits- und Organisationsformen. Berlin Heidelberg New York 1998

Reinhart 1998
Reinhart, G., u.a.: Software für die Produktion. Anforderungen an Struktur und Funktionalität - heute und morgen. VDI-Z 140 (1998) 7/8, S. 42-45

Rolf 1998
Rolf. A.: Grundlagen der Organisations- und Wirtschaftsinformatik. Berlin Heidelberg New York 1998

Roos 1996
Roos, A.: Verfahren und Werkzeuge zur Modellierung von Geschäftsprozessen. In: Bullinger, H.-J., Warnecke, H.-J.: Neue Organisationsformen im Unternehmen. Ein Handbuch für das moderne Management. Berlin Heidelberg New York 1996, S. 667-679

Rüegg-Stürm 1994
Rüegg-Stürm, J., Gomez, P.: From Reality to Vision-From Vision to Reality-An Essay on Vision as a Medium for Fundamental Knowledge Transfer. International Business Review, 3 (1994) 4

Saynisch 1989
Saynisch, M.: Phasenweiser Projektablauf und Phasenorganisation - Lebensphasenkonzept und ablaufstrategische Grundlagen von Projekten. In: Reschke, H., Schelle, H., Schnopp, R. (Hrsg.): Handbuch Projektmanagement. Bd. 2 Köln 1989, S. 705-743

Scheer 1990
Scheer, A.-W.; Berkau, C.; Kraemer, W.: CIM: Eigenentwicklung oder Standardsoftware?, in: Österle, H. (Hrsg.): Integrierte Standardsoftware: Entscheidungshilfen für den Einsatz von Softwarepaketen, Band 1, AIT 1990

Scheer 1997
Scheer, A.-W.: Wirtschaftsinformatik. Referenzmodelle für industrielle Geschäftsprozesse. 7. Auflage Berlin Heidelberg New York 1997

Schmitt 1999
Schmitt, J.: Zwischen zentraler Steuerung der IT und dezentraler Führungsorganisation. Computerwoche 25 (1999) 3, S. 53-54

Schmitz 1999
Schmitz, R.: Einführung von PPS-Systemen, in: Luczak, H.; Eversheim, W. (Hrsg.): Produktionsplanung und -steuerung, Grundlagen, Gestaltung und Konzepte, 2. Auflage, Berlin Heidelberg 1999

Scholz-Reiter 1996
Scholz-Reiter, B. (Hrsg.): Recherche: Business Process Modeling Tools. Industrie Management 12 (1996) 5, S. 15-20

Schomburg 1980
Schomburg, E.: Entwicklung eines betriebstypologischen Instrumentariums zur systematischen Ermittlung der Anforderungen an EDV-gestützte Produktionsplanungs- und -steuerungssysteme im Maschinenbau. Dissertation RWTH Aachen 1980

Schönherr 1998
Schönherr, M.: Wissen als humanorientierter Wettbewerbsfaktor. Industrie Management 14 (1998) 4, S. 30-33

Schönherr 1999
Schönherr, M.: Wissensmanagement im Unternehmen. In: Krallmann, H., Frank, H., Gronau, N.: Systemanalyse im Unternehmen. 3. Auflage München 1999, S. 319-346

Schreyögg 1997
Schreyögg, G., Noss, C.: Zur Bedeutung des organisationalen Wissens für organisatorische Lernprozesse. In: Wieselhuber 1997, S. 67-76

Schumann 1993
Schumann, M.: Wirtschaftlichkeitsbeurteilung für IV-Systeme. Wirtschaftsinformatik 35 (1993) 2, S. 167-178

Schuster 2000
Schuster, E., Appl, J.: PPS-Systeme auf der Basis von Komponenten. PPS Management 5 (2000) 1, S. 16-18

Schüppel 1996
Schüppel, J.: Wissensmanagement - Organisatorisches Lernen im Spannungsfeld von Wissens- und Lernbarrieren. Wiesbaden 1996

Schütte 2000
Schütte, R. u.a.: Erfolgreiche Geschäftsprozesse durch standardisierte Warenwirtschaftssysteme. Marktanalyse, Produktübersicht, Auswahlprozeß. Berlin Heidelberg New York 2000

Schwarze 1995
Schwarze, J.: Strategien und Vorgehensmodelle zum Lösen von Problemen. Arbeitspapier 95-01-01 des Instituts für Wirtschaftsinformatik an der Universität Hannover 1995

Seitz 1995
Seitz, R.: Computergestützte Tele- und Teamarbeit. Betriebliche Modelle, Werkzeuge und Einsatzpotentiale. Wiesbaden 1995

Spiller 1995
Spiller, P.; Rascher, R.: Einführung von SAP R/3. Unveröffentlichtes Manuskript. Forschungsgruppe Produktionsorientierte Wirtschaftsinformatik, Technische Universität Berlin 1995

Stahlknecht 1997
Stahlknecht, P., Hasenkamp, U.: Einführung in die Wirtschaftsinformatik. 8. Auflage Berlin Heidelberg New York 1997

Stahlknecht 1999
Stahlknecht, P., Hasenkamp, U.: Einführung in die Wirtschaftsinformatik. 9. Auflage Berlin Heidelberg New York 1999

Steffen 1993
Steffen, R.: Produktions- und Kostentheorie. 2. Auflage Stuttgart 1993

Stein 1996
Stein, T.: PPS-Systeme und organisatorische Veränderungen. Ein Vorgehensmodell zum wirtschaftlichen Systemeinsatz. Berlin Heidelberg New York 1996

Steinmüller 1993
Steinmüller,W.: Informationstechnologie und Gesellschaft: Einführung in die angewandte Informatik. Darmstadt 1993

Strohm 1991
Strohm, O.: Arbeitsorganisation, Methodik und Benutzerorientierung bei der Software-Entwicklung. Eine arbeitspsychologische Analyse und Bestandsaufnahme. In: Frese, M. u.a.: Software für die Arbeit von morgen. Bilanz und Perspektiven anwendungsorientierter Forschung. Berlin 1991, S. 437-445

Strohmeier 1999
Strohmeier, S.: Software Kompendium Personal. Anbieter, Produkte, Marktübersicht. Frechen 1999.

Sveiby 1997
Sveiby, K.: The New Organizational Wealth. San Francisco 1997

Syring 1992
Syring, M.: Möglichkeiten und Grenzen kommunikationsorientierter Systeme zur Unterstützung arbeitsteiliger Prozesse im Büro. Wirtschaftsinformatik 34 (1992) 2, S. 201-214

Thomas 1997
Thomas, K.: Die Einführung von Standardsoftware. Markttrends und Entscheidungskriterien. In: Klockhaus, E., Scheruhn, H.-J.: Modellbasierte Einführung betrieblicher Anwendungssysteme. Wiesbaden 1997, S. 27-44

Treutlein 2000
Treutlein, A. u.a.: PPS-/ERP-Systeme für den Mittelstand. Forschungsinstitut für Rationalisierung Aachen 2000.

Urbanek 1999
Urbanek, J., Zander, C.: Methodische Betrachtungen zur Fehlerbehebung bei der Einführung komplexer Standard-Anwendungssoftware. Industrie Management 15 (1999) 4, S. 73 - 75

Verbeek 1998
Verbeek, M.: On Tools and Models. In: van Es, R.: Dynamic Enterprise Innovation. Establishing Continuous Improvement in Business. Baan Business Innovation B.V. 1998, S. 5-1 - 5-21

Warnecke 1993
Warnecke, H.-J.:Revolution der Unternehmenskultur. Das Fraktale Unternehmen. 2. Auflage Berlin Heidelberg New York 1993

Wedekind 1976
Wedekind, H.: Systemanalyse - Die Entwicklung von Anwendungssystemen für Datenverarbeitungsanlagen. 2. Auflage München 1976

Wenzel 1996
Paul Wenzel (Hrsg.): Betriebswirtschaftliche Anwendungen des integrierten Systems SAP R/3. Braunschweig/Wiesbaden 1996

Wiendahl 1973
Wiendahl, H.-P.; Heuwing, F. W.: Methoden zur Klassifizierung von Produkt-unabhängigen Baugruppen, Berlin 1973

Wischnewski 1999
Wischnewski, E.: Modernes Projektmanagement. 6. Auflage Braunschweig Wiesbaden 1999

Ziegler 1996
Ziegler, J.: Rechnerunterstützung für kooperative Arbeit - Computer Supported Cooperative Work. In: Bullinger, H.-J., Warnecke, H.-J.: Neue Organisationsformen im Unternehmen. Ein Handbuch für das moderne Management. Berlin Heidelberg New York 1996, S. 680-689

Zink 1992
Zink, K.: Simultaneous Engineering und Total Quality Management. In: Scheer, A.-W. (Hrsg.): Simultane Produktentwicklung. München 1992, S. 485-516

Anhang

Fallstudie 1: Einführung eines PPS-Systems in einem Unternehmen der Blechbearbeitung

1. Istbeschreibung des Unternehmens

Unternehmensbeschreibung

Die Blechbearbeitung GmbH & Co. KG besteht aus drei Werken in Berlin, Rhinow und Veitshöchheim. Das Berliner Werk beschäftigt 80 Mitarbeiter, in Rhinow sind es 28 und in Veitshöchheim 17 Beschäftigte. Im folgenden wird das Werk Berlin beschrieben.

Der Standort in Berlin ist ein mittelständisches Unternehmen der Metallbranche mit 80 Beschäftigten. In der Werkstattfertigung werden Bleche zu Halbfabrikaten und zum geringen Teil auch zu Baugruppen verarbeitet. Die Losgrößen bewegen sich in Stückzahlen von 10 bis 1000 Stück.

Hauptabnehmer sind Kunden aus der Investitionsgüterindustrie. Einige Kunden verhalten sich sehr preisbewußt, andere legen großen Wert auf hohe Qualität, kurze Lieferzeiten oder hohe Flexibilität.

Der Berliner Geschäftsführer ist für den Vertrieb aller drei Werke zuständig. Eine grobe Produktionsprogrammplanung wird für alle drei Werke vorgenommen. Dabei werden die Kapazitäten in Berlin und Rhinow abgeglichen. Wenige Aufträge werden in Berlin für Veitshöchheim übernommen.

Die hohe Flexibilität in der Blechbearbeitung für Einzel-, Klein- und Mittelserien sichert die Marktstellung der Firma Blechbearbeitung GmbH & Co. KG.

Projektziele

Auf Wunsch einiger Großkunden mußte die Realisierung einer EDI-Anbindung an die Produktionsplanung und -steuerung vorgenommen werden. Ebenso sollte die JIT- und Kanban-Belieferung von Großkunden planerisch und dispositiv unterstützt werden.

Mittelfristig sollen die Werke in Rhinow und Veitshöchheim in das geplante PPS-System des Berliner Werkes eingebunden werden. Zusätzlich sollen nicht mehr nur Halbfabrikate angeboten werden, sondern auch vermehrt die Herstellung von Systemkomponenten.

Auftragsannahme/Kundenbetreuung

In Berlin werden die Aufträge für das eigene Werk sowie für die Standorte Rhinow und Veitshöchheim angenommen. Es gibt verschiedene Arten von Verträge mit den Kunden. Es werden Einzelaufträge erteilt, Teilaufträge aus Rahmenverträgen abgerufen sowie Kanban-Verträge erfüllt.

Pro Jahr gehen ca. 3000 Aufträge ein. Davon sind 50-60 % Wiederholaufträge mit gleichen Artikeln. Die restlichen Aufträge sind Neuanfertigungen nach Konstruktionszeichnungen der Kunden.

Die Liefertermine werden von den Kunden vorgegeben, wobei die Lieferfrist der Firma Blechbearbeitung in der Regel sechs Wochen beträgt. Es wird geprüft, ob die Liefertermine einzuhalten sind.

Die Auftragsdaten werden in der vorhandenen Individuallösung gespeichert. Es werden die Daten für den Auftragskopf und die Auftragspositionen abgelegt. Über die Kundennummer werden die Kundenstammdaten für den Auftragskopf generiert. Als Datenquelle für die Auftragspositionen dient die Artikelstammdatei.

Für Wiederholaufträge wird anhand der Zeichnungsnummer aus den Artikelstammdaten die Konstruktionszeichnung des Kunden herausgesucht.

Für jeden Kunden wird bei der Auftragsannahme zusätzlich manuell eine Karteikarte gepflegt, die für jeden Kunden und seine verschiedenen Artikel Zeichnungsnummer, Kommissionsnummer, Eingangsdatum, Stück, Einzelpreis, Programmkosten (CNC-Programmierung), Einrichtekosten, Werkzeugkosten und Oberflächen-Preise enthält.

Fehlen für Aufträge noch Informationen, wird ein Standarddokument von Hand mit Kundenname, Datum, Auftragsnummer, Auftragsdatum, Zeichnung(en), Beistellung(en), Werkzeug(e), Bemerkung ausgefüllt und an den Kunden geschickt.

Können Liefertermine nicht eingehalten werden, wird der Kunde mittels eines von Hand ausgefüllten Standarddokument angeschrieben. Es muß in dieses Dokument Kundenname, Datum, Sachbearbeiter, Auftragsnummer, Kommissionsnummer, alter Liefertermin, neuer Liefertermin, Artikel, Zeichnungsnummer und Stückzahl eingetragen werden.

An die Arbeitsvorbereitung werden die Auftragsbestätigungen und dazugehörige Zeichnungen weitergeben. Einmal im Monat wird eine Liste mit neuen Aufträgen ausgedruckt und der Arbeitsvorbereitung, allen Meistern, der Qualitätssicherung sowie der Betriebs- und Geschäftsleitung übergeben.

Arbeitsvorbereitung

Von der Auftragsannahme werden die Durchschläge der Auftragsbestätigungen übernommen. Die vereinbarten Preise und Materialangaben in den Auftragsbestätigungen werden auf ihre Richtigkeit geprüft und fehlende Konstruktionszeichnungen herausgesucht. Zur Zeit gibt es nur wenige Stücklisten, da bisher die Bleche zum überwiegenden Teil zu Halbfabrikaten verarbeitet werden. Die Entwicklung des Unternehmens zum Systemlieferanten zeichnet sich ab, so daß in Zukunft die Verwaltung von Stücklisten an Bedeutung gewinnen wird. An den Einkauf werden die Materialbestellungen weitergeleitet.

Zusätzlich gibt es Entlastungsaufträge, die in der Regel nur einen Bearbeitungsschritt umfassen. Diese Aufträge werden auf verbliebene freie Maschinenkapazitäten verteilt.

Die Freigabe der Fertigungsaufträge wird nach den Lieferterminen vorgenommen. Für fast alle Aufträge werden manuell Terminpläne mit Kalenderwocheneinheiten erstellt. Sie enthalten Auftragsnummer, Kundenname, Artikel, Auftragsbearbeitung am, Zeichnungsnummer, Kostenstelle, Stückzahl, Auftragswert, Termine in den Kostenstellen, Liefertermin und Werktermin. Für die Oberflächenbearbeitung außer Haus gehen ein bis zwei Wochen in die Terminplanung ein. Für die Terminplanung werden einfache Netzpläne verwendet, da die Produkte die Werkstätten sukzessiv durchlaufen.

Es gibt zwei Arten von Arbeitsplänen. Für einfache Teile und kleine Aufträge werden manuell Laufzettel ausgefüllt. Diese Laufzettel enthalten Kundenname, Auftragsnummer, Termin, Stück, Bezeichnung sowie für die 36 möglichen Arbeitsgänge die Felder Bemerkung, Stück, Datum, Unterschrift. Ein Folgearbeitsgang darf erst ausgeführt werden, wenn der vorhergehende Arbeitsgang abgezeichnet wurde. Die Laufzettel sollen in Zukunft abgeschafft werden. Für alle anderen Aufträge werden in der vorhandenen Individuallösung Arbeitspläne erstellt.

An die Fertigung gehen für die freigegebenen Aufträge folgende Dokumente: Auftragsbestätigung, Arbeitsplan oder Laufzettel, Zeichnung, Stückliste für Baugruppen, Einrichtepläne für die CNC Maschinen und Zuschnittschein. Der Zuschnittschein wird manuell ausgefüllt. Er enthält Ausstelltag, Auftrags-(Kommissions-)-Nummer, Artikelbezeichnung, Zeichnungsnummer, Werkstoffnummer, Kostenart, Stückzahl, Materialbeschreibung und Abmessung.

Die Programmierung und Steuerung der CNC Maschinen wird mit AutoCAD R12 realisiert. Zusätzlich wird das CAM Programm PEPS Version 4 von Camtek genutzt.

Bestellwesen/Wareneingang

Die Bestellungen werden für die Werke Berlin und Rhinow gemeinsam ausgeführt. Sind Materialien im Einzugsgebiet von Veitshöchheim nicht lieferbar, so werden diese Materialien ebenfalls über das Berliner Werk bestellt.

Die Bestellung der Bleche wird in der Arbeitsvorbereitung veranlaßt. Es werden die für die Aufträge benötigten Materialien bestellt. Die Meister fordern ihre Hilfsstoffe direkt beim Einkauf an. Alle anderen Artikel, wie z. B. Bürobedarf, Arbeitsschutzartikel, Verbandszeug etc. werden ebenfalls über den Einkauf bestellt.

Die Bestellungen werden in der vorhandenen Individuallösung erfaßt. Die Bestellscheine werden ausgedruckt und an die Lieferanten meistens gefaxt. Die Wareneingänge werden über die Lieferscheine gebucht.

Fertigung

In der Fertigung stehen in den Werkstätten konventionelle Maschinen sowie verschiedene Generationen von CNC-Maschinen. Die Werkstätten liegen zusammengefaßt nach gleichartigen Arbeitsverrichtungen in einer großen Werkhalle.

Ein Hochregallager für Bleche befindet sich vor dem Zuschnitt. Die Auftragsfreigabe beginnt für die meisten Aufträge mit dem Zuschnitt. Viele Aufträge durchlaufen nur zwei bis drei Bearbeitungsstufen. Die Oberflächenbearbeitung findet nicht im Werk statt.

Es wird keine periodenbezogene Produktionsprogrammplanung durchgeführt, sondern einmal in der Woche gemeinsam mit den Meistern entschieden, welche Aufträge freigegeben werden.

Die Zeiterfassung an den Maschinen wird mittels Karteikarten durchgeführt. Die Arbeiter tragen für jede Kommissionsnummer die Bearbeitungsdauer an der jeweiligen Maschine in Stunden ein. Der Stempel von der Zeituhr gibt den Anfang und das Ende der Bearbeitung einer Kommission an. Die angegebenen Arbeitszeiten werden von den Meistern gegengezeichnet.

Vor ca. einem Jahr wurde für die Fertigung ein Kostenstellenplan erstellt:

Werk I Berlin

- 00100 Allgemein

- 00101 Zuschnitt
- 00102 CNC Stanzen
- 00103 CNC Lasern
- 00104 Wasserstrahl
- 00201 CNC Biegen
- 00202 Kanten
- 00301 CNC Pressen
- 00302 Exzenter Pressen
- 00303 Punkten
- 00401 Schweißautomat
- 00402 Blechschlosser
- 00403 Löten
- 00404 Handschweißen
- 00501 CNC Zerspannen
- 00502 Drückarbeiten
- 00503 Werkzeugbau
- 00504 Mechanische Montage
- 00601 Handelsware
- 00602 Spulen, Einschübe, Druck etc.
- 00603 Oberfläche Werk III Rhinow
- 00700 Allgemein
- 00701 CNC Stanzen III
- 00702 Wasserstrahlschneiden III
- 00703 Biegen III
- 00704 CNC-Mechanik
- 00705 Schlosser III
- 00706 Werk III Sonstige

Werk II Veitshöchheim

- 00800 Allgemein
- 00801 CNC-Stanzen
- 00802 Werk II Sonstige
- 00808 Transport

Rechnung/Lieferschein

Die Lieferscheine, Rechnungen und Gutschriften werden für die Werke Berlin, Rhinow und Veitshöchheim in Berlin mit Hilfe der vorhandenen Individuallösung ausgestellt.

Qualitätssicherung

In den Arbeitsplänen werden die Prüfschritte festgelegt.

Die Dokumente für Qualitäts-Abweichungsberichte, Beanstandungen zu Oberflächen, Beanstandungen zu Warenanlieferungen, Prüfpläne für die einzelnen Werkstücke, Arbeitsanweisungen zur Qualitätssicherung werden mit Office Produkten erstellt.

Buchhaltung

Die Finanzbuchhaltung wird mit der Software C-Fibu durchgeführt. Für die Lohnbuchhaltung wird die Software von SOFT-RESEARCH verwendet.

EDV-Ausstattung

Die Individuallösung für die Bereich Auftragsannahme, Bestellwesen und Arbeitsvorbereitung ist seit 1990 im Einsatz und läuft auf einem UNIX-Server.

Die Lohnabrechnung erfolgt mit Hilfe des Lohn-Programms von SOFT-RESEARCH. Dieses Programm verfügt über eine ODBC-Schnittstelle.

Das Finanzbuchhaltungssystem C-FIBU wurde von der Gesellschaft für Angewandte Datentechnik (GFAD) entwickelt.

Die Materialstammdaten umfassen über 1000 Datensätze (inklusive Werkzeuge, Hilfsmaterialien, Büromaterial etc.).

Als Artikelstammdaten sind 20.000 bis 25.000 Datensätze vorhanden. Die große Varianz der produzierten Halbfabrikate führt zu dieser großen Zahl von Datensätzen. Zum Teil wurden Artikelstammdaten doppelt angelegt. Nicht alle Artikelstammdaten werden noch gebraucht. Es liegen ca. 400 Kundenstammdaten und ca. 350 Lieferantenstammdaten vor.

2. Pflichtenheft, erstellt nach Gewichtung von Anforderungen

Die erfragten Sachverhalte wurden teilweise einem Musterpflichtenheft entnommen, das die Firma OSY-GmbH, Schallstadt, zur Verfügung stellte.

1. Angaben zum Unternehmen

Allgemeine Informationen

• Branchenzugehörigkeit	Metallbranche, Blechbearbeitung
• Anzahl der Beschäftigten	80
• Vorherrschende Geschäftsart	100 % auftragsgebunden
• Organisationsform der Fertigung	Werkstattfertigung
• Fertigungsart	Losgrößen von 10 bis 1000 Stück
• Anzahl der Fertigungsstufen	1 bis 4
• Produkttypisierung	kundenindividuelle Produkte
• Neues System lauffähig ab	Januar 1999
• Geplante Investitionen (DM)	< 150 000 DM
• Die Firma hat derzeit eine Individuallösung im Einsatz	
• Anwender im Parallelbetrieb	16
• Hardware-Plattform	PC
• Betriebssystem	Windows NT 4.0

Mengengerüst der Daten

• Material	1.000
• Artikel	20.000-25.000
• Arbeitspläne	20.000-25.000
• Lieferanten	ca. 300
• Kunden	ca. 400

2. Abgefragte Angaben zum PPS-Softwareanbieter

- Produktname
- Versionsstand
- In wievielen Unternehmen ist Ihr System derzeit mit aktiven Wartungsverträgen installiert?
- Bitte legen Sie Ihrem Angebot eine Referenzliste Ihrer Kunden bei.

Für die folgenden Fragen stand als Antwortmöglichkeit nur ja/nein zur Verfügung.

- Verfügen Ihre Geschäftsführer/Projektleiter über mindestens zehnjährige Beratungserfahrung im PPS-Markt?
- Wird Ihre Software seit mindestens fünf Jahren als Standardpaket angeboten?
- Gibt es in Berlin einen Vertriebspartner, der PPS-Spezialist ist?

Grundsätzliche Systemausrichtung

- Ist Ihr PPS-System auf kleine und mittlere Industriebetriebe ausgerichtet?
- Unterstützen Sie mit Ihrem PPS-System die besonderen Anforderungen von
  - kundenauftragsbezogener Fertigung?
  - Serienfertigung?
  - Einzel- und Kleinserien?
  - Fertigung von kundenspezifischen Varianten?
  - Projektfertigung?
- Arbeiten Sie mit spezialisierten Kooperationspartnern für CAD, CAQ, BDE, DFÜ, EDI, FIBU zusammen?
- Verfügt Ihr PPS-System über automatisierte Schnittstellen zu externen CAD-, CAQ-, BDE-, DFÜ und FIBU-Systemen?
- Verfügt Ihr PPS-System über automatisierte Schnittstellen zu EDIFACT-Systemen?
- Können in Ihr PPS-System Zweigbetriebe eingebunden werden?
- Ist Ihr System modular aufgebaut, d. h. ist der Funktionsumfang ohne Programmänderung an die Bedürfnisse des Anwenders anpassbar?
- Wird Ihr System nach dem Releasekonzept entwickelt?
- Wird durch Einspielen eines neuen Release der Funktionsumfang zu 100 % automatisch (d.h. ohne nachträgliche Anpassung von kundenspezifischen Zusatzprogrammierungen aus dem alten Release) fortgeführt?
- Gewährleistet Ihr System, daß die einzelnen eingesetzten Module stets auf dem gleichen Versionsstand und zu 100 % kompatibel zueinander sind?

Service

- Können die Anwender Ihres Systems telefonische Hotline-Unterstützung anfordern?

- Kann sich Ihre Hotline im Bedarfsfall per Modem in das System des Kunden einwählen?
- Gewähren Sie im Rahmen eines Wartungsvertrags eine zeitlich unbegrenzte Inanspruchnahme Ihrer Hotline?
- Ist Ihre Hotline jederzeit mit kompetenten Problemlösern besetzt, die sofort weiterhelfen (nicht nur Gesprächsannahme und Weiterleitung)?
- Wird die Einführung Ihres Systems von Programmspezialisten mit betriebswirtschaftlicher Ausbildung betreut, die auch für organisatorische Fragen als Ansprechpartner zur Verfügung stehen?
- Haben Ihre Kunden über die Einführungsphase hinaus auch während des laufenden Betriebs einen persönlichen Ansprechpartner mit betriebswirtschaftlicher Ausbildung in Ihrem Haus?
- Beträgt der finanzielle Aufwand für das komplette Standard-Schulungsangebot für einen Teilnehmer weniger als 20 Prozent des Kaufpreises für das vollständige Softwarepaket?
- Führen Sie Systemschulungen im Hause des Kunden durch?

Datenbankkonzept

- Ist die Ihrem System zugrundeliegende Datenbank multiuserfähig?
- Ist die Ihrem System zugrundeliegende Datenbank kostenlos im Systemumfang enthalten (keine Runtime-Lizenz) ?
- Ist die Datenbank für die Zugriffe des täglichen Geschäfts geschwindigkeitsoptimiert?

Systemübergreifende Funktionalität

- Verfügen sämtliche Module über eine einheitliche Oberfläche?
- Verfügen sämtliche Module über eine einheitliche Bedienerführung?
- Kann Ihr System an anspruchslosen Stationen (z.B. für Lagerbuchungen) auf einfachen Rechnern z.B. der Klasse 80486 betrieben werden?
- Verfügt Ihr System über einen frei programmierbaren Reportgenerator?
- Kann der Reportgenerator dazu genutzt werden, Daten aus Ihrem System in ein externes System wie z.B. MS-EXCEL zu exportieren?
- Können einzelnen Anwendernamen Zugangsberechtigungen bzw. Zugangsverweigerungen auf Funktionsebene erteilt werden?
- Sieht der Systemverwalter auf einen Blick sämtliche angemeldeten Benutzer?

- Kann der Systemverwalter auf Knopfdruck die Verbindung eines Anwenders trennen und dabei automatisch sämtliche durch diesen Anwender verursachten Datensatzsperren aufheben?
- Verfügt Ihr System über einen Jahresabschluß?
- Weist Ihr System bei Beginn eines neuen Geschäftsjahres automatisch darauf hin, das abgelaufene Geschäftsjahr abzuschließen?

Fremdsprachenunterstützung

- Können die Teilebezeichnungen neben der Inlandssprache in beliebigen Fremdsprachen geführt werden?
- Können Teileetiketten in beliebigen Fremdsprachen gedruckt werden?
- Können Stücklisten in beliebigen Fremdsprachen gedruckt werden?
- Können Bestellungen in der Fremdsprache des Lieferanten gedruckt werden?
- Können die Formulare der Verkaufsabwicklung in der Fremdsprache des Kunden gedruckt werden?

Stammdaten

- Kann neben der Teilenummer eine Zeichnungsnummer verwaltet werden?

Lager

- Wird beim Buchen von chargenpflichtigen Teilen automatisch zum zwangsweisen Eintrag einer Chargennummer aufgefordert?
- Ist die Verwendung einer Charge in nachfolgenden Werksaufträgen nachvollziehbar?

Bestellwesen

- Können Einmalteile ohne Anlage eines eigenen Teilestammsatzes bestellt werden?
- Können Bestellanfragen in dispositiv aktive Bestellungen umgewandelt werden?
- Können Bestellungen mit der Teilenummer des Lieferanten erfaßt werden?
- Kann bei der Wareneingangsbuchung die Bestellposition anhand der Teilenummer des Lieferanten identifiziert werden?

- Können pro Kaufteil beliebig viele Lieferanten verwaltet werden?
- Können Abrufbestellungen verwaltet werden?
- Ist aus der Bestellerfassung heraus ein direkter Aufruf aller teilebezogener Dispodaten (aktueller Bestand, Reservierungen, Bestellungen) möglich?
- Berücksichtigt die automatische Bestellgenerierung bei der Preisfindung Mengenstaffeln?
- Ist das Bestellwesen fremdwährungsfähig?
- Können lieferantenbezogene Sammel-Liefererinnerungen gedruckt werden?

Materialdisposition

- Ist in der Auftragsstückliste direkt erkennbar, ob für Fehlteile bereits Beschaffungsmaßnahmen veranlaßt wurden?

Werkstattsteuerung

- Wird der Änderungsindex auf allen Auftragspapieren gedruckt?
- Findet die Bedarfsermittlung anhand einer Stücklistenauflösung statt?
- Können Bedarfspositionen bei der Fertigmeldung des gesamten Auftrags nachträglich („retrograd“) automatisch vom Lager abgebucht werden?
- Können Bedarfspositionen nachträglich als ungeplante Entnahmen dem Auftrag zugeordnet werden?
- Können Arbeitspläne nachträglich in bestehende Werkaufträge eingelastet werden?
- Wird bei der Auftragserfassung anhand des Soll-Endtermins eine automatische Rückwärtsterminierung des Auftragsarbeitsplans vorgenommen?
- Kann für einen Werksauftrag eine engpaßbezogene Mittelpunktsterminierung durchgeführt werden?
- Können aufeinanderfolgende Arbeitsgänge überlappt werden?
- Können Laufkarten anhand der Auftragsarbeitspläne gedruckt werden?
- Kann der Ausweis der Vorgabezeiten auf der Laufkarte unterdrückt werden?
- Werden die Kapazitäten der in den Arbeitsgängen enthaltenen Kostenstellen bei der Auftragseinlastung automatisch belastet?
- Kann bei der Rückmeldung eine von der eingeplanten Kostenstelle abweichende Kostenstelle bestätigt werden?

- Können rückzumeldende Arbeitsgänge durch Einlesen der auf der Laufkarte als Barcode verschlüsselten Auftrags- und Positionsnummer identifiziert werden?
- Können Arbeitsgangrückmeldungen durch Koppelung mit einer BDE-Schnittstelle automatisiert werden?
- Werden nicht zurückgemeldete Arbeitsgänge bei der Fertigmeldung des gesamten Auftrags automatisch kapazitiv entlastet?
- Sind auch nach der Fertigmeldung des gesamten Werkauftrags noch Arbeitsgangrückmeldungen möglich?
- Können Werksaufträge für untergeordnete Baugruppen direkt aus dem verursachenden Auftrag heraus generiert werden?
- Werden direkt untergeordnete Werksaufträge bei einer Löschung oder Verschiebung des obersten Werksauftrags berücksichtigt?
- Können in einem mehrstufigen Auftragsnetz alle in das Endprodukt geflossenen Materialentnahmen auftragsübergreifend ausgewertet werden?
- Können Lohnverarbeitungsaufträge (verlängerte Werkbank) verwaltet werden?
- Kann dem Lohnverarbeiter auftragsbezogen Material beigestellt werden?
- Wird die Materialbeistellung mit einem Begleitbeleg dokumentiert?

Controlling / Lager- und Werkstattbestandswerte

- Sind in einer auftragsbegleitenden Kalkulation die aufgelaufenen Material- und Fertigungskosten auf einen Blick sichtbar?
- Sind in einem auftragsbezogenen Soll-Ist-Vergleich die im Auftrag angefallenen Herstellkosten auf einen Blick mit den kalkulierten Soll-Herstellkosten vergleichbar?
- Kann die Bewertung der Gutstückmeldung bei unvollständigen Rückmeldedaten zu den Soll-Herstellkosten erfolgen?
- Kann die Bewertung der Gutstückmeldung bei vollständigen Rückmeldedaten zu den tatsächlich im Auftrag angefallenen Ist-Herstellkosten erfolgen?

Verkaufsabwicklung

- Können Einmalteile ohne Anlage eines eigenen Teilestammsatzes verkauft werden?

- Können standardisierte Einleitungs- und Schlußtexte für Angebote, Auftragsbestätigungen etc. formuliert werden?
- Kann ein Auftrag von der Angebotserstellung bis zur Fakturierung unter einer Nummer geführt werden?
- Können Aufträge vollständig kopiert werden?
- Können Angebote in dispositiv aktive Aufträge umgewandelt werden?
- Können Auftragspositionen mit der Teilenummer des Kunden erfaßt werden?
- Können Aufträge für Laufkunden ohne Kundenstammsatz abgewickelt werden?
- Kann eine von der Kundenanschrift abweichende Versandanschrift im Auftrag verwaltet werden?
- Kann eine von der Kundenanschrift abweichende Rechnungsadresse im Auftrag verwaltet werden?
- Können Auftragsrabatte vergeben werden?
- Können positionsbezogene Rabatte gewährt werden?
- Kann der Ausweis der Rabattsätze unterdrückt werden (Ausweis nur der Nettopreise) ?
- Können Mengen-Rabattstaffeln verwaltet werden ?
- Wird die Provision auf Basis des rabattierten Nettowerts berechnet?
- Kann die vergebene Provision bei Überschreitung einer definierten Rabattgrenze automatisch gekürzt werden?
- Können Lieferpläne verwaltet werden?
- Können DFÜ-Lieferabrufe empfangen und direkt in Kundenaufträge integriert werden?
- Werden die Verkaufsartikel bei der Fakturierung automatisch vom Lagerbestand abgebucht?
- Kann der Lagerbestand beim Drucken des Lieferscheins abgebucht werden?
- Können Teillieferungen verwaltet werden?
- Können auftragsbezogen Versandetiketten unter Berücksichtigung von Verpackungsmengen gedruckt werden?
- Sind Sammelrechnungen verwaltbar?
- Können Anzahlungspositionen fakturiert werden?
- Werden auf der Schußrechnung alle bereits geleisteten Anzahlungen mit Steuer aufgeführt?

- Kann - wenn zwischen Anzahlung und Schlußrechnung die Mehrwertsteuer erhöht wird - die Schlußrechnung mit einem anderen Steuersatz fakturiert werden als bei der Anzahlung?
- Ist eine Offene-Posten-Verwaltung / Mahnwesen integriert?
- Ist das Mahnwesen fremdwährungsfähig?
- Wird eine historische Auftragseingangsstatistik geführt?
- Ist eine kundenbezogene Umsatzliste sofort (ohne Warte- oder Sortierzeit) abrufbar?
- Ist ein Rechnungsausgangsbuch mit Ausweis der fakturierten Währungen abrufbar?
- Können Rechnungspositionen über eine integrierte Schnittstelle zur FIBU übergeben werden?
- Erfolgt bei der Ausgabe der Rechnungspositionen an die FIBU ein automatischer Ausgleich von MWSt-Rundungsdifferenzen zwischen Brutto-Einzelpositionen und Brutto-Gesamtbetrag?

3. Ergebnisse der Anbieterbefragung

Die Ergebnisse der Anbieterbefragung sind auf den beiden folgenden Seiten abgedruckt. Die Angaben entstammen dem Originalprojekt und sind heute nicht mehr in allen Punkten als aktuell anzusehen.

Vergleich der Anbieterinformationen

Aus dem Vergleich der acht Anbieter, deren zusammenfassende Beurteilung hier abgedruckt ist, wird deutlich, wie unterschiedlich die Qualität der Anbieterangaben ausfällt. Zu erkennen ist dies z.B. bei der Frage nach Referenzkunden, bei der die Spanne der gegebenen Antworten von der Nennung eines Namens (im Original auch mit Telefonnummer) bis zur unverbindlichen Ankündigung eines Rückrufes reicht.

Auf der Basis der hier zusammengestellten Informationen wurde entschieden, das Auswahlverfahren mit en Anbietern OSY, ABAS und infor weiterzuführen.

Unternehmen	**OSY**	**ABAS**	**Planat**	**infor**
Preise	Softwarepaket ca. 70.000 DM 160 DM/h für Dienstleistungen	Softwarepaket 116.000 DM 200 - 265 DM/h für Dienstleistungen	Softwarepaket 130.000 - 155.000 DM 210 DM/h für Dienstleistungen	Softwarepaket 118.000 DM 50.000 DM für Beratung 170 - 250 DM/h für Dienstleistungen
Servicekosten im Monat	-	1740 DM	1800 DM	erste 6 Monate 586 DM danach 1300 DM
Anzahl Installationen	250	500	160	ca. 600
Bemerkungen	Vertrieb bei Freiburg BDE Schnittstelle Demoversion f. 250 DM zzgl. Versand 80386 Rechner können nicht genutzt werden keine FIBU (Schnittstelle vorhanden)	Vertrieb in Berlin BDE Modul vorhanden Lohn u. Gehalt von Soft-Research	Vertrieb bei Dresden 80386 Rechner können nicht genutzt werden Antwort auf Kosten zur Euro-Umstellung fehlt kein Vertriebspartner in Berlin BDE integriert	Vertrieb in Berlin BDE Modul vorhanden Demo-CD liegt bei 80386 Rechner können nicht genutzt werden
Referenzkunden	Petrotest Instruments KG 15827 Dahlewitz Hr. Rümmler Prüfgeräte Petrochemie, 35 Mitarbeiter, 24 Anwender	Schaltgerätewerk Werder GmbH Werder Elektrotechnik und Metallbau; 100 Mitarbeiter	Referenzkunde wird empfohlen, wenn Planat in der engeren Wahl ist	Hr. Berthold ruft nach seinem Urlaub zurück
Erstinstallation / Programmiersprache	1984/ Pascal, Borland Delphi	1985/ C, C++	1981/ 4GL	1982/ SQL/Oracle-Datenbank

Unternehmen	Navision Software	PSI AG	KHK Software	ORDAT
Preise	Softwarepaket < 150.000 DM	Softwarepaket ca. 300.000 DM	Angebot folgt	450.000 DM für Schulung, Einführungsunterstützung, Hardware, Software 190 - 240 DM/h für Dienstleistungen
Servicekosten im Monat				
Anzahl Installationen				213
Bemerkungen	wird ab Oktober 1998 eingeführt keine Kooperation mit CAD, CAQ, DFÜ, EDI-Anbietern EDIFACT muß angepaßt werden Verkauf von Einmalteilen nicht vorgesehen Bestellgenerierung berücksichtigt keine Mengenstaffeln Anforderungen in der Werkstattfertigung zu 2/3 erfüllt DFÜ-Lieferabrufe nicht vorgesehen	Vertrieb in Berlin rentabel ab 30 Anwendern	Vertrieb in Jülich viele Anforderungen müssen programmiert werden	
Referenzkunden				
Erstinstallation / Programmiersprache	/ 4GL			/ API

4. Vorbereitung der Anbieterpräsentation

Fragen für die Präsentation

Nachfolgend haben wir einige Fragen zusammengestellt, auf die wir gerne während der Präsentation Ihre Antwort erhalten würden:

- Wie sehen die Auftragsabwicklung, Artikelhistorie, Materialdisposition und der Empfang von EDIFACT-Abrufen durch Kunden aus?
- Das Zuliefergeschäft der Blechbearbeitung GmbH & Co. KG erfordert flexibles Reagieren auf Kundenwünsche. Stellen Sie bitte bei Ihrer Präsentation die Flexibilität Ihres System vor.
- Installieren Sie auch die Netzsoftware auf dem Server und den Clients?
- Wie werden eventuelle Inkompatibilitäten der PPS-Systemsoftware mit dem Betriebssystem oder der Netzsoftware behandelt? Gehen solche Probleme immer zu Lasten des Kunden?
- Kann fehlende Hardware über Ihr Haus bezogen werden? Wenn, ja bringen Sie bitte eine aktuelle Preisliste mit.
- Wenn kein Wartungsvertrag abgeschlossen wird, was kosten Updates (Software und Installation)?
- Wie hoch sind die monatlichen Kosten für einen Wartungsvertrag und welche Leistungen werden dafür erbracht?

Bitte geben Sie eine Woche nach der Präsentation ein detailliertes Angebot ab. Machen Sie unter anderem bitte genaue Angaben zu den folgenden Punkten:

- Was wird die Hard- und Software für die BDE-Einführung kosten?
- Was kostet eine ODBC-Schnittstelle zum vorhandenen Lohnbuchhaltungsprogramm von SOFT-RESEARCH?
- Was kostet die Schnittstelle zum vorhandenen Finanzbuchhaltungssystem C-FIBU von der Gesellschaft für Angewandte Datentechnik (GFAD)?
- Was veranschlagen Sie für Beratungs- und Installationsleistungen?

5. Vergleich der Anbieter mit Auswahlempfehlung

	infor-Angebot	**ABAS-Angebot**	**OSY-Angebot**
PPS-Software	**98.317 DM**	**110.590 DM**	**77.380 DM**
Programm	84.000 DM (vorher 111.000 DM)	96.500 DM	77.380 DM
weitere Kosten	Datenbank Lizenz für 10 Oracle Current Device 6.300 DM Netzwerksoftware 3.817 DM MS Office SmallBusiness Edition für 8 Clients 4.200 DM	Reflection für ASCII Oberfläche 7.500 DM Support-Paket (Voraussetzung für Software-Service-Vertrag) 6.590 DM	
Installation		Einrichtung ABAS, Startup im Hause ABAS 5.500 DM Einrichtung Drucker (müssen an EKS angepaßt werden), PC o. ä. ca. 2 Tage 3200 DM	
Servicekosten/ Monat	565 DM/Monat in den ersten 6 Monaten 1253 DM/Monat jeden weiteren Monat	1447,50 DM	

	infor-Angebot	ABAS-Angebot	OSY-Angebot
Einführungsunterstützung	**69.360 DM**	**82.240 DM**	**6.400 DM**
Sollkonzept	zuzügl. Fahrtkosten, Spesen etc. 10.000 DM	12.000 DM	
Einführungsunterstützung	Installation von Hardware, Netzwerk und Systemsoftware Altdatenübernahme Inbetriebnahme der Funktionsbereiche Hilfe bei Formular-, Listen-, Maskenanpassung Schulung einzelner Anwendungsfunktionen zusätzl. zu Standardschulungen 27 Tage 45.360 DM (vorher 26 Tage 43.680 DM)	Feinspezifikation Organisationsgespräche mit den Mitarbeitern Festlegung Geschäftsprozesse 12 Tage 23.040 DM Anpassungsprogrammierung incl. Schnittstellen zu C-Fibu, Lohnbuchhaltung 29,5 Tage 47.200 DM	Organisationsberatung 5 Tage 6.400 DM
Sonstiges	Prototyping optional 10.000 DM Projektmanagement, Projektleitung u. Oracle-Tuning 4.000 DM		

	infor-Angebot	**ABAS-Angebot**	**OSY-Angebot**
Hardware	Sinus GmbH **64.940 DM**	**73.908 DM**	**37.930 DM**
1 Server	Compact Proliant 3000 Pentium II 333 Mhz. 2 CPU 256 MB RAM, max. 3 GB RAM Dual UW-SCSI Controller 2x4,3 GB Harddisk 3x4,3 GB Fast-Wide-SCSI Disk (= ca. 8,5 GB Kapazität) Compaq Netzwerkkarte 10/100TX PCI DAT Streamer 12/24 GB 16-fach-Speed CD-ROM Compaq USV 1500VA 15" Farbmonitor 30.550 DM	2 x Intel Pentium II 400 MHz incl. Papst-Lüfter 2 x 256 MB SR-RAM ECC ASUS Mainbord P2B-DS max. 1 GB-RAM Dual PII 333-450 MHz BX-Chipsatz 4xPCI 2xISA Adaptec on board 14" Monitor Belinea Streamer HP 1552 12-24 GB Format DAT/DDS3 3,5" S.U.S.E. Linux Realease 5.2 Software Unterbrechungsfreie Stromversorgung 28.590 DM	Pentium II 350 MHz 64 HB Hauptspeicher 4.3 GB HDD 32 x CD-ROM Maus, Tastatur NT4-Server 15" Monitor Adaptec-Controller HP-Streamer UPS 4.400 DM
8 Clients + 8 Monitore	Compaq Professional Workstation 5000 Intel Pentium Pro 200 MHz 256 Cache Dual Pentium Prozessorbord PCI/ISA Intel Chipsatz 440FX Arbeitsspeicher 64 MB 2,1 GB Ultra-Wide SCSI-2 HDD 1,44"-MB 3,5" FDD 8xCD ROM Matrox Millennium 2/8 MB WRAM 17 Zoll Philips Monitor 1280x1024, 50 - 130 Hz, 24.200 DM	23.000 DM	Pentium II 266 MHz 32 MB Hauptspeicher 3,2 GB HDD 24x CD-ROM Maus, Tastatur Windows 98 15" Monitor 16.240 DM

	infor-Angebot	**ABAS-Angebot**	**OSY-Angebot**
Installation	Netzwerkinstallation des Servers 950 DM Installation MS Office 8 Clients 760 DM Installation Server vor Ort 800 DM Inbetriebnahme Clients vor Ort 1.320 DM Netzwerk- und Systemintegration 20 Std. x168 DM 3.360 DM+ Spesen für Anreise Bretten ca. 3000 DM	Einrichtung ABAS, Startup im Hause ABAS 5.500 DM Einrichtung Drucker, PC o. ä. ca. Tage 3.200 DM Nut-Cracker Lizenen für den Server (2418 DM) und die 16 PC (11200) nicht im Angebot enthalten 13.618 DM	Umrüsten vorhandener PC incl. Netzwerkkarten 8.050 DM Einweisung von Dritten in das MPMS zur Schnittstellen-Analyse 1.680 DM MPMS-Installation 7.560 DM
BDE	**3.200 DM**	ORDERS, ORDCHAR, ORDRSP **36.982 DM**	**56.298**
Software		31.700 DM	23.900 DM
Hardware	für 4 Stk. Barcodescanner 3.200 DM	1 BDE Terminal 2.795 DM Zubehör 2.487 DM	3 Barcode Handscanner 1.680 DM interflex-Hardware 18.118 DM
sonstige Kosten			Schulung/Einweisung 12.600 DM
EDIFACT	**Firma Seeburger 18.480 DM**	**Firma Seeburger Grundversion 17.025 DM Erweiterung 56.945 DM**	
Software	2.900 DM	3.625 DM	
Hardware	2.680 DM	3.400 DM	
Installation	3 Personentage 6.450 DM	3 Personentage 8.070 DM	
Anpassung	3 Personentage 6.450 DM	3 Personentage 10.875 DM	
Sonstiges		Weiterverarbeitung eingehender Nachrichten 12.225 DM Optionen für weitere Kommunikation 18.750 DM	

	infor-Angebot	ABAS-Angebot	OSY-Angebot
Serviceko- sten/ Mo- nat	458 DM/Monat	Grundpaket 578,50 DM Erweiterungen 3.265 DM	
Schulung	2 Mitarbeiter 11 Tage für Anwendungsfunktion in Karlsruhe (8.800 DM) 1 Mitarbeiter 8 Tage für Systemtechnik in Karlsru-he (5.600 DM) **14.440 DM**	Mitarbeiter **21.600 DM**	
Lohn/Fibu	Fibu: **7.900 DM**	entfällt wegen Schnittstel-len	
Software **Beratung** **Hardware** **BDE** **EDIFACT** **Schulung** **Fibu** **Gesamt** **monatl. Service-kosten**	**98.317 DM** **69.360 DM** **64.940 DM** **3.200 DM** **18.480 DM** **14.440 DM** **7.900 DM** **276.637 DM** **1.711 DM**	**110.590 DM** **82.240 DM** **73.908 DM** **36.982 DM** **17.025 DM** **21.600 DM** **342.345 DM** **2.026 DM**	**77.380 DM** **6.400 DM** **37.930 DM** **56.298 DM** **178.008 DM**
Anmer-kungen	Clients-Hardwareanforde-rungen (64 MB RAM, 2 GB EIDE Festplatte, PCI Netzwerkkarte 10-100 Mz, PCI Grafikkarte 2 MB BDE-Terminals und BDE-Software nicht im Angebot aufgeführt Lohnprogramm nicht im Angebot enthalten Kommunikationssoftware für Fernwartung nicht im Angebot enthalten	Angebot ohne 8 Clients (Koste ca. 23.000 DM Clients-Hardewareanfor-derungen (32 MB RAM bei grafischer Oberfläche, 16 MB für ASCII Termi-nals)	

Fallstudie 2: Einführung eines Controllingsystems bei einer Planungsgesellschaft

1. Istbeschreibung

Unternehmensorganisation

Die Planungsgesellschaft mit 50 Mitarbeitern fungiert als treuhänderischer Generalplaner für ein Entwicklungsgebiet- beauftragt von der Stadtverwaltung. Die Muttergesellschaft in Frankfurt hat 400 Mitarbeiter.

Für die Planungsgesellschaft übernehmen Mitarbeiter der Muttergesellschaft in Berlin und Frankfurt bestimmte Aufgaben, z. B. die Bau- und Finanzbuchhaltung.

Beschreibung des Geschäftsablauf

Für die treuhänderische Entwicklung des Entwicklungsgebietes wird ausgehend vom Fertigstellungstermin im Jahre 2010 eine Kosten-Maßnahmenplanung durchgeführt. Die Kosten-Maßnahmenplanung dient dem Kostenmanagement, da ein vertraglich festgelegtes Ergebnis erzielt werden muß. Die Kosten-Maßnahmenplanung wird sowohl intern mit den Geschäftsbereichen, als auch mit der Stadtverwaltung abgestimmt. Die Kosten-Maßnahmenplanung wird im Kosten-Finanzierungsplan festgehalten und aufgrund von aktuellen Entwicklungen einmal im Jahr überarbeitet.

Aus der Kosten-Maßnahmenplanung wird zum Beginn des vierten Quartal seines Jahres der Wirtschaftsplan für das Folgejahr aufgestellt. Der Wirtschaftsplan enthält die für das Planungsjahr vorgesehene Projekte mit ihren geschätzten Kosten auf der Ausgabenseite. Ausgaben entstehen für Vorbereitung der Entwicklung, Bodenordnung, Baumaßnahmen, Vor- und Zwischenfinanzierung, Aufgabenerfüllung für den Auftraggeber und Restmittelbedarf Vorjahr. Ein Hauptwirtschaftsplan wird für die Mittel der Stadtverwaltung geführt. In drei weiteren Wirtschaftsplänen werden die Mittel der anderen Mittelgeber verwaltet (249 h AfG, Gemeinschaftsaufgabe Aufbau Ost und Experimenteller Wohnungsbau).

Auf der Einnahmenseite im Wirtschaftsplan werden Einnahmen aus Ablösungen, Grundstücksverkäufen, Vergaben von Erbbaurechten, Grundstücksbewirtschaftung, sonstigen Vermögensgegenständen, Rückflüsse / Rückerstattungen, Zuwendungen aus öffentlicher Hand und sonstigen Einnahmen dargestellt.

Im Profi-System werden die Ausgaben- und Einnahmenbudgets der Wirtschaftspläne für das aktuelle Jahr verwaltet und die Liquidität gesteuert.

Beschreibung der Datenbanken

Für die Verwaltung des Treuhandvermögens der Stadtverwaltung im Entwicklungsgebiet werden drei Planungsinstrumente eingesetzt, die verschiedene Planungshorizonte abdecken.

Die langfristige Planung bis zum Projektende im Jahre 2010 wird in der Kosten-Finanzierungsübersicht (Kofi) abgebildet. Daraus ergeben sich für jedes Jahr Wirtschaftspläne. Die Wirtschaftspläne enthalten die notwendigen Entwicklungsmaßnahmen unterteilt in einzelne Projekte. Für die Projekte werden Budget festgelegt. Die Budget des laufenden Jahres werden mit dem Treuhandvermögensverwaltungssystem (Profi) verwaltet.

Die Finanzbuchhaltung und die Bezahlung der Rechnungen wird von der Muttergesellschaft der Planungsgesellschaft in Frankfurt übernommen. Die Baubuchhaltung ist in Berlin angesiedelt.

Kosten-Finanzierungsübersicht

Die langfristige Planung bis zum Jahre 2010 wird mit der Kosten-Finanzierungsübersicht (Kofi) geplant. Dabei darf ein von der Stadtverwaltung festgelegtes Kreditvolumen nicht überschritten werden. Für das Ende der Entwicklungsmaßnahme ist ebenfalls ein Defizitlimit bestimmt worden, das nicht überzogen werden darf. Mit Hilfe der Kofi wird die Einhaltung dieser beiden Restriktionen überwacht und die Entwicklungsmaßnahmen zeitlich und in ihren finanziellen Auswirkungen koordiniert. Die Kofi wird einmal im Jahr überarbeitet und von den verantwortlichen Mitarbeitern bei der Stadtverwaltung genehmigt. Die Kofi ist in Filemaker Pro abgelegt. Das Programm Filemaker ermöglicht durch die flexiblen Abfragen eine Vielzahl von Auswertungsmöglichkeiten.

Die Kosten-Finanzierungsübersicht (Kofi) ist nur an einem Arbeitsplatz verfügbar. Die Kofi könnte mit Lese-Rechten zentral allen Mitarbeitern zur Verfügung gestellt werden. Es gibt keine Schnittstelle zu Tabellenkalkulationsprogrammen. Die Daten werden jedes Jahr für die Erstellung der Wirtschaftspläne ausgedruckt und manuell in Tabellenkalkulationsprogramme eingegeben.

Wirtschaftsplan

Die Wirtschaftspläne werden jedes Jahr zu Beginn des 4. Quartal für das Folgejahr in einem Tabellenkalkulationsprogramm erstellt. Der Wirtschaftsplan wird aus der Kosten-Finanzierungsübersicht (Kofi) abgeleitet. Dabei durchläuft der Wirtschaftsplan mehrere Abstimmungsrunden im Hause und mit der Stadtverwaltung. Die Budgets im Wirtschaftsplan dürfen nicht überschritten werden. Reicht ein veranschlagtes Budget nicht aus, so muß ein Nachtrag von der Stadtverwaltung genehmigt werden. Aufgrund von aktuellen Änderungen wird der Wirtschaftsplan 3 - 4 mal im Jahr überarbeitet. Die Wirtschaftspläne reichen bis ins Jahr 2010.

Der Wirtschaftsplan wird mit einem Tabellenkalkulationsprogramm erstellt. Es gibt keine Schnittstellen für den Datenaustausch zu Profi und der Kosten-Finanzierungsübersicht.

Profi System zur Treuhandvermögensverwaltung

Das Treuhandvermögensverwaltungssystem (Profi) ist eine Individuallösung der Planungsgesellschaft für die Verwaltung ihrer Projekte und der Aggregation der Projektdaten zu Ausgaben- und Einnahmenpositionen der Wirtschaftspläne.

Den Schwerpunkt im Profi System liegt in der Budgetverwaltung der Projekte. Projekte sind bspw. Städteplanung, Freilegung und Sanierung von Grundstücken, Erschließung von Straßen oder Einrichtung der öffentlichen Infrastruktur. Für das Jahr 1997 wurden beispielsweise 180 Projekte verwaltet. Zu den Projekten gibt es in der Regel mehrere Aufträge.

Die Projekte werden von Fremdfirmen ausgeführt und teilen sich in verschiedene Teilaufträge auf. Diese Aufträge werden im Profi-System von der Antragstellung, über die Freigabe, bis hin zur Umwandlung in Verträge und der Freigabe der Verträge bearbeitet. Müssen freigegeben Anträge geändert werden, so müssen diese erst rückabgewickelt werden, um eventuelle Änderungen im Budget prüfen zu können.

Im weiteren Geschäftsablauf werden die Anträge freigegeben, bevor sie in einen Vertrag umgewandelt werden können. Ein Projektleiter kann seine eigenen Anträge bis zu einem bestimmten Betrag selber freigeben. In den anderen Fällen ist eine Sonderberechtigung für die Antragsfreigabe erforderlich.

Bei der Antragsfreigabe wird aus einer Liste mit freizugebenen Anträgen der gewünschte Antrag ausgewählt. Es erscheinen die Antragsstammdaten, ergänzt um das Feld, in welches die freigegebene Summe eingetragen wird. Das Freigabe-Kennzeichen wird entsprechend geändert.

Ist die Freigabesumme geringer als die Antragssumme, so kann entweder der Betrag an das Budget zurückgegeben oder ein zusätzlicher Antrag über den Restbetrag erstellt werden. Die Erstellung des zusätzlichen Antrags wird durch die Übernahme der Antragsdaten und des Restbetrages unterstützt.

Für die Umwandlung der Anträge in Verträge kann aus einer Liste mit den freigegebenen Anträgen der gewünschte Antrag ausgewählt werden. Es erscheinen die Antragsstammdaten mit der freigegebenen Summe ohne den Kurztext und die Beschreibung. Erweitert wird die Maske mit den zu ergänzenden Vertragsdaten.

Diese Umwandlung der Anträge in Verträge kann nur von berechtigten Personen durchgeführt werden. Wird ein Auftrag vergeben, so wird der Vertrag durch einen Mitarbeiter mit der entsprechenden Berechtigung freigegeben. Bevor die Daten gespeichert werden können, müssen die Information noch einmal geprüft werden.

Wurde bei der Vertragsfreigabe nur ein Teilbetrag freigegeben, so unterstützt das System halbautomatisch die Erstellung eines weiteren Antrags über den Restbetrags des Auftrags. Es kann vom Benutzer gewählt werden, ob ein neuer Antrag angelegt werden soll.

Müssen Projekte geändert werden, so sind drei Möglichkeiten im System vorgesehen.

- Freigegebene Anträge sperren
- Gesperrte Verträge in Anträge rückumwandeln sowie
- Freigegebene Verträge sperren.

Es erscheinen jeweils entsprechen Listen, aus denen das zu ändernde Projekt ausgewählt wird und der jeweilige Status geändert werden kann.

Die Anträge und Verträge können gedruckt werden. Selektiert wird nach einem Projektleiter. Eingeschränkt werden kann die Auswahl durch Angabe eines Projektes und ebenfalls optional durch die Wahl eines Zeitraumes. Werden keine Einschränkungen vorgenommen, werden alle Projekte des Projektleiters gedruckt.

Die Anträge und Verträge für ein Wirtschaftsjahr werden zu einem Wirtschaftsplan aggregiert. Wirtschaftspläne können angezeigt oder analysiert werden. Zu den Wirtschaftsplanpositionen können die Konten, Positionen oder die Verwendung angezeigt werden.

Bei der Wirtschaftsplan-Analyse werden für eine Wirtschaftsplanposition die einzelnen Konten angezeigt. Für die Konten können das Projekt, das Konto oder die Verwendung angezeigt werden.

Um die Liquiditätsplanung zu ermöglichen, werden geschätzte Termine für die Rechnungseingänge eingegeben. Die Termine werden regelmäßig überprüft. Sind fällige Rechnungen noch nicht eingetroffen, so wird vom zuständigen Mitarbeiter ein neuer Termin für den erwarteten Rechnungseingang eingegeben.

Die eingehenden Rechnungen eines Projektes werden für die Budgetkontrolle eingegeben.

In der Regel wird ein Sicherheitseinbehalt für Gewährleistungsansprüche einbehalten. Die Sicherheitseinbehalte für Abschlagszahlungen liegen bei 5%. Auf die Schlußrechnung werden 10% als Sicherheit einbehalten. Nach Ablauf einer festgelegten Frist oder nach Vorlage einer Bankbürgschaft des Auftragnehmers wird der Betrag bezahlt. Die Sicherheitseinbehalte für Abschlagszahlungen werden bezahlt, wenn die Schlußrechnung erfaßt wird.

Die vorgesehene Schnittstelle zur Finanzbuchhaltung Steeb wurde nicht realisiert, so daß die Rechnungsdaten sowohl in das Profi System als auch in die Finanzbuchhaltung eingegeben werden müssen.

Die Verwaltung der Sicherheitseinbehalte wurde bei der Konzeption von Profi nicht vorgesehen. Mit zeitaufwendigen Hilfskonstruktionen werden diese Zahlungsströme im Profi System abgebildet.

Die Reports in Profi sind fest programmiert und können nicht den unterschiedlichen Anforderungen der Projektsteuerungsbereiche angepaßt werden.

Aus dem Profi System gibt es keine Datenschnittstellen. Die Daten für die Wirtschaftsplänen müssen manuell eingegeben werden.

Die Anpassung an den Euro muß noch programmiert werden.

Das Änderungsmanagement von Aufträgen wird von den Mitarbeitern als umständlich beschrieben.

Die Änderung der Datumsangaben der geschätzten Rechnungseingänge ist zeitaufwendig. Die Liquiditätsplanung wäre genauer, wenn die Mitarbeiter die Datumsangaben für geschätzte Rechnungseingänge komfortabler ändern könnten.

Finanzbuchhaltung

Die Finanzbuchhaltung wird in Frankfurt geführt. Für die vier Wirtschaftspläne werden in der Finanzbuchhaltung vier Firmen verwaltet, denen die eingehenden Rechnungen zugeordnet werden. Wie im Profi System wird die Buchung von Sicherheitseinbehalten nicht vom System unterstützt. Es werden Listen in Tabellenkalkulationsprogrammen gepflegt, die das Auffinden von vorhandenen Sicherheitseinbehalten möglich machen.

In der Finanzbuchhaltung werden nur Kreditoren und keine Debitoren geführt. Eine Handelsbilanz wird nicht erstellt, da das Unternehmen von der Steuerpflicht befreit ist.

Es wird eine Vermögensübersicht, eine Finanzübersicht sowie Verwendungsnachweise und Forderungen gegenüber der Stadtverwaltung (insbesondere für den Bereich Entwicklung) geführt.

Es fehlen wie bei den anderen Programmen die Schnittstellen, so daß Rechnungen wiederholt eingegeben werden.

Zum Jahreswechsel wird die Rechnungsabgrenzung nicht mit der Baubuchhaltung abgestimmt, so daß hier Differenzen auftreten können.

Baubuchhaltung

Das Baubuchhaltungsystem Rumba 400 läuft auf der AS 400 und wurde für den Hochbau entwickelt. Der Aufbau der Konten erfolgt nach DIN 276neu.

Die Rechnungen werden nach Projekten erfaßt. Über eine sechsstellige Nummer und den Projektnamen wird der Bezug zum Wirtschaftsplan hergestellt. Die Kreditorennummer ermöglicht die Verbindung zu den Konten der Finanzbuchhaltung.

Wie bei den anderen Programmen fehlen Schnittstellen. Das Baubuchhaltungssystem wurde für den Hochbau entwickelt. Die meisten Projekte der BAAG sind jedoch Tiefbauprojekte mit speziellen Anforderungen an die Datenauswertung. Insbesondere fehlt eine Unterteilung der Rechnungen für Gebietsstraßen und Baufelder. Eine weitere Detaillierung der Rechnungsdaten in Gewerke ist nicht vorgesehen.

Die Auswertungen der Rechnungsdaten nach Baufeldern, Gebietsstraßen und weiterhin Gewerke werden in Tabellenkalkulationsprogrammen dargestellt. Die Rechnungsdaten werden folglich das vierte Mal eingegeben! Es wird das Buchungsdatum, aber nicht das Rechnungsdatum erfaßt. Wird ein Quartal abgerechnet, so gibt es keine Ausgabe von offenen Beträgen. Diese müssen aufwendig ermittelt werden.

Die Rechnungsabgrenzung für Quartale und das Jahresende ist nicht genau festgelegt. Es wird geschätzt, welche Rechnungen dem jeweiligen Quartal oder Jahr zuzuordnen sind. Ein Rechnungseingangsbuch fehlt, um den Durchlauf der Rechnungen bei der Planungsgesellschaft, ihren Auftragnehmern und der Muttergesellschaft verfolgen zu können.

2. Pflichtenheft

Angaben zum Unternehmen

• Allgemeine Informationen	
• Branchenzugehörigkeit	Bau
• Aufgaben	Treuhänderische Generalplanung von städtebaulichen Entwicklungsgebieten für öffentliche Auftraggeber sowie Bauprojekt-Planung, Bauleitung, Grundstücksmanagement für private und öffentliche Auftraggeber
• Anzahl der Beschäftigten	500
• Anwender im Parallelbetrieb	200
• Hardware-Plattform	PC und AS 400
• Betriebssystem	Windows 3.11

Die Firma hat im kaufmännischen Bereich verschiedene Individuallösungen im Einsatz sowie MS Project, MS EXCEL und Filemaker Pro.

Das neue System soll ab Januar 1999 lauffähig sein.

Beschreibung des Geschäftsablaufs Generalplanung

Für die treuhänderische Entwicklung eines Stadtteils wird ausgehend vom Fertigstellungstermin im Jahre 2010 eine Kosten-Maßnahmenplanung durchgeführt. Die Kosten-Maßnahmenplanung dient der zeitlichen Steuerung der Entwicklungsmaßnahmen über die Jahre bis zum Projektende und dem Kostenmanagement, da das Unternehmen durch seine treuhänderische Aufgabe ein vertraglich festgelegtes Ergebnis erzielen muß. Ein festgesetztes Kreditvolumen darf nicht überschritten und für das Ende der Entwicklungsmaßnahme ein Defizit nicht überzogen werden.

Die Kosten-Maßnahmenplanung wird sowohl intern mit den Geschäftsbereichen, als auch mit den Vertretern des öffentlichen Auftraggebers abgestimmt und in einem Kosten-Finanzierungsplan festgehalten. Aufgrund von aktuellen Entwicklungen wird der Kosten-Finanzierungsplan einmal im Jahr überarbeitet.

Aus der Kosten-Maßnahmenplanung wird zum Beginn des vierten Quartals eines jeden Jahres der Wirtschaftplan für das Folgejahr aufgestellt. Der Wirtschaftsplan enthält auf der Ausgabenseite die für das Planungsjahr vorgesehenen Gesamtbudgets u. a. aus den Bereichen Vorbereitung der Entwicklung, Bodenordnung, Baumaßnahmen, Vor- und Zwischenfinanzierung und dem Restmittelbedarf aus dem Vorjahr.

Auf der Einnahmenseite im Wirtschaftsplan werden Einnahmen aus Ablösungen, Grundstücksverkäufen, Vergaben von Erbbaurechten, Grundstücksbewirtschaftung, sonstigen Vermögensgegenständen, Rückflüsse / Rückerstattungen, Zuwendungen aus öffentlicher Hand und sonstigen Einnahmen jeweils mit ihrer Gesamtsumme dargestellt.

Ein Hauptwirtschaftsplan wird für die öffentlichen Mittel aus städtischer Hand geführt. In drei weiteren Wirtschaftsplänen werden die Mittel anderen Mittelgeber verwaltet (249h AfG, Gemeinschaftsaufgabe Aufbau Ost und Experimenteller Wohnungsbau). Der Hauptwirtschaftsplan wird drei- bis viermal im Jahr überarbeitet.

Die Ausgabenbudgets und geplanten Einnahmen der Wirtschaftspläne werden zur Zeit mit Hilfe einer individuell programmierten Softwarelösung für das aktuelle Jahr verwaltet.

Die Gesamtbudgets werden auf die einzelnen Projekte verteilt. Für jedes Projekt können mehrere Aufträge vergeben werden. Die Aufträge werden von Fremdfirmen übernommen. Die Ausschreibung der Aufträge wird von einem Ingenieurbüro vorbereitet. Können die Budgets nicht eingehalten werden, so wird muß ein Nachtrag beantragt werden.

Die Aufträge werden im System von der Antragstellung, über die Freigabe, bis hin zur Umwandlung in Verträge und der Freigabe der Verträge bearbeitet. Dieser Workflow wurde eingerichtet, um die Einhaltung der Jahresbudget zu kontrollieren und eine Liquiditätsplanung zu ermöglichen. Der Schwerpunkt der Softwarelösung liegt somit nicht im kaufmännischen Projektcontrolling.

Was soll die neue Software leisten?

Es sollen die vorhandenen Datenbanken zur Treuhandvermögensverwaltung (Kosten-Maßnahmenplanung, Wirtschaftsplan sowie Steuerung und Kontrolle des Jahresbudgets), Bau- und eventuell Finanzbuchhaltung ersetzt werden, da die Systeme über keine Schnittstellen verfügen.

Es wird eine integrative Softwarelösung benötigt, mit deren Hilfe die Plandaten für Termine und Kosten in den drei Planungsphasen dargestellt und flexibel ausgewertet werden können. Den Plandaten müssen die Ist-Kosten gegenübergestellt und die Liquiditätsplanung unterstützt werden. Ergänzend wird ein Immobilienverwaltungs-Modul benötigt.

Es müssen Projektabrechnungen für private Bauherren und Verwendungsnachweise für die öffentlichen Auftraggeber erstellt werden.

Gesucht wird ein Standardprogramm für das Controlling, die Projektplanung und die Buchhaltung, das die nachstehenden Anforderungen weitestgehend erfüllt.

Angaben des Softwarehauses

- Produktname
- Versionsstand
- Angaben zum Softwarehaus
- Bitte legen Sie Ihrem Angebot eine Referenzliste Ihrer Kunden bei.
- In wie vielen Unternehmen ist Ihr System derzeit mit aktiven Wartungsverträgen installiert?
- Verfügen Ihre Geschäftsführer/Projektleiter über mindestens fünfjährige Beratungserfahrung im Bereich Bauprojektabwicklung?
- Wird Ihre Software seit mindestens fünf Jahren als Standardpaket angeboten?
- Gibt es in Berlin einen Vertriebspartner?

Grundsätzliche Systemausrichtung, Datenbankkonzept und systemübergreifende Funktionalität

(Die Fragen entsprechen denen in Fallstudie 1, auf einen erneuten Abdruck wurde verzichtet)

Stammdaten

- Können die Projektstammdaten an die individuellen Anforderungen des Unternehmens angepaßt werden?
- Sind die Projektstammdaten für zukünftigen Änderungen der Anforderungen änderbar?
- Können Grundstücksinformationen gespeichert werden?

Bauprojektbuchhaltung

- Kann der Kontenrahmen nach DIN 276neu aufgebaut werden?

- Können die Rechnungsdaten gemäß den unterschiedlichen Anforderungen an die Abrechnung privater Bauherren und öffentlicher Auftraggeber erfaßt und ausgewertet werden z. B. nach Baufeldern, Gebietsstraßen und Gewerken?
- Gibt es Schnittstellen von der Bauprojektbuchhaltung zur Finanzbuchhaltung sowie zum Projekt- und Unternehmenscontrolling?
- Gibt es Sicherheitsvorkehrungen für die Schnittstelle von der Bauprojektbuchhaltung zur Finanzbuchhaltung?
- Können Projekte mit Versorgungsbetrieben flexibel abgerechnet, d. h. die Projektkosten unterschiedlich auf den Entwicklungsträger und die Versorgungsbetriebe aufgeteilt werden?
- Können Abschlagszahlungen verwaltet werden?
- Wird die Rechnungsabgrenzung für die Quartale und das Jahresende unterstützt?
- Kann ein Rechnungseingangsbuch geführt werden?

Finanzbuchhaltung

- Kann die Finanzbuchhaltung an einem anderen Standort durchgeführt werden?
- Ist es möglich für mehrere Zuwendungsgeber der öffentlichen Hand Verwendungsnachweise zu führen und abzurechnen?
- Können Sicherheitseinbehalte auf Rechnungen der Auftragnehmer für Abschlagszahlungen und Schlußrechnungen übersichtlich verwaltet werden?
- Unterstützt Ihr System die Liquiditätsplanung?

Bauprojektcontrolling

- Können Planungshorizonte bis 20 Jahre abgebildet werden?
- Können von der langfristigen Maßnahmenplanung mehrere Versionen verwaltet werden?
- Kann die Jahresplanung aus der langfristigen Planung abgeleitet werden?
- Kann die Maßnahmenplanung mit der Termin- und Kostenplanung koordiniert werden?
- Werden Terminänderungen für die Mitarbeiter hervorgehoben?
- Ist es möglich, für das aktuelle Jahr angesetzte Budgets zu verwalten, insbesondere im Rahmen der Verwendung öffentlicher Mitteln die volle Ausschöpfung der Titel zu unterstützen?

- Läßt sich für nicht ausgeschöpfte Budgets die Ursache des Minderverbrauchs ermitteln?
- Für das Unternehmen ist von großer Bedeutung, daß die angesetzten Budgets für ca. 180 Bauprojekte im Jahr nicht überschritten werden. Dafür muß ein Workflow zur Antragstellung, Antragsgenehmigung und Vertragsfreigabe abgebildet werden, der sicherstellt, daß die Budgets eingehalten werden. Kann dieser Workflow in Ihrem System abgebildet werden?
- Können die Plankosten der Projekte je nach Planungsphase (z. B. Bedarfsprognosen, Vorplanung, Entwurfsplanung, geprüfte Kostenberechnung und Auftrag) mit unterschiedlichen Genauigkeiten gespeichert werden ?
- Können flexible zeitliche und sachliche Auswertungen von Plan- und Istkosten erstellt werden, z. B. nach Bauabschnitten, Baufeldern, Gewerken und Straßen?
- Können Texte und Dokumente zu den Projekten gespeichert werden?
- Kann die Projektentwicklung dokumentiert werden?

Sonstige Anforderungen

- Können Dokumente gescannt, zentral gespeichert und den Mitarbeitern zugänglich gemacht werden?
- Können Berichte und andere Dokumente elektronisch abgelegt und berechtigten Mitarbeitern zugänglich gemacht werden?
- Gibt es eine CAD-Schnittstelle?

3. Anbieterbewertung

Antworten liegen von

- SAP AG
- BAAN Deutschland
- APSIS Software
- SDS Bausoftware
- IMMO DATA und
- ADS Gesellschaft für angewandte Datensysteme

vor.

Der Vorteil von BAAN IV ist, daß Projektmodul und Rechnungswesen in einer integrierten Lösung angeboten werden. Die Standardsoftware von BAAN, BAAN IV, wurde wie SAP ursprünglich für Produktionsbetriebe entwickelt, so daß die

Eignung für die USC als Bauträger und Generalplaner kritisch betrachtet werden muß. Das Rechnungswesen ist für die USC bspw. mit der Prozeßkostenrechnung überdimensioniert. Nutzen würde BAAN IV, wenn es konzernweit eingesetzt und die Finanzbuchhaltung weiterhin zentral von Frankfurt aus geführt wird. Dann können die unterschiedlichen Aggregationsmöglichkeiten sowie die DFÜ-Anbindung an die Banken genutzt werden. Beachtet werden müssen aber die hohen Kosten für die Software und Schulung.

Das Softwareanbieter von APSIS hat sich auf die Entwicklung Bauprojektsoftware spezialisiert. Bauprojektbuchhaltung und Finanzbuchhaltung werden mit angeboten und entsprechen den speziellen Anforderungen im Hoch- und Tiefbau. Da viele Kunden von APSIS in ihren Konzernen SAP einsetzen, bieten sie eine Schnittstelle zum Rechnungswesen von SAP an.

Das Unternehmen SDS Bausoftware entwickelt seit über zehn Jahren Bausoftware. Ihre Produkte für Bauträger, Baubetreuer, Hoch-, Tief-, Straßenbau, Generalunternehmen und Bauverwaltungen werden Betriebssystemen unabhängig entwickelt und laufen mit unterschiedlichen Datenbanken. Die Anforderungen der USC die Bau- und Finanzbuchhaltung sowie das Projektcontrolling werden erfüllt.

IMMO DATA entwickelt Software für Banken, Versicherungen und die Immobilienwirtschaft. Das Kerngeschäft der IMMO DATA ist die Entwicklung von Programmen für Immobiliengesellschaften, so daß auch ein Modul zur Immobilienverwaltung angeboten wird. Die Anforderungen aus dem Fragenkatalog werden weitgehend erfüllt. Das angebotene Produkt IMMOPROFIT ist für den Bau von Wohn- und Geschäftsimmobilien entwickelt. Daher muß die Eignung für die wesentlich umfangreichere Projektierung bei der Planungsgesellschaft genauer untersucht werden.

Die Gesellschaft für angewandte Datensysteme (ADS) bietet ein Projektinformationssysteme an, mit dem Schwerpunkt Bautagebuch, Dokumentverwaltung, Work-Flow und Wiedervorlage. Ein Ergänzungsmodul unterstützt die Verfolgung der Projektkosten. Den Budgets werden die Istkosten gegenübergestellt. Die Finanzbuchhaltung wird nicht mit angeboten, es gibt jedoch eine Schnittstelle. Im Bereich der Standardschnittstellen wird eine DDE-Schnittstelle angeboten, die nicht mehr den heutigen Anforderungen entspricht. Der Schwerpunkt der Softwarelösung liegt in der Projektorganisation und -dokumentation. Ob der kaufmännische Teil den Anforderungen genügt, sollte überprüft werden.

Vergleich der Lösungen

Von den Softwareanbieter liegen Informationen über die Kosten des Softwarepaket vor. Für Schulung, Beratungsleistung, Installation und Datenübernahme kann in etwa der gleiche Betrag angesetzt werden. Als laufende Kosten können Service Verträge anfallen, die einen Hotline-Servie enthalten und in der Regel auch Updates. Updates können auch extra erworben werden.

Beschreibung der Software	Beurteilung der Software
SAP Anzahl Installationen: 16.000 Referenz: k. A. im Bauprojektgeschäft Anforderungen erfüllt Softwarekosten: 600.000 DM incl. Datenbank Schulungskosten: Servicekosten/Jahr: 100.000 DM für Immobilienwirtschaft bei 5 Anwendern	**Vorteil** integriertes System für Projektmanagement, Projekt-Controlling und Rechnungswesen Modul Immobilienverwaltung **Nachteile** Ursprung in Produktionsbetrieben hohe Kosten für Implementierung, Anpassung und Schulung
BAAN Anzahl Installationen: 4.200 Referenz: keine im Bauprojektgeschäft Anforderungen erfüllt Softwarekosten: 500.000 DM für Software incl. Datenbank Schulungskosten: 200.000 DM Servicekosten/Jahr: 65.000 DM	**Vorteil** integriertes System für Projektmanagement, Projekt-Controlling und Rechnungswesen **Nachteile** Ursprung in Produktionsbetrieben keine Immobilienverwaltung hohe Kosten für Implementierung, Anpassung und Schulung
APSIS Software Anzahl Installationen: 5.000 Referenzen: Bauabteilungen von 15 DAX-Unternehmen sowie Bau-Generalplaner und Bauträger Anforderungen erfüllt Softwarekosten: 100.000 DM incl. Datenbank Servicekosten/Jahr: 18.000 DM	**Vorteile** Standardsoftware für Bauprojekte, auch für große Unternehmen SAP-Schnittstelle **Nachteil** keine Immobilienverwaltung

Beschreibung der Software	Beurteilung der Software
SDS Software Anzahl Installationen: 1.200 Referenz: keine Angabe Anforderungen erfüllt Softwarekosten: 160.000 DM ohne Datenbank (Verwendung vorhandener Datenbank)	**Vorteil** Software für die Baubranche (Bauträger, Baubetreuer, Generalunternehmen, Bauverwaltungen, Hoch- Tief-, Straßenbau) **Nachteile** kein Vertriebspartner in Berlin, Sitz in der Eifel keine Immobilienverwaltung
IMMO DATA Anzahl Installationen: keine Angaben Referenzen: AREAL Grundstücks- u. Bauträger mbH, Heidelberger Bautreuhand, LBB Immobilien u. Baumanagement, Banken, Versicherungen Anforderungen im wesentlichen erfüllt Softwarekosten: 450.000 DM incl. Datenbank	**Vorteil** Modul Immobilienverwaltung **Nachteile** Ursprung nicht im Projektgeschäft sondern in der Immobilien- und Finanzierungsberatung hohe Softwarekosten
ADS Ges. f. angewandte Datensysteme Anzahl Installationen: 60 (seit 1994) Referenzen: Siemens - Siemensstadt Grundstücksverwaltung, Prof. Kochendörfer TU Berlin FB B6 Fachgebiet Baubetrieb Anforderungen im wesentlichen erfüllt Softwarekosten: 120.000 DM incl. Datenbank? Servicekosten/Jahr: 16.000 DM	**Vorteil** Projektinformationssystem mit Dokumentverwaltung und Wiedervorlage **Nachteile** keine Finanzbuchhaltung, Schnittstelle vorhanden DDE-Schnittstelle keine Immobilienverwaltung scheint eher für kleinere Bauprojekte konzipiert

Es stehen zwei Investitionsalternativen zur Auswahl. Die Alternative A ist durch ein gutes Preis-Leistungsverhältnis gekennzeichnet. Es gibt Standardsoftware am Markt, die das Projektgeschäft der USC unterstützt, inklusive Bauprojekt- und Finanzbuchhaltung. Nur ein Anbieter dieser Standardsoftware bietet ein Modul für die Immobilienverwaltung an, das für die Frankfurter FAAG von großer Bedeutung ist. Die Software dieses Anbieters kostet das dreifache der anderen Anbieter.

Die Anbieter der Alternative B, SAP und BAAN, bieten Software für die Muttergesellschaft an. Die Software ist jedoch für Produktionsbetriebe entwickelt worden. Die Standardisierung für das Bauprojektgeschäft ist unserer Einschätzung nach nicht gelungen. Einerseits können angebotene Funktionen, inbesondere im Rechnungswesen, nicht verwendet werden. Andererseits scheint die Eignung für die Bauprojektbuchhaltung nicht gegeben zu sein, da viele SAP Anwender für die Bauprojektbuchhaltung Branchensoftware mit Schnittstellen zu SAP einsetzten. SAP bietet ein Modul für die Immobilienverwaltung an.

Alternative A - Ersatz des Profi-Systems

Für den Ersatz des Profi-Systems stehen vier Anbieter zur Auswahl. Die Lösung der Gesellschaft für angewandte Datensysteme (ADS) scheint für kleine Bauprojekte geeignet zu sein. Die Lösung von IMMO DATA ist für Immobiliengesellschaften entwickelt und ebenfalls nicht für die Projektierung von Adlershof konzipiert.

Das größte Know-How für das Bauprojektgeschäft der Planungsgesellschaft bieten die Softwarehäuser APSIS und SDS. Sie haben sich auf die Entwicklung von Bausoftware spezialisiert. Sie bieten die komplette Ablösung des Profi-Systems einschließlich der Bauprojekt- und Finanzbuchhaltung an.

Die Lösung von APSIS ist direkt für das Projektgeschäft konzipiert. SDS bietet ebenfalls alle Module an. Eine Präsentation der System wird zeigen, welches System für die Planungsgesellschaft besser geeignet ist.

Alternative B - Gesamtlösung

BAAN bietet das Projektmanagement- und die Rechnungswesensoftware günstiger als SAP an, hat jedoch kein Immobilienverwaltungsmodul im Angebot.

4. Vorbereitung der Anbieterpräsentation

Aufgaben der Planungsgesellschaft

Die Planungsgesellschaft übernimmt für die Stadtverwaltung für eine Fläche von 420 ha die inhaltliche und terminliche Koordination der Bebauungspläne für Straßen, öffentliche Einrichtungen, Gewerbe- und Wohngebiete. Die Ausschreibung, Vergabe und Auftragskontrolle übernehmen in der Regel Ingenieurbüros, mit denen vor Ort zusammen gearbeitet wird. Die Submission wird jedoch im Hause vorgenommen. In einzelnen Fällen führt die Planungsgesellschaft die AVA selbst durch.

Die Planungsgesellschaft steuert die Leistungserstellung für den Stadtteil. Es müssen die Qualität, Termine und Kosten kontrolliert werden. Für den Planungshorizont bis 2010 darf ein festgesetztes Kreditvolumen nicht überschritten werden.

Da die Planungsgesellschaft die Stadtentwicklung als Treuhänder für die Stadtverwaltung durchführt, müssen die geplanten Budgets für die Baumaßnahmen mit der Stadtverwaltung abgestimmt und vielfältige Berichte über die Entwicklung der Ist-Kosten ausgefertigt werden. Die Transparenz der Ausgaben und Einnahmen ist zu gewährleisten.

Eine ausführlichere Beschreibung der Geschäftsabläufe findet sich in weiteren, hier nicht abgedruckten Istbeschreibungen:

- Istbeschreibung des Unternehmen
- Istbeschreibung des Bereichs Beräumung und Altlastenentsorgung

Planungsinstrumente

Das langfristige Plaungsinstrument für die Ausgaben und Einnahmen ist die Kosten-Finanzierungsübersicht (Kofi). Resultierend aus der Terminplanung bis 2010 werden die Ausgaben für die Projekte auf die Jahre verteilt. Grundlage für Ausgaben sind Kostenschätzungen, die aus Erfahrungswerten für Baukosten ermittelt werden. Einnahmen werden aus Grundstücksverkäufen, Vermietung und den Erhalt von Fördermittel erzielt. Der Restbedarf für die Bebauung wird durch Kredite gedeckt. Für die abgelaufenen Planungsjahre werden die Ist-Kosten in die Kofi übertragen. In der Kofi werden insgesamt ca. 800 Einnahme- und Ausgabeposten verwaltet. Die Kofi wird mit der Stadtverwaltung abgestimmt.

Aus der Kofi wird für das nächste Planungsjahr ein Wirtschaftsplan erstellt. Der Wirtschaftsplan wird von der Stadtverwaltung genehmigt und ermächtigt somit die Planungsgesellschaft, die Baumaßnahmen durchführen zu lassen. Der Wirtschaftsplan sieht für die Projekte eines Jahres feste Budgets vor, die eingehalten werden sollen. Ist dies nicht möglich, so muß bei der Stadtverwaltung die Budgetänderung begründet und beantragt werden. Die erwarteten Einnahmen für das Planungsjahr werden ebenfalls festgelegt.

Die Budgetverwaltung für die Wirtschaftspläne wird mit Hilfe des Profi-Systems, einer Individualentwicklung, durchgeführt. Das Profi-System enthält einen Workflow zur Vertragskontrolle, um die treuhänderische Verwaltung der Budgets zu gewährleisten (siehe Istbeschreibung). Über die Eingabe von erwarteten Rechnungseingängen wird die Steuerung der Liquidität unterstützt.

Im Bereich Erschließungsplanung werden für Erschließungsprojekte für das Kosten-Controlling die Kostenschätzungen für die Planungsphasen, die angefallenen Ist-Kosten und die geplanten Soll-Kosten in EXCEL einander gegenüber gestellt. Zur Zeit werden Quartale betrachtet, im nächsten Jahr sollen die Controlling-Berichte alle zwei Monate erstellt werden.

Die Rechnungen der Auftragnehmer werden in der Baubuchhaltung am Standort der Planungsgesellschaft und der Finanzbuchhaltung der Muttergesellschaft in Frankfurt am Main erfaßt. Die Rechnungen werden von der Muttergesellschaft in Frankfurt am Main über ein Treuhandvermögenskonto bezahlt.

Die Bezeichnungen der Konto- und Projektnummern stimmen in der Kofi, dem Wirtschaftsplan, dem Profi-System, der Baubuchhaltung und der Finanzbuchhaltung überein.

Werden Projekte mit Fördermitteln finanziert, stellt die Planungsgesellschaft die Fördermittelanträge. Im Wirtschaftsplan sowie dem Profi-System werden die Eigenanteile an den Projektkosten verwaltet, da nur diese Beträge für die Stadtverwaltung anfallen. In der Kofi werden die Gesamtkosten der Projekte geführt. In der Bau- und Finanzbuchhaltung werden die Rechnungen entsprechend der festgelegten Eigenanteile der Stadtverwaltung gebucht und bezahlt.

Für das Profi-System, die Buchhaltung und das Projekt-Controlling wird eine neue Software-Lösung gesucht, welche diese drei Bereiche kombiniert. Wünschenswert ist eine Schnittstelle zur Finanzbuchhaltung der Muttergesellschaft in Frankfurt am Main.

Präsentation

Als Beispiel für die Präsentation dient das Projekt „Neubau der Kanaluferstraße". Dieses Projekt setzt sich aus drei Teilprojekten zusammen (E steht für Erschließung):

E 2010 Neubau der Kanaluferstraße

E 2015 Beräumung der Fläche der Kanaluferstraße (80 % Gemeinschaftsaufgabe Aufbau Ost gefördert)

E 2020 Leitungsumbauten Kanaluferstraße

Kosten-Finanzierungsübersicht (Kofi)

	1996	1997	1998	1999
E 2010	100.000 DM	900.000 DM	4.500.000 DM	15.600.000 DM
E 2015	1.000 DM	150.000 DM	500.000 DM	1.100.000 DM
E 2020				7.100.000 DM

Die Zahlen geben die geprüften Kostenberechnung der Entwurfsplanung wieder.

Kosten-Controlling

Aufteilung der Kosten im Controlling nach Gewerken

Straßenbau	E2010
Straßengrün	E2010
Lichtsignalanlagen	E2010
Beleuchtung	E2010
Straßenbelag	E2010
Stützbauwerke	E2010
Beräumung	E2015
Altlasten	E2015
Schallschutz	E2010
Ausgleich/Ersatz	E2010
Leitungsbau	E2020
Honorare für Leitungsbau	E2020

- Controlling der Soll-Kosten für unterschiedliche Planungsphasen
- Ermittlung der Ist-Kosten für den Anteil der Planungsgesellschaft sowie die Gesamtkosten der Projekte
- Auswertungsmöglichkeiten der Ist-Kosten
- Projektverwaltung (entsprechend dem Profi-System)
- Budget-Kontrolle der Wirtschaftspläne

- Auftragsverwaltung mit Antragstellung, Freigabe der Anträge, Umwandlung in Verträge und Freigabe der Verträge
- Eingabe der erwarteten Rechnungseingänge für die Liquiditätsplanung

Projektbuchhaltung

- kurze Vorstellung der Projektbuchhaltung
- Funktion des Rechnungseingangsbuches
- Schnittstelle zum Projekt-Controlling

Fragen für die Präsentation

Nachfolgend haben wir Fragen zusammengestellt, auf die wir gerne während der Präsentation Ihre Antwort erhalten würden:

- Zeigen Sie bitte anhand des Ihnen zur Verfügung gestellten Beispiels, wie sich Änderungen in folgenden Punkten auswirken:
  - Terminplanung - Kosten-Finanzierungsübersicht für den Planungshorizont bis 2010
  - Kosten-Finanzierungsübersicht - Wirtschaftsplan
  - Wirtschaftsplan - Budgetverwaltung - Projekt-Controlling
  - Finanzbuchhaltung - Projektbuchhaltung - Budgetverwaltung - Projekt-Controlling.
- Zeigen Sie grafische Auswertungsmöglichkeiten für Kosten-Finanzierungsübersicht, Wirtschaftspläne, Budgetverwaltung und Projektkosten.
- Demonstrieren Sie die Versionsverwaltung der Kosten-Finanzierungsübersicht. Die Kosten-Finanzierungsübersicht wird von der Stadtverwaltung genehmigt. In eine zweite Version fließen die aktuellen Änderungen (Kostensenkungen, Kostensteigerungen) ein.
- Wie sieht das Genehmigungsverfahren für Projektaufträge zur Budgetkontrolle und Sicherung der treuhänderischen Arbeit aus (analog dem Profi-System)?
- Wie werden die Ursachen von Budgetabweichungen (Preissteigerungen, Preissenkungen in Vergleich mit den angesetzten Planwerten oder höhere/geringere Bauleistung) ermittelt.
- Demonstrieren Sie bitte die Flexibilität des Kosten-Controlling.
  - Controlling der Kostenschätzungen für die Planungsphasen
  - Controlling der Ist-Kosten
  - Erstellung von Berichten für den Soll-Istkosten-Vergleich

  - Ermittlung von Kostendaten für Anfragen der Stadtverwaltung
- Wie wird die Liquiditätsplanung für die Zeithorizonte wöchentlich, monatlich und jährlich realisiert.
- Zeigen Sie kurz die Funktionalität des Rechnungseingangsbuches.
- Wie werden eingehende Rechnungen der Auftragsnehmer zur Erstellung der Verwendungsnachweisen für das abgelaufene Jahr für die Zuwendungsgeber(249 h AfG, Gemeinschaftsaufgabe Aufbau Ost und Experimenteller Wohnungsbau) aufgeschlüsselt?
- Wie behandeln Sie Sicherheitseinbehalte in der Finanz-, Projektbuchhaltung und der Budgetverwaltung?
- Zeigen Sie, wie der Euro als zweite Hauswährung im System behandelt werden kann.
- Welche weiteren, nicht quantitativen Projektdaten können gespeichert werden?
- Zeigen Sie wie der Bereich Grundstücksmanagement in die Planung integriert wird. Entsprechend dem aktuellen Planungsstand müssen Grundstücke gekauft, Mietverträge gekündigt werden, wenn Gebäude abgerissen und die Grundstücke neu bebaut werden. Nach Abschluß der Bebauung müssen die Grundstücke wieder verkauft oder Mieter gesucht werden.

Konkretisierung des Leistungsangebots

- Wie kann vom Standort Frankfurt am Main volle Zugriffsmöglichkeit auf die Daten des in Berlin laufenden Datenbanksystems gewährt werden?
- Welchen Zugriffsschutz von außen und gegen Mitarbeiter ohne Zugriffsberechtigung bietet Ihr System?
- Welches Sicherheitskonzept gegen Systemabstürze bietet Ihr System?

Angebot

Bitte geben Sie bis eine Woche nach der Präsentation ein detailliertes Angebot ab. Machen Sie unter anderem bitte genaue Angaben zu den folgenden Punkten:

- Können aus der vorhandenen Finanzbuchhaltung über eine C-Schnittstelle die Rechnungsdaten in die Projektbuchhaltung, Projektverwaltung und das Projekt-Controlling übernommen werden? Welcher Aufwand ist hierfür zu kalkulieren?
- Was kostet die Software für 60 Anwender?

- Wie hoch sind die monatlichen Kosten für einen Wartungsvertrag und welche Leistungen werden dafür erbracht?
- Die Planungsgesellschaft erwartet für die Beratungs- und Installationsleistungen ein verbindliches Festpreisangebot. Bitte kalkulieren Sie dieses Angebot anhand der Ihnen nach der Präsentation zu Verfügung stehenden Informationen.
- Bitte kalkulieren Sie den Schulungsaufwand und fügen diese Position Ihrem Angebot zu.
- Bitte machen Sie Angaben über benötigte Mitarbeiterkapazitäten von Seiten der Planungsgesellschaft für Installation und Einführung der Software.

5. Bewertung der Präsentation und der Angebote

	APSIS	**SDS**
Technologie	APSIS wurde mit Power Builder entwickelt und greift mit SQL auf eine ORACLE Datenbank zu.	SDS programmiert sein System mit C und C++. Als Datenbanksystem kann ORACLE oder eine beliebige andere Datenbank verwendet werden.
Erlernbarkeit, Ergonomie und Benutzerführung	Die Software von APSIS basiert auf der Windows-Benutzerführung, so daß Anwender, die bereits mit Windows arbeiten, sich in die Oberfläche und Nutzung der Software schnell einarbeiten können. Die Benutzer finden die Dokumente über einen Menübaum. Von der Vielzahl der angelegten Tabellen und gespeicherten Zahlen wird es abhängen, ob das eingesetzte System übersichtlich bleibt oder zu komplex und somit unübersichtlich für gelegentliche Anwender wird. Die durchgängig gleiche Bedienung der Funktionen von APSIS und die Anlehnung an modernen Windows-Standard (Explorer) führt zu einer guten Ergonomie in der Bedienung.	Die Umstellung auf die Windows-Technologie der Software von SDS ist nur teilweise vollzogen. Es kann z. B. immer nur ein Fenster geöffnet werden, so daß es mit erhöhten Zeitaufwand verbunden ist, zwischen Tabellen hin und her zu springen. Die Benutzerführung ist nicht gut gelungen. Daher wird die Software von SDS in den Punkten Erlernbarkeit und Ergonomie mit "unzureichend" bewertet.
Performance und Parametrisierbarkeit	Die Performance und Parametrisierbarkeit von APSIS ist gut. Allerdings wurden bei den Präsentationen keine großen Datenmengen vorgeführt.	Die Performance und Parametrisierbarkeit von SDS ist gut. Allerdings wurden bei den Präsentationen keine großen Datenmengen vorgeführt.

	APSIS	SDS
Funktionalität	In APSIS kann ein Großteil der benötigten Funktionen abgebildet werden.	Durch die fehlende zeitliche Abbildung der Budgets und Kosten im System von SDS ist ein hoher Anpasssungsaufwand notwendig.
Änderung Termine und Kosten	APSIS verfügt über kein Terminmanagement. Es ist z. B. nicht vorgesehen, Mitarbeiter über Terminänderungen automatisch zu informieren. Die Termine werden in den Tabellen mit geführt. Das System von APSIS beinhaltet hauptsächlich das Kostenmanagement der Projekte.	Das Datenmodell von SDS sieht keine zeitliche Zuordnung von Budgets vor. Diese elementare Aufgabe in der Arbeit der Planungsgesellschaft müßte nachprogrammiert werden. Verschiedene Kostendaten, wie Plan-, Soll- und Istkosten können nur ohne zeitliche Rahmen einander gegenübergestellt werden. Termine werden teilweise im Freitext geführt, was die Zuordnung zu den unterschiedlichen Kostendaten erschwert. Das Führen einer Historie im Bereich der Kostenentwicklung ist im System nicht vorsehen.
Auswertungen	Die benötigten elektronischen Auswertungen sowie die Standardausdrucke werden von den Mitarbeitern und APSIS gemeinsam erarbeitet. Die Daten können zusätzlich flexibel ausgewertet werden. Der Export in EXCEL ist sehr einfach möglich.	SDS verfügt nur über wenige vordefinierte Auswertungen, aber über eine Reportgeneratorsprache. Der Export von Tabellen in EXCEL ist sehr aufwendig.
Versionsverwaltung KoFI	Sollte die KoFi in APSIS angelegt werden, so ist es möglich, ausgehend von einem Urbudget mehrere Versionen der KoFi abzuspeichern.	Die Software von SDS ermöglicht dies nur in einem stark eingeschränktem Umfang.
Genehmigungsverfahren	Das bei der Planungsgesellschaft differenzierte Genehmigungsverfahren ist in dieser Form in APSIS nicht vorgesehen. Nach Rücksprache mit der Entwicklung von APSIS sollte es möglich sein, ein überarbeitetes Genehmigungsverfahren den Anforderungen der Planungsgesellschaft anzupassen.	Bei SDS ist das bei der Planungsgesellschaft praktizierte Genehmigungsverfahren ebenfalls nur zum Teil abgebildet und müßte nachprogrammiert werden.
Kosten-Controlling	APSIS ermöglicht differenziertes Kosten-Controlling. Mitarbeiter können eigene Controlling-Reports erstellen. APSIS unterstützt flexibles Controlling.	SDS dagegen sieht keine differenziertes Controlling-Funktionen vor, da Einnahmen und Ausgaben nur in ihren Beträgen und nicht zusätzlich in Monats- und Jahresbeträgen aufgeschlüsselt werden. Das System müßte diesen Anforderungen angepaßt werden.

	APSIS	SDS
Ursachen von Budgetabweichungen	Werden in APSIS die Istkosten nicht nur als Summe, sondern auch als Istkosten pro Einheit eingeben, so können die Ursachen von Budgetabweichungen ermittelt werden. Ein Drilldown der angezeigten Daten ist möglich.	SDS vermittelte in der Präsentation den Eindruck wenig flexibler Auswertungsmöglichkeiten. Die Ermittlung der Ursachen von Budgetabweichungen wurde nicht vorgeführt. Ein "Drilldown" ist nicht möglich.
Liquiditätsplanung	Durch die Eingabe von erwarteten Rechnungseingängen und der Generierung von eigenen Reports ist die Liquiditätsplanung mit APSIS realisierbar.	Im System von SDS fehlt die zeitorientierte Zuordnung von Zahlungsströmen. Die Liquiditätsplanung ist nur mit ganz erheblichem Anpassungsaufwand realisierbar.
Rechnungseingangsbuch	Die Funktionsweise des Rechnungseingangsbuches von APSIS konnte während der Präsentation nicht gezeigt werden. Es ist im Buchhaltungssystem vorhanden.	Im Softwarepaket von SDS ist das Rechnungseingangsbuch nur rudimentär realisiert.
Verwendungsnachweise	Im System von APSIS können die Einnahmen durch die Zuwendungsgeber wie in der Finanzbuchhaltung den angefallenen Kosten zugeordnet werden, so daß Verwendungsnachweise geführt werden können.	SDS bietet diese Unterteilung der Einnahmen durch verschiedene Zuwendungsgeber nicht. Die Erstellung der Verwendungsnachweise wird nicht unterstützt.
Sicherheitseinbehalte	Beide Systeme lösen das Führen von Sicherheitseinbehalten.	Beide Systeme lösen das Führen von Sicherheitseinbehalten.
Euro	Die Euro-Problematik ist in beiden Systemen gelöst.	Die Euro-Problematik ist in beiden Systemen gelöst.
Qualitative Projektdaten und Grundstücksmanagement	Zusätzliche Projektinformationen (neben den Kosteninformationen) können in beiden Systemen nur in Textfeldern geführt werden. Dies führt zu unstrukturierten und schlecht lesbaren Inhalten.	Zusätzliche Projektinformationen (neben den Kosteninformationen) können in beiden Systemen nur in Textfeldern geführt werden. Dies führt zu unstrukturierten und schlecht lesbaren Inhalten.
Qualität der Präsentation	Herr Preiß von der Firma APSIS hatte sich auf die Präsentation vorbereitet und konnte die Fragen der Mitarbeiter der Planungsgesellschaft beantworten.	Der Geschäftsführer der SDS, Herr Schmitz, nutzte nicht die ihm vorliegenden Präsentationsunterlagen. Die ausgearbeiteten Beispieldaten wurden von Herrn Schmitz nicht verwendet.

Vergleich der Angebote von APSIS uns SDS (ohne MwSt.)

Die vorliegenden Angebote der beiden Anbieter gelten nur vorläufig. Rechtsverbindliche Angebote können die Anbieter erst nach der Spezifikation bzw. dem Soll-Konzept abgeben.

APSIS	SDS
Spezifikationsworkshop 3 Tage mit Consultant (3 x 1800) 5.400 DM 1 Tag Senior Consultant 2.800 DM 1 Anfahrtspauschale 980 DM 9.180 DM	SOLL-Konzept (15 Tage x 1.500 DM) zzgl. Fahrtkosten, Spesen und Übernachtungen 22.500 DM
Software 125.100 DM	Software 251.960 DM
Oracle Workgroup Server 20.700 DM	
Programmierung d. Schnittstelle Fibu – APSIS (50 Std. x 159 DM) 7.950 DM	Individualanpassung für Budgetierung in Jahresscheiben Budgetberechtigung zusätzlich nach Mitarbeitern und Größenordnung 2-stufiges Sperrsystem bei Auftragsfreigabe Auftragsaufteilung und –abgrenzung in Jahreszeitscheiben Liquiditätsplanung 42.000 DM
Berichtsanpassung (25 Std. x 159 DM) 3.975 DM	Individuelle Auswertungen (20 Tage x 1.500 DM) 30.000 DM
Datenübernahme (40 Std. x 159 DM) 6.360 DM	
	Installation (5 Tage x 1.500 DM) zzgl. Fahrtkosten, Spesen und Übernachtungen 7.500 DM
Individualschulung (7 Tage x 1.890 DM) 13.230 DM	Mitarbeiterschulung (40 Tage x 1.200 DM) zzgl. Fahrtkosten, Spesen und Übernachtungen 48.000 DM

Anfahrtspauschale 980 DM	
Servicevertrag p. a. (15 % von 125.100 DM) 18.765 DM Gesamtsumme 206.240 DM	 Gesamtsumme 401.960 DM

Stichwortverzeichnis

N

O

P

Q

R

S